中国の対外開放と経済の国際化

膝 鑑 著

岡山大学出版会

推薦のことば

　大学で学ぶことの目的や目標は、学生諸君により諸種であると思います。しかしながら、深い専門的知識や高度な技術、そして幅広い教養の習得を大学教育の主要な目的とすることに異存のある人は、少ないと思います。この目的達成のため岡山大学は、高度な専門教育とともに、人間活動の基礎的な能力である「教養」の教育にも積極的に取り組んでいます。

　限られた教育資源を活用し大学教育の充実を図るには、効果的かつ能率的な教育実施が不可欠です。これを実現するための有望な方策の一つとして、個々の授業目的に即した適切な教科書を使用するという方法があります。しかしながら、日本の大学教育では伝統的に教科書を用いない授業が主流であり、岡山大学においても教科書の使用率はけっして高くはありません。このような教科書の使用状況は、それぞれの授業内容に適した教科書が少ないことが要因の一つであると考えられます。

　適切な教科書作成により、授業の受講者に対して、教授する教育内容と水準を明確に提示することが可能となります。そこで教育内容の一層の充実と勉学の効率化を図るため、岡山大学では平成20年度より本学所属の教員による教科書出版を支援する事業を開始いたしました。

　教科書作成事業は、全学教育・学生支援機構教育開発センターＦＤ専門委員会の下に設置された岡山大学版教科書ＷＧにおいて実施しています。本専門委員会では、提案された教科書出版企画を厳正に審査し、また必要な場合には助言をし、教科書出版に取り組んでいます。

　今回、岡山大学オリジナルな教科書として、専門教育科目の一つである中国経済論の教科書を出版することになりました。中国経済は今や貿易、投資を介して世界経済システムの一部に組み込まれつつあり、その安定的な発展は日本経済を含む世界経済全体の繁栄を左右しかねません。本書では中国の閉鎖経済

から開放経済への転換過程、経済の台頭と国際化が日本経済、ひいては世界経済にどのようなインパクトをもたらすかを分かりやすく解説しています。

　本書が、今後も改良を加えながら、中国経済論の授業において効果的に活用され、学生諸君の世界経済における中国経済への理解向上に大いに役立つことを期待しています。

2018年7月
国立大学法人 岡山大学 学長 槇野 博史

はしがき

中国の台頭と脅威論

　北京の中心に位置し、1日8万人の観光客を迎える世界文化遺産の明清朝の旧王宮、紫禁城（故宮）が、この日はただ一人のために、貸切られた。中国の習近平国家主席は2017年11月8日、北京を訪問したドナルド・ジョン・トランプ米大統領を故宮に招き入れ、宝蘊楼での夕食会でもてなすなど異例の厚遇ぶりを見せた。トランプ大統領は北京滞在の2日間で、エネルギー、製造業、農業、航空、電気、自動車などの分野で総額2500億ドルを超える貿易契約・投資協定を手土産に渡され、ビジネスマンの大統領はさぞご満悦だったに違いない。

　それから1カ月後。トランプ米大統領が習近平中国国家主席に贈った「お返し」は「中国脅威論」の主張であった。12月19日にトランプ米大統領が発表した「2017年国家安全保障戦略」（米安全保障戦略）では中国をロシアとともに「世界における米国の地位に影響を与える重大な挑戦（challenges）と傾向（trends）」と位置付け、米国の経済的覇権への最も主要な脅威としたのである。中国習近平主席はトランプ米大統領との間で米中の親密ぶりを演出した直後だけに、中国人の最も重んじるメンツを潰された格好になった。

　トランプ政権の「お返し」はそれだけではなかった。2018年1月19日にマティス米国防長官が発表した「2018年国家防衛戦略」（米防衛戦略）では、アメリカの国家安全保障の焦点がもはや対テロ戦争ではなく、中国、ロシアとの大国間競争であることが示された。そのうえで、中国がその戦略的競争相手としてアメリカにとって最も重大な脅威だと強調した。

　中国の台頭を脅威と問題視するいわゆる中国脅威論は、今に始まったわけではない。1989年の天安門事件で大きく揺るがされた中国は、1990年代に入ると平穏を取り戻すが、国際政治経済におけるプレゼンスを次第に増大させていくと、日米欧を中心に、中国の台頭が世界に重大な脅威になるのではないかとい

う脅威論が高まった。しかし、2001年9月11日のアメリカ同時多発テロ（9.11テロ）後、対テロ戦争に中国とのグローバルな協力が必要不可欠だと気づいたアメリカのジョージ・W・ブッシュ政権（1995年〜2000年）は中国脅威論を一時封印していた。その後も中国は経済的、軍事的台頭を続けるが、バラク・オバマ政権（2009年〜2017年）は、中国に対して脅威を感じつつも脅威論を声高に唱えず、配慮を見せていた。そうした中、今回トランプ政権は中国脅威論を再燃させたのである。

脅威論の要因

中国脅威論が再燃した最大の要因は、米中のパワーシフトにある。米中のパワーシフトは軍事と経済の両面で見られる。軍事分野で中国は国防費の拡大や軍事力の近代化を急速に進めている。2018年3月5日に全国人民代表大会（全人代）で公表された政府活動報告によると、アメリカに次ぐ世界第2位である中国の防衛費予算額は2018年に前年比で8.1％増額され、1750億ドル（約18兆4000億円）に達する。その規模はまだアメリカの約4分の1に過ぎないが、日本（2018年度予算案4兆9388億円）の3.7倍である。特に不透明な部分が大きいことや近年の増額が著しくやがてアメリカを追い抜く勢いなどが、周辺地域と世界の不安を増幅させている。

中国のパワー向上は、軍事分野にとどまらず、経済分野にまで及んでいる。1978年の改革開放後、貿易が活発に行われ、外国投資が怒涛のように中国へ向かった。開放経済への体制改革と貿易投資の拡大は、中国経済の飛躍をもたらした。対外開放初期の1980年には、中国の名目GDP（USドル）はアメリカの10分の1に過ぎなかったが、2017年にはアメリカの3分の2にまで急迫してきている。購買力平価（為替相場を各国の物価水準で修正）ベースのGDP（USドル）では中国は2014年にすでにアメリカを追い越し、2017年にはアメリカの約1.2倍になっている。また、中国はアメリカにとって最大の輸入貿易相手国と最大の貿易赤字相手国であり、最大のアメリカ国債保有国でもある。

脅威論の広がり

　中国脅威論は世界へ広がりを見せている。アジアでは世界的な経済大国でもある日本が、中国の軍事力を伴った海洋進出、尖閣問題、急速な経済成長と国際競争力の向上を自国の安全保障と経済に大きな脅威を与えるものとして危惧している。例えば、経済分野だけを見ても、中国への資本の国際移動は、世界各国の直接投資のみならず、日本からも生産拠点の移転が進み、それにより国内の産業空洞化がもたらされたと叫ばれて久しい。また、廉価な中国の輸出品は日本国内の産業を圧迫するだけでなく、日本の海外市場まで奪われているという中国脅威論が根強い。ほかに、欧州連合（EU）からも中国に厳しい視線が注がれている。中国の世界貿易機構（WTO）加盟後、膨れ上がった貿易黒字、積みあがった外貨準備に対して、EUはアメリカとともに、事実上固定相場制による人民元安になるように為替を不正操作しているとして、中国に対する非難を強めている。1979年にEUが初めて対中反ダンピング調査を実施して以来、アメリカとEUを中心とした中国の輸出製品に対する反ダンピング調査は急増している。これは中国の脅威に対する拒絶反応と言える。また、インド、ブラジル、アルゼンチン、南アフリカなどの対中反ダンピング調査も増加しており、中国脅威論は新興国へと広がりを見せている。

　さらに、21世紀に入ると、エネルギー・地球環境問題への国際的関心が高まるなか、中国国内における環境破壊、周辺諸国への越境汚染、またエネルギー・資源の獲得を目的とする中国企業の海外直接投資などが、中国脅威論の新たな要因となっている。近年、中国資本の世界進出は一層加速し、国際舞台における中国のプレゼンスが一段高まっている。特に、「一帯一路」（陸路と海路の両方から現代版のシルクロードを建設する経済圏構想）の推進、アジアインフラ投資銀行（AIIB）の創設など、中国の共産党と政府が主導する世界進出の活発化は、中国が対外拡張、世界覇権を狙っているのではないかとの懸念を確信へと変えさせている。

中国脅威論の脅威

　中国脅威論は中国と世界にどのような影響を与えるのか。中国脅威論は、なにより中国自身にとって脅威であることは言うまでもない。まず、脅威論は中国が持続的な経済発展を実現する上で不可欠な国際協力環境を脅かすことになる。アメリカのトランプ政権による中国脅威論の再燃は、米中関係の安定化を損ないかねない。米安全保障戦略の発表を受けて、中国政府は「われわれは米側が故意に中国の戦略意図を歪曲するのをやめ、冷戦思考やゼロサム思考など時代遅れの観念を捨て去るよう求める」（2017年12月19日中国外交部華春瑩報道官）と強く反発している。また、脅威論は、中国の国際平和協力活動への取り組みを阻害する。脅威論は各国の国際戦略、地政学的要因など様々な要素によるのであるが、中国の振る舞いに起因する側面も否めない。そのため、各国の不安を払しょくするよう努力しなければならない。さらに、脅威論の背景に中国経済の台頭があるが、脅威論が高まれば貿易摩擦のリスクが上昇する。それは、中国経済はもちろん、世界経済にとっても脅威である。中国経済は今や貿易、投資を介して世界経済システムの一部に組み込まれつつあり、その安定的な発展はアジアを含む世界経済全体の繁栄を左右しかねないものとなっている。

　次に、トランプ政権による中国脅威論の再燃は、アメリカ自身の安全保障と繁栄に悪影響をもたらす可能性がある。中国は、国連安全保障理事会の常任理事国であり、アメリカに次ぐ世界第2位の経済大国でもあるため、国際政治、安全保障、世界経済などの面で中国の協力がなければ解決できない問題が多々ある。例えば、最近における朝鮮半島の非核化問題もその一つである。また、貿易分野では、トランプ政権は巨額の赤字の半分を占める中国などの不当廉売の影響で武器製造や防衛技術の維持が難しくなったことや知的財産権が侵害されたことなどを安全保障に脅威を与えるものとして、中国を主たる標的に高い関税をかけるなど保守的な方向に暴走している。しかし、保護主義は、高い関税をかけることで輸入の減少と貿易赤字の削減をもたらす半面、インフレ圧力が高まるという代償も大きい。つまり輸入の減少はインフレの進行、金利上昇

ペースの加速、株式市場の低迷、景気の失速を招くリスクがあり、結局のところ保守主義はアメリカ経済の繁栄を脅かすのである。

　日本の安倍政権は、中国を最大の脅威と位置づけ、中国を取り巻く各国と連携して中国包囲網の構築を試みた。経済分野でも、中国が主導した「一帯一路」、AIIBに、周辺国のみならず欧州各国が参加するのをしり目に、日本はアメリカとともに参加せず、中国と対抗、けん制する姿勢を強めてきた。しかし、対中包囲網が不発に終わり、日中関係の緊張は両国間の問題改善だけでなく、東アジア地域、朝鮮半島を巡る問題についての協議、協力体制に支障をもたらしている。「一帯一路」、AIIBなどへの日本政府の消極的な対応により、自国企業を国際競争で不利な立場に追いやり、多くのビジネスチャンスを失う恐れが生じている。また、アメリカのトランプ政権の対中戦略の急激な変化もあり、最近になって安倍政権は前向きの姿勢へと戦略転換を余儀なくされている。

　要するに、中国脅威論は中国と世界の安全保障と繁栄にとって有害無益、いわば「中国脅威論の脅威」となっているのである。その脅威を取り除くために、まず最大の当事者である中国自身は、周辺地域と世界の不安を払しょくするように行動しなければならない。例えば、国防費の拡大を抑制し、国防支出情報の公開と透明性の向上を図る。また、領土、領海などを巡る問題では、当事国との信頼醸成、対話による平和解決の姿勢を徹底することが求められる。経済分野でも、例えばルールに基づく公正で自由な貿易と投資を重視し、AIIBにおける公正なガバナンスの確立、債務の持続可能性、環境・社会に対する影響に配慮するべきである。対するアメリカは、冷戦思考、ゼロサム思考、保守主義などを見直さなければならない。また、東アジアにおいて、日中はともに同地域の経済大国であり、両国は互いにけん制しあい、脅威視しあうという状況から脱却し、共同で様々な問題を解決し、政治関係を安定化させ、経済協力関係を緊密化させていくことが、両国、ひいては地域の安全保障と経済発展に有益であろう。

2018年4月25日から始まる「ガレも愛した－清朝皇帝のガラス展」（東京）を報道するニュースと関連してテレビに映し出された北京の街並みは、郷愁を誘った。トランプ米大統領が去った後、再びにぎやかな日常に戻った故宮を見て、鄧小平の言葉を思い出す。

　「中国は，将来巨大になっても第三世界に属し，覇権は求めない。もし中国が覇権を求めるなら，世界の人民は中国人民とともに中国に反対すべきだ」。

　中国脅威論の脅威を取り除くために、中国自身が鄧小平の遺訓を肝に銘じて真の平和的な台頭をするしか方法はないと、改めて思う。

本書について

　中国の台頭は1978年の「改革開放」から始まった。「改革」とは、端的に言えば、中国国内で1950年代から1970年代まで30年間続いた計画経済体制を見直し、市場経済（社会主義市場経済）体制を確立するという体制改革のことである。この国内における体制改革とそれによりもたらされた経済発展の成果と問題点については拙著『中国の体制移行と経済発展』（御茶の水書店、2017年）で扱っている。他方、「開放」とはその国内の体制改革を世界規模に拡大した対外開放のことである。中国の対外開放とそれに伴う経済の国際化を論じるのが本書の課題である。本書の構成は次のとおりである。

　まず、第1章と第2章は、閉鎖経済から開放経済への移行過程を考察するものである。第1章「閉鎖経済下の対外経済関係」では社会主義計画経済時代（1949～1970年代）において自力更生政策、貿易の国家による独占的管理と貿易の展開、ソ連の対中援助と中国の対外援助、外国人の訪中旅行（インバウンド）の側面から閉鎖経済体制下の対外経済の展開を概観し、その特徴と問題点を検討している。第2章「開放経済への政策的展開」では、閉鎖経済から開放経済への移行過程において、初期の政策転換の基盤形成、開放経済移行における主要な対外開放政策とその地域的展開に着目し、対外開放政策の特徴、成果と問題点を分析している。

次に、第3章から第6章までは、貿易と外国直接投資を論じるものである。まず、第3章「開放経済下の貿易と外国直接投資」では、対外開放政策を貿易と外国直接投資の側面から捉えて、その実態、拡大要因、役割と問題点を分析している。第4章「中国と日本の経済関係」では日中関係、第5章「中国とアメリカの経済関係」では米中関係を、貿易と対中直接投資を中心としてマクロ的視点からそれぞれ概観した。これに対して、第6章「中国ビジネスにおける日米企業」では中国と日本、アメリカとの経済関係について、海外直接投資の担い手である企業に焦点を当てて、日米の研究機関による調査データに基づいてミクロ的視点から日米企業を考察している。

　最後に、第7章「世界へと向かう中国」では、開放経済体制において外国企業による対中直接投資と外国人旅行者による中国旅行（インバウンド）を中心とした一方的で受動的な国際化から中国企業の対外直接投資、中国国民による海外旅行（アウトバウンド）の拡大という双方的で能動的な国際化へと変貌する実態、成果と経済の国際化の課題を明らかにしている。

　以上からなる本書が、中国の対外開放と経済の国際化の過程、成果と問題点を明らかにし、世界経済における中国についての基礎知識と初歩的な理解を獲得するためのツールになることを願っている。なお、本書は大学生だけでなく、中国経済に関心のある市民、企業、自治体など多くの方々に幅広く活用していただければ幸いである。

2018年仲夏

滕　　　鑑
岡山大学津島キャンパス（香遠斎）

― 目次 ―

推薦のことば …………………………………………………………… i
はしがき ………………………………………………………………… iii

第1章　閉鎖経済下の対外経済関係
　　はじめに …………………………………………………………… 1
　　1　自力更生政策 ………………………………………………… 2
　　　1-1　自力更生とは …………………………………………… 2
　　　1-2　政策形成の国際的要因 ………………………………… 5
　　　1-3　政策形成の国内的要因 ………………………………… 7
　　2　対外貿易 ……………………………………………………… 10
　　　2-1　国家の独占的貿易管理 ………………………………… 11
　　　2-2　貿易の規模と構造 ……………………………………… 13
　　3　国際援助 ……………………………………………………… 19
　　　3-1　特徴と管理体制 ………………………………………… 19
　　　3-2　外国援助 ………………………………………………… 19
　　　3-3　対外援助 ………………………………………………… 22
　　4　国際旅行 ……………………………………………………… 26
　　5　閉鎖経済における対外経済の特徴と問題 ………………… 28
　　　5-1　特徴 ……………………………………………………… 28
　　　5-2　問題点 …………………………………………………… 29
　　むすび ……………………………………………………………… 31

第2章　開放経済への政策的展開
　　はじめに …………………………………………………………… 33
　　1　風雲急を告げる1970年代 …………………………………… 34
　　　1-1　対外経済の進展 ………………………………………… 34
　　　1-2　極左派の猛反発 ………………………………………… 36
　　2　対外経済体制の改革 ………………………………………… 37
　　　2-1　貿易・外国投資と外国為替 …………………………… 37
　　　2-2　WTO加盟 ……………………………………………… 41

	2-3 国際旅行の商業化 ………………………………………… 44
3	局地開放から全方位・多元的開放へ ……………………………… 45
	3-1 沿海地域の開放 ……………………………………………… 46
	3-2 全方位・多元的開放 ………………………………………… 52
4	対外開放政策の成果と課題 ………………………………………… 62
	4-1 WTO加盟後の課題 ………………………………………… 62
	4-2 対外開放政策の地域的展開の成果と課題 ………………… 63
むすび	……………………………………………………………………… 66

第3章　開放経済下の貿易と外国直接投資

はじめに ………………………………………………………………………… 69
1　国際収支表から見た対外経済取引 …………………………………… 70
　1-1　経常取引 ………………………………………………………… 70
　1-2　資本・金融取引 ………………………………………………… 71
2　貿易と外国投資の展開 ………………………………………………… 72
　2-1　経済鎖国時代 …………………………………………………… 72
　2-2　対外開放後 ……………………………………………………… 73
3　貿易・外国投資の構造変化 …………………………………………… 78
　3-1　貿易構造 ………………………………………………………… 79
　3-2　外国投資構造 …………………………………………………… 84
　3-3　貿易・外国投資の国・地域別構造 …………………………… 85
4　貿易・外国投資の拡大要因 …………………………………………… 91
　4-1　制度的要因 ……………………………………………………… 91
　4-2　投資コスト・市場・産業集積 ………………………………… 93
5　貿易・外国投資と経済成長 …………………………………………… 95
　5-1　貿易の役割 ……………………………………………………… 95
　5-2　外国投資の貢献 ………………………………………………… 97
　5-3　貿易・外国投資構造と産業構造 ……………………………… 100
6　貿易・外国投資の課題 ………………………………………………… 100

第4章　中国と日本の経済関係

はじめに ………………………………………………………………………… 105
1　日中の国際関係 ………………………………………………………… 106
　1-1　敵視政策から国交正常化へ …………………………………… 106

1-2 「悪化と改善のサイクル」から「悪化の袋小路」へ ･････････ 108
　2 　貿易と対中直接投資 ････････････････････････････････････ 113
　　2-1 激しい変動から安定的拡大へ ･･･････････････････････････ 114
　　2-2 飛躍的拡大から縮小傾向へ ･････････････････････････････ 117
　3 　比較優位構造の変化 ･･･････････････････････････････････ 119
　　3-1 貿易構造 ･･･ 119
　　3-2 比較優位構造 ･･･････････････････････････････････････ 122
　4 　日中間の国際分業構造 ･････････････････････････････････ 124
　　4-1 産業内貿易 ･･･ 124
　　4-2 東アジアの分業構造と日本の対中直接投資 ･････････････････ 126
　5 　日中の経済摩擦と課題 ･････････････････････････････････ 131
　　5-1 貿易不均衡の拡大と摩擦 ･････････････････････････････ 131
　　5-2 投資環境の変化と摩擦 ･･･････････････････････････････ 134
　むすび ･･･ 137

第5章　中国とアメリカの経済関係
　はじめに ･･･ 139
　1 　米中の国際関係 ･･･････････････････････････････････････ 140
　　1-1 国交正常化 ･･･ 140
　　1-2 国交正常後の米中関係 ･･･････････････････････････････ 143
　2 　米中の経済関係 ･･･････････････････････････････････････ 150
　　2-1 貿易 ･･･ 150
　　2-2 投資 ･･･ 155
　　2-3 貿易投資と米中の経済発展 ･･･････････････････････････ 160
　3 　米中の経済摩擦 ･･･････････････････････････････････････ 162
　　3-1 WTO加盟を巡る米中摩擦 ･････････････････････････････ 162
　　3-2 貿易不均衡と人民元為替 ･････････････････････････････ 165
　　3-3 ハイテク製品輸出規制、対米投資規制 ･･････････････････ 167
　　3-4 米中貿易戦争に発展か ･･･････････････････････････････ 169
　むすび ･･･ 173
　【補論】･･ 175

第6章　中国ビジネスにおける日米企業
　はじめに ･･･ 177

1　日本企業の中国ビジネス ･････････････････････････････････ 179
　　1-1　海外活動の所在地 ･･････････････････････････････････ 179
　　1-2　国内外の拠点・機能の再編 ･･････････････････････････ 181
　　1-3　今後の中国ビジネスの展開と課題 ････････････････････ 183
　2　アメリカ企業の中国ビジネス ･････････････････････････････ 188
　　2-1　経営業績と対中投資 ････････････････････････････････ 188
　　2-2　ビジネス環境の変化 ････････････････････････････････ 191
　　2-3　経営戦略と今後の見通し ････････････････････････････ 193
　3　日米企業の中国ビジネスの比較 ･･･････････････････････････ 195
　　3-1　ビジネス環境について ･･････････････････････････････ 195
　　3-2　今後の中国でのビジネス展開について ････････････････ 198
　むすび ･･ 201

第7章　世界へと向かう中国
　はじめに ･･ 205
　1　世界進出のマクロ的背景 ･････････････････････････････････ 206
　　1-1　国内経済 ･･ 206
　　1-2　対外経済 ･･ 209
　2　企業の対外直接投資の展開 ･･･････････････････････････････ 211
　　2-1　国家海外進出戦略 ･･････････････････････････････････ 211
　　2-2　対外直接投資の展開 ････････････････････････････････ 213
　　2-3　投資構造 ･･ 214
　　2-4　対外直接投資のミクロ要因 ･･････････････････････････ 219
　3　中国人の海外旅行 ･･･････････････････････････････････････ 222
　　3-1　国際観光政策の転換 ････････････････････････････････ 222
　　3-2　中国人海外旅行者の規模・構造変化・旅行シーズン ････ 228
　　3-3　海外旅行目的国・地域 ･･････････････････････････････ 234
　4　世界進出の成果と課題 ･･･････････････････････････････････ 237
　　4-1　世界で高まる中国の存在感 ･･････････････････････････ 237
　　4-2　対外経済で強まる共産党・国の影響力 ････････････････ 240
　むすび ･･ 242

参考文献 ･･ 245

索引 ·· 251

第1章　閉鎖経済下の対外経済関係

はじめに

　1976年の夏、北京市の故宮と中南海に挟まれた小さな町「北長街」の住民達と外国人の間で揉め事が起きた。その1週間前の7月28日に北京から東150キロにある河北省唐山市付近を震源としたM7.5の大地震（唐山地震）が発生し、北京市も大きな被害を受けた。槐に覆われる街路を埋め尽した粗末な仮設テントや路頭に迷う老若男女の窮状を外国人が撮影したが、それに住民が激怒し、フィルムの提出を強要したことが原因である。こうした騒動は1970年代の中国では決して珍しい出来事ではなかった。国民はいわゆる「社会主義の優越性」を疑い始めていたとしても、国の恥を外国にさらすことに対して誰一人賛成する者はなかったからである。時の政府も、24万人の死者を出した巨大災害にもかかわらず、外国からの援助の申し出を一切断り、「自力更生」の精神を武器に復興してみせるとあくまでも強気であった。

　1949年の建国から1970年代までの社会主義計画経済時代の中国は、世界との間の物や人の往来がほぼ停滞している閉鎖経済の状態に置かれていた。貿易活動や外国為替が国家により独占的に管理されていたため、経済における貿易の重要性（貿易依存度）は低かった。アメリカなどの対中封鎖に加え、イデオロギーを巡る中ソ対立により、1960年にソ連からの対中援助が突如終止符を打たれ、窮地に陥った。そのような辛酸をなめさせられた中国は、自力更生政策を掲げて外国からの援助や融資などに強い拒絶反応を見せるようになった。そして、「既無内債,又無外債」（対内債務もなければ、対外債務もない）というのが社会主義を礼賛するメディアの決まり文句となった。こうして長期にわたる

閉鎖経済のなかで独自の商取引慣行、価格体系、物流体系、思考様式などのシステムが形成された。

他方、閉鎖経済において中国は、イデオロギー重視の基本原則と外交戦略の制約を受けながら、独自の対外経済を細々と展開していた。自力更生政策を掲げるものの、2度にわたって外国プラントの輸入ラッシュを引き起こしている。また、1950年代にソ連などから援助を受けていた被援助国である中国は、既存概念を覆すように、同じ時期から唇亡びて歯寒しという関係にある近隣の社会主義国へ物資提供による対外援助を始めている。さらに海外旅行に関しても、公務以外の中国人の海外旅行（アウトバウンド）を禁止しながら、外貨を稼ぐために外国人の訪中旅行（インバウンド）を渇望するなど、中国的な特徴を示していた。

本章の目的は、1949年の建国後から1970年代までの閉鎖経済において中国における対外経済の展開と要因、及びその特徴を整理することにある。以下、第1節では経済建設と対外関係の基本方針とされた自力更生政策の形成要因を分析する。第2節では貿易の国家による独占的管理、貿易構造の特徴を明らかにする。第3節では国際援助についてソ連などの社会主義国による対中援助と、中国による対外援助の実態と要因を解明する。第4節ではインバウンドに偏った国際的な旅行に関する展開過程を明らかにする。第5節では中国の閉鎖経済における対外経済の特徴と問題点を取り上げる。最後に本章のむすびを述べる。

1　自力更生政策

1-1　自力更生とは

社会主義計画経済時代における中国では「自力更生」が経済建設と対外関係の基本政策とされていた。自力更生とは、自国の力で社会主義国の建設と経済発展を遂行することである。他方、外国との関係については、「自力更生為主、争取外援為輔」（自力更生を主とし、足りないところを外国援助の獲得で補う）の方針も掲げられていた。つまりひたすら自国の力のみを強調するので

はなく、外国の援助も必要とされた。毛沢東は「自力更生を主、外国の援助を従としながら、迷信を捨て、工業、農業、技術革命、文化革命を独立自主的に進め、奴隷思想を打倒、教条主義を放棄し、外国の成功経験を真剣に学ぶと同時に、戒めとして外国の失敗経験も学ぶべきであり、これこそがわれわれの路線だ」と述べた（毛［1958］）。要するに、自力更生と外国の援助の関係は主従関係でしかない。

自力更生の淵源は抗日戦争中の1940年代前半における延安時代にまで遡る。1930年代末から1940年代初めの時期、共産党の支配地域（辺区、抗日根拠地、解放区などとも言う）は国民党の軍事的、経済的封鎖と、日本軍の掃討作戦で深刻な経済危機に陥っていた。当時極度の物資不足、財政難を背景に、共産党は陝西省の延安市を中心に陝甘寧辺区（陝西省北部、甘粛省及び寧夏省東部地域）において「自己動手」（自らの労働で）、「自力更生」（自らの力で生活改善）を掲げて、「大生産運動」（大規模な生産自給運動）を展開し、地域内における自給体制を確立した。その軍事的、経済的封鎖という特殊な延安時代に形成された自力更生の思想と大生産運動の経験は後の共産党の政策、方針に大きな影響を与えた。1945年1月に毛沢東は、「われわれは自力更生を主張する。われわれは外部からの援助を望むが、それに依存してはならず、自らの努力と、軍民全体の創造力に頼る」と指摘した（毛［1945a］）。さらに、同年8月には、延安の幹部会議で「われわれの方針は、なにを根底とすべきか。自らの力を根底とすべきで、これを自力更生と言う」と自力更生を政治方針として示した（毛［1945b］）。

1949年の建国以後、自力更生という政策が形成されるうえで決定的に重要だったのが、まず冷戦構造下の東西二大陣営の対立、アメリカの対中封鎖、中ソ対立という国際政治環境であった。厳しい国際環境のなかで中国の対外関係は、イデオロギー重視の基本原則を貫き、「一辺倒」（1950年代における対ソ連などの社会主義陣営依存）、「二つの拳」（1960年代における反米・反ソという二つの勢力への対抗）、「一条線」（1970年代における反ソ連覇権主義の

図表1 冷戦構造下の中国イデオロギー重視・外交と対外経済の関係図

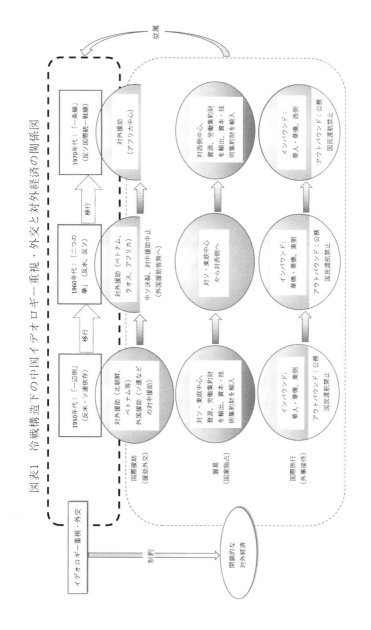

国際統一戦線）と言った変遷を経験した。このような国際環境や外交政策の影響を受けて、閉鎖的な対外経済関係が形成されたため、経済建設においては自力更生政策を打ち出し、自国の資金、資源、技術だけで国を発展させようとした（図表1）。次に、自力更生政策の形成要因を国際的、及び国内的側面の両面から見てみよう。

1-2 政策形成の国際的要因
アメリカの対中封鎖と「自力更生」棚上げ

1949年の建国後、中国は直ちにアメリカによる封鎖に直面することとなった。戦後西側の対共産圏封鎖政策として1949年にアメリカの主導でココム（COCOM：Coordinating Committee for Multilateral Export Controls）が設立され、ソ連、東欧の社会主義国への軍事技術、戦略物資の輸出規制（または禁輸）が行われた。1950年の朝鮮戦争[1]勃発後、中国の軍事的介入に激怒したアメリカは、米国内に居住する中国人の資産凍結、中国企業との取引禁止に踏み切った。また、ココムの対象国に中国を追加させ、さらに1952年6月に発足した対中国版のココムとも言うべきチンコム（CHINCOM：China Committee）で、対共産圏禁輸リスト（ココム・リスト）より厳しい内容を盛り込んだ対中国特別禁輸リスト（チンコム・リスト）を作成した。他方、アジアの近隣諸国にも中国を孤立させるよう働きかけた。アメリカの要求に応じてマレーシアはゴムを軍事物資として対中輸出を禁止し、タイ、インドネシアもアメリカとゴム独占協定を締結した。また、インドネシア、タイ、フィリピンなどは対中貿易禁止を宣言した。

孤立政策にさらされた中国は、ソ連一辺倒の外交方針を打ち出し、ソ連に全面依存していく。1951年に中央財経委員会による「外国の設計グループ、専門

---

[1] 朝鮮戦争は1950年6月25日～1953年7月27日に亘って行われた戦争である。中国の介入とは、「中国人民志願軍」（中国人民解放軍）が1950年10月朝鮮戦争に参戦、1953年の停戦協定後も板門店の共同警備区に駐屯し、1958年10月に撤収した一連の過程を指す。

家、顧問の招聘に関する暫定方法草案」では、国内の工程設計に関して、ソ連を中心とする社会主義国への全面的依存が決定された。1952年1月6日に在ソ連中国大使の張聞天が毛沢東、周恩来に書簡を送り、「今後我が国の工業化にとって特に重要な大規模工場、例えば鉄鋼工場、機械工場、自動車工場、主要な鉱山などの建設は、ソ連の援助に全面的に依存、信頼しなければならず、初期の設計から組立まで、全面的に徹底して、ソ連の企画、設備と方法を採用しなければならない。このようにして初めて、われわれは最初から正真正銘、最も新型で、先進的かつ現代的な工業を確立することができる」と進言した（汪［1994］pp.301-302）。信じがたいことに、延安時代から自力更生を唱えてきた毛沢東はその進言を受け入れた。つまり、中国は事実上自力更生を棚上げし、ソ連全面依存の時代に突入したのである。

中ソ対立と過剰な「自力更生」意識の形成

ソ連の援助を梃子に経済建設に全力投球しようとする中国は、思いもよらぬ逆風に見舞われる。1956年2月に開かれたソ連共産党第12期全国代表大会（ソ共12期大会）でニキータ・フルシチョフソ連共産党第一書記がスターリン批判と資本主義国との平和共存路線を主張し始めたことから、中ソ間でイデオロギーを巡る論争（中ソ論争）が勃発したのである。1957年11月にモスクワで開かれたロシア革命40周年記念式典に出席した毛沢東は、「東風圧倒西風」（東風は西風を圧す）と社会主義が資本主義に勝つことを演説し、フルシチョフの対西側協調路線を強くけん制した。その後、1958年に中国はソ連による連合艦隊創設の提案を拒否し、1959年にソ連からの国防新技術協定破棄通告を受けるなど中ソの齟齬が続く。1960年4月に中国は共産党の機関紙『人民日報』と理論誌『紅旗』の共同社説「レーニン主義万歳」を発表し、フルシチョフのソ連共産党に対して明確に反旗を翻すと、同年7月にソ連は一方的に、対中援助の中止を通告し、中国に派遣した技術者を全員引き上げ、技術協力協定を破棄するなど懲罰措置を講じた。

こうして1950年代半ば頃中ソ両党間のイデオロギー論争により生じた亀裂が

1960年代初頭になると公然化し、さらに両国関係の決裂にまで発展した。1963年7月半ばから10月末までのわずか3カ月程の間にソ連側は中国を非難する文章を2千編も発表した（席・金［1996］p.77）。それに対して、中国側は1963年9月6日から1964年7月14日まで、『人民日報』と『紅旗』で同時に9回にわたる評論文（「九評」と呼ばれる）を掲載するなど、ソ連共産党に対して、舌鋒鋭い批判キャンペーンを展開した。その中ソ大論争は、世界各国の共産党や労働党を巻き込み、中国はアルバニア以外の東欧社会主義諸国などとの関係が対立または希薄化していき、アジアでもソ連と親密な関係を持つ社会主義国であるモンゴルと激しく対立するようになった。中ソ対立はまた、領土問題へと飛び火していく。1969年3月に珍宝島事件（ダマンスキー島事件）[2]、8月に新疆ウイグル自治区で軍事衝突が相次いで発生し、中国国内ではソ連との全面戦争や核戦争に備えた臨戦体制へと移行した。

　アメリカをはじめとする西側の対中封鎖政策と、中ソの深刻な対立・臨戦態勢、という米ソからの挟撃は、1960年代以後中国における政策形成上の最も重要な与件となった。こうした厳しい国際環境のなかで、中国は自力更生以外に、国内経済を発展させる道はなかった。

1-3 政策形成の国内的要因
分業の否定とワンセット主義

　自力更生政策の形成要因は、根源的には分業の否定とワンセット主義の信奉に求められる。まず、そもそも当時の中国では理論的に比較優位に基づいた国際分業を受け入れなかった。社会主義計画経済時代には、近代経済学の国際貿易理論が認められず、国際経済を専門とする文系の大学でさえ共産党、政府の対外政策、方針などを理論として教育を行っていた。また、一般に冷戦構造下

---

[2] 珍宝島事件（ダマンスキー島事件）とは中国とソ連の間で1969年3月に黒竜江（アムール川）の支流ウスリー川の中州である珍宝島（ダマンスキー島）の領有権を巡って発生した大規模な軍事衝突のことである。

の世界で社会主義と資本主義の二大陣営の対立を超えた国際分業は非現実的なものであった。しかし、各陣営内部では、例えば社会主義陣営においても「国際分業」と「生産の専門化」の国際的な枠組みが存在していたが、中国は大国主義的支配を理由にソ連主導の国際分業に反対した。冷戦構造の下で社会主義国間の国際分業を象徴していたのがコメコン（COMECON：Council for Mutual Economic Assistance, 経済相互援助会議）である。当初ソ連と東欧などの社会主義国の結束を図るために1949年に発足したコメコンは、1950年代後半以降加盟国による国際分業体制へと変貌していった。中国は最初からオブザーバーとして参加する姿勢を取り、コメコンとは距離を置いた。1956年2月に中ソの不協和音が響いたソ共12期大会後、中国共産党は社会主義陣営における修正主義の傾向に強い警戒心を抱き始め、それが国内で「独立自主、自力更生」の社会主義路線を過度に強調するような極左的な政策を形成させるきっかけともなった。1960年代になると中ソ決裂を背景に、中国はオブザーバー派遣を中止し、コメコンについて、国際分業の名の下でソ連がほかの社会主義国に対して、自主独立に基づいた経済発展を阻害し、自国の工業化を放棄させ、ソ連の原料供給地と製品輸出市場にするものに過ぎないと厳しく断罪した。

　国際分業を否定する基本姿勢は、国内の地域経済にも投影される。戦争時代分断された共産党支配地域における自給体制の成功経験と、建国後米ソによる新たな戦争への危惧により、国内の各地方における域内自給体制が追求されていた。各地方では、地方政府が主体となり、中央政府の援助に依存せず独力で域内の生産を増大させ、自給自足体制を構築した。例えば、計画経済時代における「地方小工業」の隆盛が地方の分業否定、ワンセット主義信奉の典型例である。当時各地方では、「五小工業」（五つの小規模工業:石炭、製鉄、化学肥料、セメント、機械）をはじめ、日常生活必需品から水力発電まで幅広い業種を地方に内部化するようなワンセット体制が作られた。また、1963年には毛沢東の「農業学大寨」（農業は大寨に学べ）の大号令の下で各地方において域内の食糧自給を確保するため大規模な農地の開墾が行われていた。そもそも「大

寒村」という地では劣悪な地形と干ばつという厳しい自然環境から農業生産が困難を極めていたが、当地の農民が山の下から土を運んで強引に人工の棚田を作った。しかし、その大寨の無謀な方法が毛沢東の目には自力更生の精神と映じ、大寨の経験を全国的に広げた。さらに、ワンセット主義が経済体制末端にまで蔓延し、原材料から完成品までのすべての生産工程や、保育所から老後生活までの生涯サービスなどを一企業に内部化するという極端な例もよく見られた。

権力闘争

毛沢東時代には、権力闘争が激化するたびに、自力更生が政局のツールとしてフル利用された。特に文化大革命期において対外経済は、「崇洋媚外」（西洋を崇拝し、外国に媚びる）、「洋奴哲学」（西洋に盲従する卑屈な思考方式）などと非難された。例えば、1957年に発足し、広東省広州市で毎年春と秋の年2回開催された中国最大の貿易見本市「広州交易会」（中国輸出入商品交易会）は、閉鎖経済時代において外国に向けて開かれた貴重な窓口であったが、文革初期、まずここに批判の矛先が向けられた。1967年の春季大会は、その開催に向けた準備段階から極左派や過激組織の暴力を伴う妨害活動で混乱していた。周恩来首相（当時。以下同じ）は大会の前日にわざわざ北京から広州市へ駆けつけ、反対派を説得し開催への理解を求めた（段・陳［2016］pp.260-261）。一国の首相でさえ、国内の一貿易見本市のため、そうするしか混乱を収拾する術がなかったということである。

また、海運業で起き、その影響が全国にまで広がる「風慶輪事件」もその一例である。「風慶輪」とは中国の万トン級の大型遠洋貨物船のことであり、自前の技術で製造され、自力更生政策を象徴する国産船舶だと自賛された。もともと計画経済時代には造船業が脆弱なため遠洋輸送は外国のレンタル船舶に依存していた。大型船は国内製造より輸入した方がはるかに安いと見積もった国家計画委員会が1972年から1974年にかけて外国から大型貨物船を購入しようと計画した。しかし、江青（毛沢東夫人）をはじめとする文革派（極左派）は、1974年に国産船「風慶輪」がヨーロッパから初の遠洋輸送を終え無事帰港した

ことを「自力更生の偉大な勝利」と宣伝し、一般公開、歌合戦など戯画的なまでに礼賛キャンペーンを展開し、外国船舶の輸入を積極的に支持した周恩来首相を暗に非難した。さらに、1975年1月に失脚から政界復帰を果たした鄧小平は西側先進国から「四三方案」（43億ドル規模の案件）と呼ばれる大型プラントの導入を積極的に進めた。これも後ほど鄧小平批判の「右傾勢力の巻き返しに反撃せよ」という大規模な政治運動の引き金となった。1976年4月に『紅旗』に掲載された「洋奴哲学を批判する」文章では、「独立自主、自力更生」を強調し、外国技術導入を批判した。

　以上で見たように、分業否定とワンセット主義は自力更生政策の形成要因であり、その結果でもあった。また、文革期間中繰り広げられた権力闘争では、対外経済に積極的な姿勢を示す政敵を排除するため、自力更生が政治的スローガンとしても利用されたのである。

2　対外貿易

　計画経済時代の閉鎖的な状態において、自力更生が強調される一方、対外貿易への努力が惜しまれることはなかった。それは、国内における深刻な需要超過、先進国に比べて技術の大幅な遅れという「二つのギャップ」を一刻も早く埋めるには外国から資本財や技術を導入する必要があったからである。

　計画経済時代には、国際分業が否定され、対外貿易が「有無相通ずる」、「過不足を調整する」ものと位置付けられていた。経済発展に必要な生産財を輸入するために、国産品が国内販売（内需）より輸出（外需）を優先することは基本原則（輸出優先原則）とされた。具体的には、国内生産と国民生活に関わる「最重要物資」（例えば、食糧や植物油、綿花など）の輸出を制限するが、国内生産と国民生活にとって「一般物資」（例えば、肉類、葉煙草、紙製品など）についてはできるだけ多く輸出し、国内生産と国民生活に「無関係物資」（例えば畜産品、茶葉、果物、及び魔法瓶、万年筆などの軽工業品、土

産品など）については、基本的には輸出を優先するとした（中国国家統計局［1960］pp.429-430）。以下では、その輸出優先原則の下でどのような貿易管理体制が実行され、対外貿易の実態はどのようなものだったかを見よう。

2-1 国家の独占的貿易管理
保護貿易政策
　社会主義計画経済時代の貿易は国家による独占的管理体制下に置かれていた。1949年9月21～29日に開催された中国共産党とそのほかの政治社会勢力を集めた中国人民政治協商会議で建国後の国家憲法とも言うべき「中国人民政治協商会議共同綱領」が採択された。同綱領では、建国後の中国は「対外貿易に対する統制を実施するとともに保護貿易政策を実行する」（第37条）と規定されていた。貿易の統制と保護を実行するために、第一次五カ年計画期（1953～1957年）において社会主義体制の確立とともに、ソ連モデルを倣い、国家の独占的貿易管理体制を確立した。一般にソ連モデルとは、対外貿易の所有権、管理権と経営権を国家が独占し、対外貿易業務は国家の専門機構が担当する。また、国家の独占的貿易の運営は高度に集権的な行政的方法、指導的な計画により行われる体制のことである。そのソ連モデルの中国版の構造は次のとおりである。

貿易管理の組織構造
　貿易管理の組織は、縦割り行政である。政府が業種ごとに、対外貿易機関直属の現業貿易機構を通して輸出入業務を統一的に行う。具体的には、対外貿易部（1952年に設立、現在の商務部、日本の省に相当）の直属機構として、15の国営対外貿易総公司（例えば、中国機械輸出入総公司、中国化学工業輸出入総公司、中国紡績品輸出入総公司など、1955年現在）が設立された（菊［1955］p.24）。それらの現業対外貿易機構においてさらに地方部局（各対外貿易総公司の地方分公司＝地方支社、例えば中国機械輸出入総公司四川省分公司、同山東省分公司など）が設置された。

　他方、政府は貿易港を管轄、規制している。上海、広州、大連、青島、天津

の五つの都市を「遠海貿易港」とし、北京市と、福建、河南、湖北、湖南、江西、安徽、広西、雲南の八つの省を「近海貿易と対香港・マカオ貿易港」としてそれぞれ指定した。

貿易は国家の独占的管理体制と縦割り行政の組織構造の下に置かれるため、対外貿易行政や貿易総公司はほかの行政から独立しており、各貿易総公司の地方分公司（地方部局）や貿易港も所在地の地方行政の管轄から独立していた。

貿易活動

対外貿易部が政府の経済計画（国家経済委員会）に従い輸出入業務を遂行する。具体的には、まず、政府の経済計画に基づいて輸出商品の買付け計画、地域別配分計画の編成を行う。そして、企業から計画的に輸出品を買付ける。輸出のための供給源の確保は対外貿易部の基本的な業務である。他方、輸入品についても、統一的に買付け、契約を行う。つまり、対外貿易部は政府の経済計画（許可目録）に基づいて項目ごとに輸入計画を作成、通達し、指定された対外貿易公司が輸入を行う。国営セクターによる輸出額が全国の輸出総額に占める比率は1950年に68.4%であったが、1954年には98.2%にまで達した（菊［1955］p.25）。また、貿易活動で発生した損失は、国家財政により補填された。

一方、外貨不足の時代に政府は、国際収支のバランスを取ることに細心の注意を払った。外国為替については、輸出財貨の内外価格比で決定するという固定為替制を実行した。対外経済活動における外貨の収入と使用が政府の一元的管理下に置かれた。輸出活動で獲得した外貨収入は政府の国営金融機関（中国銀行）に売却され、輸入活動で生じる外貨の支払いは為替管理当局（中国人民銀行）の許可を得てから行わなければならなかった。

以上のような国家の独占的貿易管理体制が、社会主義計画経済時代を通して実行されていたが、体制改革の試みも存在した。例えば、1974年代には、貿易指定港に江蘇、浙江、河北の三つの省を新たに追加したこと、香港・マカオ貿易を全面的に解禁すること、地方の貿易分公司（地方部局）による遠海貿易を対外貿易総公司の許可を得たうえで認めることなどである（馬・孫［1993］

pp.2147-2148)。

2-2 貿易の規模と構造
貿易けん引のプラント輸入

1950年代に中国は、ソ連、東欧諸国と緊密な関係を保っていた。経済分野ではソ連の対中援助に合わせて大規模なプラント輸入を行った。その輸入増加にけん引され、貿易規模が拡大し、1959年の貿易総額は1950年（11億3000万ドル）の約4倍に相当する43億8000万ドルに達した。1960年代前半には中ソ対立が公然化、尖鋭化した影響を受けて、貿易が低迷するなか、日本、西欧諸国からのプラント輸入を相次いで契約した（橋田［1994］pp.145-146）。

1960年代後半になると、アジア、アフリカの第三世界との関係強化、輸出拡大を背景に、貿易は次第に活発化し、年間40億ドル台の規模にまで回復した。1970年代に入ると、対外貿易規模はさらに飛躍的に拡大していく。貿易額は1973年に初めて100億ドル台（109億8000万ドル、対前年比1.7倍以上）を突破し、改革開放前夜の1977年には150億ドルに達した（図表2）。

図表2　輸出入と貿易収支（1950～1970年代）

（資料）中国国家統計局［各年版］『中国統計年鑑』より作成。

1970年代における貿易拡大の背景には、いわゆる「二つのギャップ」（国内の需給ギャップ、技術の内外格差）の緩和を図るため、西側諸国から大規模なプラント輸入が行われたことがあった。1970年代初頭頃の中国外交は劇的に進展していた。1971年に、国連は中華民国（台湾側の国民党政権）を追放し、中華人民共和国（大陸側の共産党政権）を中国の合法的な代表として迎え、国連の議席とともに常任理事国としての地位を回復した[3]。1972年には、アメリカのニクソン大統領の電撃訪中、日本の田中角栄首相の訪中と日中国交正常化など、対西側の関係が大きく改善された。国際環境の好転を受けて、周恩来首相が文革期の過剰な自力更生意識と「閉関自守」（関所の門を閉じ、自分の力で自分を守ること：鎖国）の極左政策を見直し、西側先進国からの大規模なプラント輸入計画を主導した。1973年に国家計画委員会が国務院に出した「設備輸入の増加、対外経済交流の拡大に関する要望書」には、3年ないし5年以内に43億ドル規模に上るプラント輸入の計画（四三方案）が盛り込まれた。1950年代に行われたソ連からのプラント輸入以来2度目となる大規模なプラント輸入計画であった。同計画に基づいてプラント輸入が盛んに行われ、1972年から1977年にかけて、中国はアメリカ、西ドイツ、フランス、日本、オランダ、スイス、イタリアなどの10数カ国と222のプラント輸入の契約を締結した。このような対西側からのプラント輸入は1970年代半ば前後の時期における貿易全体の拡大を支えた。

　しかし、閉鎖経済時代の貿易は相対的に小さかった。貿易額の経済規模（国内総生産）に対する比率（貿易依存度）を見ると、1950年代には平均10.2％であったが、それ以後1960年代は平均6.8％、1970年代は平均8.6％と1桁にとどま

---

[3] 中国の国際連合（国連）加盟について、国連では 'Restoration'（回復）と明記している（United Nations General Assembly Resolution 2758）。1971年に国連は安全保障理事会常任理事国から、それまで中国の代表とされていた台湾側の中華民国を追放し、代わりに大陸側の中華人民共和国を中国の合法的な権利を持つ代表とした。これを常任理事国における中国議席の回復（国民党政府からの継承）と解釈しているからである。「一つの中国」の立場を主張する中国政府（大陸側）は、国連の立場を踏襲して、国連における合法的権利の回復（中国語で「恢復」）と表現している。他方では、国連が設立された後、1949年に建国された中華人民共和国が、1971年まで国連加盟国になったことはないということで、「国連加盟」と表現されることもある。

るほど低い水準にあった。貿易収支について、赤字が発生したのは1950年代前半と1974～1975年の時期であった。その二つの時期における赤字の原因も、前者はソ連から、後者は西側からの大規模なプラント輸入によるものだと説明できよう。

対外経済の窓口「広州交易会」

計画経済時代における広州交易会（「広交会」と略される）は、対外貿易部（現商務部）と広東省政府が主催した中国最大の政府系貿易見本市で、閉鎖状態における貿易活動の中心的な舞台であった。広交会は、1957年に初回大会の

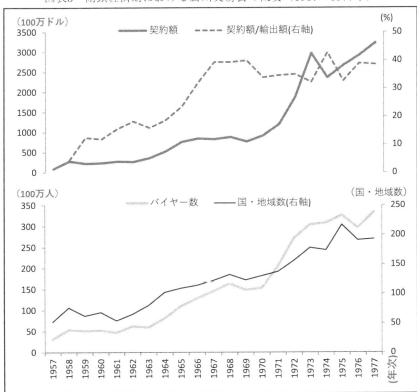

図表3　閉鎖経済期における広州交易会の概要（1957～1977年）

（資料）中国対外貿易センター（CFTC）、国家統計局貿易統計より整理、作成。
（注）来場のバイヤー数と国・地域数は、延べベースである。

来場者数（バイヤー）は3100人（春季と秋季の合計、延べベース。以下同じ）であったが、1965年には1万人を超え、1970年代末になると約5万人に上った（図表3）。1957年から1970年代末まで、参加国または地域は延べ52から200超へ、契約額は8700万ドルから51億ドルへと拡大した。輸出動向の先行指標である契約額と翌年の通関輸出額の割合は、広交会が発足した1957年には4.4％に過ぎなかったが、1965年に20％を超え、文革期（1967～1976年）には平均36.8％に達している。それを現在の約3％（2010～2015年平均、中国国家統計局統計）と比べれば、閉鎖経済における対外貿易において、政府主導の広交会の担う役割がいかに大きかったかを容易に想像できる。

貿易構造

貿易構造を製品別に見ると、輸出は農・副産品とその加工品を中心としている。輸出総額に占める農・副産品とその加工品の比率は1950年の9割から1970年代末の6割へと低下したものの、依然として輸出の主力であった（図表4）。さらに、国内生産と国民生活に関わる重要性の分類別について見ると、輸出に占める非「最重要物資」（「一般物資」と「無関係物資」）の比率は、1950～1952年に平均63.9％であったが、1958年になると75.5％になった（図表5）。

他方、輸入は生産財を主としている。計画経済時代に輸入総額に占める生産財の比率は、経済調整期（1961～1965年）を除いて70~90％という高い水準にあった。特に「二つのギャップ」を緩和すべく2度にわたって大規模なプラント輸入が行われたため、第一次五カ年計画期から1950年代末までの平均は93％、1975年と1976年の平均は86％に上った。

貿易相手国

貿易構造を相手国別に見ると、建国初期、アメリカなど西側諸国の対中封鎖・禁輸を背景に、ソ連と東欧諸国が中国の主要な貿易相手国となった。中国の対ソ連・東側諸国との貿易が対世界貿易全体に占める比率は、1950年に34％であったが、その後上昇し、1950年代を通して70～80％の水準で推移した（中国国家統計局［1960］pp.425-426）。対西側では、日本やフィンランドなどと

第1章　閉鎖経済下の対外経済関係

図表4　貿易構造の変化（1950～1970年代）

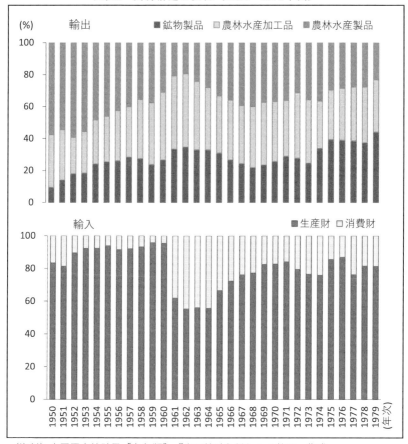

（資料）中国国家統計局［各年版］『中国統計年鑑』より整理、作成。

図表5　国内生産と国民生活に関わる重要性別の貿易構造（1950～1958年）

(単位：%)

	1950～1952年平均	1953～1957年						1958年
		1953年	1954年	1955年	1956年	1957年	平均	
最重要物資	36.1	35.9	29.0	30.5	30.3	25.3	29.8	24.5
一般物資	25.6	29.4	28.7	30.0	29.7	26.7	28.8	25.0
無関係物資	38.3	34.7	42.3	39.5	40.0	46.9	41.4	50.5
合計	100.0	100.0	100.0	100.0	100.0	100.0	100.0	100.0

（資料）中国国家統計局［1960］（p.430）より作成。

の貿易が存在し、1952年には第一次日中民間貿易協定までも結ばれたものの、いずれも小規模な民間貿易または間接貿易にとどまっていた。

しかし、1960年代以後、中国がソ連と決裂すると、やがて貿易相手国を東側諸国から西側の日本、香港（1997年までイギリス領）・マカオ（1999年までポルトガル領）、西欧諸国、北米のカナダ、ラテンアメリカ諸国へシフトさせていった。中国の対世界貿易に占める西側諸国の比率を見ると、1950年代に20〜30％台であったが、1960年代後半には70％に上昇し、1972年日中国交正常化後の1973年以降80％を超えていった（図表6）。その背景には、前述のとおり1960年代前半に日本、西欧諸国とプラント輸入契約が相次いだことや1970年代前半における対西側外交の大きな進展に伴い、「四三方案」が実施されたことなどがあった。

図表6　対共産圏・非共産圏別の貿易構成の推移（1950〜1976年）

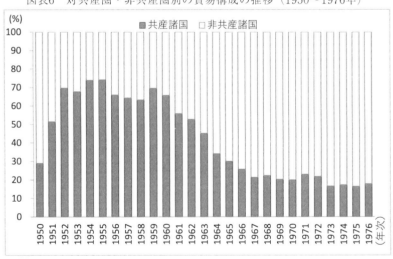

（資料）山下［1981］（p.53）より作成。

3 国際援助

3-1 特徴と管理体制

　国際援助には、自国の外国に対する援助（対外援助）と外国の自国に対する援助（外国援助または対内援助）がある。国際援助は、一般に経済的に豊かな国はそうでない国に対して経済援助を行う。しかし、経済的に必ずしも豊かではない国が対外援助を行うこともある。例えば、大規模な自然災害など発生時の国際災害救援のほか、国際政治、外交上の理由で援助外交が行われるのである。

　1950年代において中国は、前出の「自力更生為主、争取外援為輔」の方針の下で、ソ連と東欧諸国から外国援助を受けていたが、同時に、1950年代初頭から対外援助も始めていた。対外援助は対外政策の一環として行われるため、援助政策や方針は党の中央執行部と国務院（政府）が決定する。初期の対外援助は、物資、現金、技術に限られたため、援助活動は対外貿易部をはじめ財政部、国家計画委員会が担当した。対外援助の拡大に伴い、1961年には、国務院直属の行政機構として対外経済連絡総局が設立された。同機構は1964年に対外経済連絡委員会に改称され、1970年にはさらに対外経済連絡部へと再編され、アジア、アフリカ、ラテンアメリカ諸国に対する援助行政を担当するまでに業務が拡大、強化された。対外経済連絡部は建国後初めてほかの行政組織から分離、独立した対外援助専門業務機関となったが、対外援助の政策決定においてしかるべき役割を十分に果たせなくなった（白・羅［2016］pp.13-14）。対外援助の業務機能に特化された反面、意思決定機能が弱体化されたということである。

3-2 外国援助

　1950年代に中国は、ソ連から多大な経済支援を受けた。1950年にソ連政府と「中ソ友好同盟互助条約」（互助協約）を締結し、ソ連から50項目のプロジェクト援助を受けることになった。さらに1952年に周恩来首相が経済援助を

要請するためソ連を訪問した後、1953年に中ソは、「ソ連政府が中国政府による中国国民経済の発展を援助することに関する協定」（援助協定）を締結した。同援助協定では、ソ連が中国に対して141項目のプロジェクト援助を供与し、その対象分野は軍、鉄道、発電、鉄鋼、石炭、化学、トラック工場、飛行機工場などに及んだ（図表7）。1954年にソ連はさらに15件の援助を追加し、これまでの援助事業は合計156項目に上るプロジェクト（「一五六プロジェクト」と呼ばれる）協定として締結された[4]。また、1950年から1955年まで、ソ

図表7　1950年代におけるソ連の中国援助事業（協定ベース）

協定（時期）	内容	案件数
互助条約（1950年）	工場の新築、改築	50
援助協定（1953年）	坑井（新築、改築、以下同じ）	8
	総合製鉄工場	2
	非鉄金属冶金工場	3
	石油精製工場	1
	機械製造工場	32
	化学工場	7
	火力発電所	10
	医薬生産工場	2
	そのほか	26
追加援助（1954年）	工場の設計、新築	15
「156プロジェクト」計		156
追加援助（1958-59年）	工場の新築支援、設備供与など	148
合計		304

（資料）叢・張[1999]（pp.771-772）、汪[1998] p.235に基づいて整理、作成。

---

[4] 余談だが実際に中ソ間の交渉で合意したのは154件のプロジェクトであったが、156件の援助計画が先に公表されたため、「一五六プロジェクト」という名称のまま呼ばれている（薄[1991] p.297）。

連は中国に1〜2%の年間利子率、2〜10年の返済期間で、56億ルーブル（約14億ドル）の融資を供与した。その融資が「一五六プロジェクト」に使われた（馬・孫［1993］p.2195）。

　それらの支援プロジェクトは、社会主義工業化を目標とする中国の「第一次五カ年計画」期における最重点事業と位置付けられ、工場建設地の敷地調査、立地決定から、製品製造までの全工程においてソ連の全面的な援助（指導、協力など）の下で進められた。例えば鞍山（遼寧省）、武漢（湖北省）、包頭（内モンゴル）に大規模な鉄鋼工場、長春（吉林省）に第一自動車製造工場、蘭州（甘粛省）に大規模な石油精錬化工場がいずれもこの頃におけるソ連の援助で建設されたのである。

　ソ連の経済援助のほか、東ドイツ、チェコスロバキア、ポーランド、ハンガリー、ルーマニア、ブルガリアなどの東欧社会主義諸国とも116件のプロジェクトに関する援助協定を締結した（汪［1998］p.235）。

　一方、中国は資金、技術の面でもソ連と東欧諸国から援助を受けていた。1950年から1955年まで中ソ両国はソ連による中国への融資に関する協定を11件締結し、合計56億6000万ルーブル（53億6800人民元）の融資を受けた。それらの融資は、ソ連からの機械・設備、軍事物資などに対する支払いに使われた。また、1954年10月以後中国はソ連、東欧諸国と相次いで技術協力協定を締結した。ほかにも1959年までソ連、東欧諸国からエネルギー、原材料、機械（民生と軍事）などの産業に関する4000項目の技術資料を得ている（汪［1988］p.237）。

　しかし、1950年代後半に中ソ対立が尖鋭化した結果、1960年以降ソ連と東欧諸国は対中援助を打ち切ることになった。中国とソ連の間で締結した304件の援助プロジェクトのうち89件の契約、中国と東欧諸国で締結した116件の援助プロジェクトのうち8件がそれぞれ破棄された（彭［1989］p.53）。社会主義の工業化を目指す中国経済はソ連、東欧諸国による制裁的な協力中止に翻弄された。

とはいえ、1950年代における中国の経済発展はソ連と東欧社会主義国の援助に大きく依存し、当時建設された工場の多くは長期にわたって中国の産業経済を支えたのも事実である。また、ソ連などから帰国した留学生、研修生が様々な分野で重要な役割を果たしている。「中国の第一次五カ年計画の時にソ連が工業の基礎を作ってくれたことをわれわれは今まで忘れたことはない」と、鄧小平（当時党中央軍事委員会主席）が1989年5月に訪中したソ連共産党書記長ゴルバチョフに語っている（中共中央文献編集委員会［1993］）。

3-3 対外援助
対社会主義国中心の援助

1950年に中国は北朝鮮やベトナムに軍事援助を始めるなど、対外援助の幕を開いた。発足して間もない新政権が国内で財政逼迫、モノ不足という状態のなかで対外援助を断行したのは、隣国の北朝鮮、ベトナムがアメリカの手に落ちれば中国の北東、南西の国境も軍事的脅威にさらされると危惧したからである。1950年から1953年まで、朝鮮戦争中の北朝鮮に対して7億2925万元相当の軍事物資と生活用品を無償で援助した。休戦後にも、北朝鮮の経済復興のために1954年から1957年まで8億元の無償資金を援助している。また、1950年から1954年まで、インドシナ戦争中のベトナムに対して、1億8000万元相当の物資を援助した（馬・孫［1993］p.2199）。ほかにも、1950年と1951年にインドに対して合計66万6500tの穀物を支援している（謝［1988］p.24）。

1954年にアルバニアへ6000人の技術者、1955年に蒙古へ5500人の専門家と技術者を派遣した（張［2016］pp.81-82）。中国の対外援助は、建国後から1950年代半ば頃まで冷戦構造のなかで「同志加兄弟」（同志かつ兄弟）国[5]をはじめ社会主義国を中心に行われていた。

---

[5] 中国ではかつて社会主義国を「兄弟国家」と呼び、なかでも最友好国を「同志加兄弟」（社会主義国同志かつ兄弟のような親密な関係）と位置付けた。「同志加兄弟」とされた国には、例えばベトナム、北朝鮮、アルバニア、キューバなどがある。

第1章　閉鎖経済下の対外経済関係

　1955年に開催されたバンドン会議後、中国の対外援助の対象は、近隣諸国中心から、反植民地、民族解放と独立運動を展開するアジア、アフリカ諸国にまで拡大していった。特にアフリカに目を向けたのは1950年代後半以降である。アフリカ諸国は、第二次世界大戦後もほとんどヨーロッパの植民地支配下に置かれ、宗主国と同様にまだ中国の大陸側の政権を政府として承認せず台湾側の政権と国交を持っていた。1953年にはエジプトがイギリスから独立し、その3年後の1956年4月には、アフリカで初めて台湾と断交し中国大陸側の政権を中国政府と承認して国交を樹立した。「中国大陸と国交樹立・台湾と断交」させることを最重要課題とする中国外交にとってアフリカで初めての快挙であった。同年8月にスエズ戦争（第二次中東戦争）が勃発すると、中国政府は英仏イスラエル軍と戦うエジプトに対して2000万スイスフランの無償援助を行い、中国赤十字社は10万人民元に相当する医薬品を寄付した（張［2012］p.106）。対エジプト援助を皮切りに、中国のアフリカ諸国に対する援助が始まり、1950年代後半にはアルジェリア、ギニア、ガーナ、ソマリアなどへの資金協力または技術協力が相次いだ。

　しかし、この時期における中国の対外援助は、基本的に社会主義国を中心に行われており、アフリカ諸国に対する援助はごく一部にとどまった。1950年から1960年までの期間、中国の対外援助総額は40億元を超えたが、そのうち社会主義国が8割を占めた（渡辺［2013］pp.30-31）。その背景にはこの時期に中国大陸側の政権を政府として承認するアフリカの国がまだ少なかったことがある。また、社会主義国への援助は軍事分野を中心とするのに対して、アフリカ諸国への援助は経済的、人道的援助を中心とすることと、それらの国への援助は政治的条件を一切付けず、直接供与、直接輸入という形で行われることが特徴であった（張［2016］pp.165-166）。

　1960年代に入ると、社会主義陣営での中ソ決裂や世界各地における民族自決の活発化を背景に、中国の対外援助は、ソ連への接近を防ぐためにベトナム、ラオス、北朝鮮などアジアの社会主義諸国への支援へと向かった。例えば、

1962年には、建設を終え稼働直前の邯鄲繊維工場（河南省）の第3工場と第5工場を解体し、機械設備や原料などを丸ごと朝鮮に送ったほど腐心していた。

対アフリカ援助の拡大

他方では、1960年代にアフリカ、ラテンアメリカ諸国を中心とする発展途上国（第三世界）にも援助の力点を置くようになった。「アフリカの年」（Year of Africa）と呼ばれる1960年にはアフリカでフランス領植民地を中心に17カ国が一斉に独立した。1964年にアフリカ歴訪中の周恩来首相は「対外援助八原則」を発表し、被援助国の主権尊重、無条件、自力更生的発展などを唱えた[6]。対外援助八原則を発表後、中国はアフリカへの援助を一層積極的に進めるようになった。

1960年代後半以後の対アフリカ援助の対象は、軍事、経済、医療などの分野にわたる。「アフリカの年」以後も西欧植民地からの民族自決が続き、「中国大陸と国交樹立・台湾と断交」するアフリカの国が増えて、中国の軍事援助もアフリカの国々の独立解放運動と独立後の政権安定に向けるようになった。また、経済援助については、援助の最重点対象国のタンザニアに対してインフラ整備を中心に行われた。例えば、1970年に建設（調印）が決まったタンザニアとザンビア間を結ぶタンザン鉄道建設が知られている[7]。

西欧植民地への支援と世界各国に「中国大陸と国交樹立・台湾と断交」を働き掛ける外交攻勢が大きく進展した。1971年には「同志加兄弟」国のアルバニアをはじめアジア、アフリカを中心とする23カ国（共同提案国）が中国大陸側

---

[6] 1964年1月にアジア・アフリカ14カ国を歴訪中の周恩来首相が発表した「対外援助八原則」を要約すると次のとおりである。1平等互恵、2被援助国の主権尊重、無条件、3被援助国の負担軽減、4被援助国の独立自主、自力更生的な発展、5援助プロジェクトの少額投資と早期収益、6製造可能な最高の国産設備と物資の供与、7被援助国が十分習得可能な技術の供与、8派遣専門家（技術者）と被援助国の技術者との同等待遇（中国外交部・中共中央文献研究室［1990］pp.388-389）。

[7] タンザニアとザンビア間を結ぶタンザン鉄道（中国で「坦賛鉄路」と呼ばれる）は中国が建設したものであり、中国の対アフリカ援助、中国アフリカ友好のシンボル的な存在である。同プロジェクトに対する中国政府の投資額は4億5000万ドルに達した（劉・黄［2013］p.19）。中国から派遣された約2万人の中国人労働者が、3万人以上の現地労働者とともに、1970年から1976年まで6年がかりで同鉄道建設を行った。

の政権を国連に招請し、台湾側の政権を追放することを求める決議案（アルバニア決議案）を提出し、賛成多数で採択された（賛成76、反対35、棄権17、欠席3）。中国の対外援助を中心とする外交努力は、国連の議席回復が象徴するように国際社会への全面的な復帰へと繋がった。国連の議席回復後、中国大陸側の政権と国交を樹立する国がさらに増加し、それが対外援助の呼び水となった。また、1972年に中国とアメリカが和解した後も毛沢東は帝国主義、覇権主義、植民地主義と戦う植民地を支持するという立場を変えることはなかった（Yang・Xia［2010］pp.407-410）。1979年にはアフリカだけで41カ国が新たに中国と国交を樹立し、68カ国が援助を受けるようになった（張［2016］p.169）。

対外援助の限界露呈

イデオロギー重視、外交戦略の手段としての対外援助には相当な無理があった。例えば、1973年の1年間だけで対外援助支出総額は国家予算の7.1％に相当する58億元に上った。特に1959年の大躍進政策の失敗後に続いた3年間の自然災害の期間中（1959～1961年）とその直後においても、財政難、食糧難で餓死者を出すなかで対外援助を続けていた。ギニアに対して、1959年に1500tのコメを援助し、1960年に2250万ルーブルの無利子融資を供与した（張［2016］p.165）。ネパールに対しては、1960年に経済援助協定を締結し、3年間で1億ルピーの無償援助を決定し、1962年から1966年にかけて350万ポンドの無償援助を供与した（林・叶・韓［2001］pp.273-274）。また、文革期（1966～1976年）における社会経済の大混乱、大停滞のなか、逆に対外援助を拡大させた。1964年の「対外援助八原則」の発表後、アフリカへの援助が急激に拡大したが、1965年から1969年まで中国の対アフリカ援助額は年間平均2000万ドルの規模を維持し続けた（魏［2013］p.24）。この対アフリカ援助は1960年代後半における中国の年間平均貿易黒字（1億9400万ドル）の1割以上を占めるほど大規模なものであった。1970年から1975年までの5年間で対アフリカ援助額は、319万ドルに達したが、それは1961年から1969年までの8年間の6.9倍に相当する

規模であった(張[2012]p.137)。

しかし、文革期における一人当たりGDPは、222～327元(約83～166ドル)しかなかった[8]。貧困国でありながら相当な無理をした巨額の援助は、中国の経済発展と国民生活を圧迫したため、1975年に援助規模の見直しを余儀なくされた。見直しの内容は、財政支出に占める援助額の比率を第四次五カ年計画期(1970～1975年)の平均6.3%から第五次五カ年計画期(1976～1980年)の5%以内に削減すること、援助規模を第四次五カ年計画期の水準(5億元)に抑える(張[2012]p.137)。援助方式は1975年から従来の一方的経済援助から相互貿易によるプラント供与へ転換することなどであった。1977年には、財政支出に占める援助額の比率は、さらに4%へと下げられた(張[2016]p.170)。

4　国際旅行

1949年10月1日に建国が宣言されてからわずか50日後、新中国初の旅行社として厦門華僑服務社が設立された。従業員はたった4人しかおらず、国内の外国人居住者、海外の華僑(中国人居住者)、華人(中国系外国籍取得者)、外国人を対象に旅行サービスを提供するのが主要な業務であった。建国後の復興期を経て、政治、経済情勢の安定化と外交活動の活発化が進むにつれて、1954年4月に政府は、招聘する外国人訪問者を対象に外事接待を行うために、「中国国際旅行社」(「国際旅行社」と略す)を設立した。その後、国際旅行社は、上海市、西安市、桂林市など12の主要な都市に支社を展開し、1956年から1957年までの間、旧ソ連、東欧諸国の一部、モンゴル、及び西側の23カ国の旅行業者と提携関係を結んだ。その後1958年1月に政府は「外国人の自費来華者の接待と国際旅行業務の強化に関する通知」(通達)を出して少数の外国人個

---

[8] 文革期における一人当たりGDPは1968年に最低値が222元(約83ドル、1ドル=2.6790元)で、1975年に最高値が327元(約166ドル、1ドル=1.9688元)である(SSBC・Hitotsubashi University[1997])。

人旅行者の入国を認めたため、国際旅行社は業務範囲を次第に拡大させた。

　他方、1957年には、香港、マカオ、台湾の中国人（香港・マカオと台湾の同胞）と海外の華僑、華人を対象に、「中国華僑旅行服務総社」（「華僑旅行社」と略す）が設立された。中国では、今もそうであるように、台湾海峡を挟む香港、マカオと台湾の3地域（中華圏3地域、または「両岸三地」と呼ばれる）が「海外」と捉えられ、その中華圏3地域と中国本土の間の旅行を海外旅行として扱っている。中国返還前の香港はイギリス領、マカオはポルトガル領であり、台湾はいわゆる「中華民国」の実行支配下に置かれ、中国本土とは政治体制、司法制度、経済制度などが異なるため、両岸三地の住民が本土を訪問する際には、査証や通関などの手続きが必要である。1957年に設立した華僑旅行社の業務は、この両岸三地の住民、及びほかの海外の華僑、華人の里帰り、親族訪問を兼ねた中国本土旅行に係る事項を取り扱うことであった。

　1964年には、国際旅行社が「中国旅行游覧事業管理局」（「旅行管理局」と略す）へと再編された。このように、旅行管理局と華僑旅行社による共同運営・管理体制が形成され、社会主義計画経済時代における旅行業の監督、指導を展開していた。しかし、文化大革命の期間（1966～1976年）に封建的、資本主義的文化を一掃し、新しい社会主義的文化を創り出そうという名の下、多くの名所旧跡が破壊、閉鎖されるが、旅行行政や旅行業も難を免れなかった。それらの復活は文革後期の政治、経済情勢の安定を待たなければならなかった。

　建国後から1970年代までの長い期間、国際旅行に関しては、政治、外交活動のための外事接待を中心に、海外旅行者の受け入れ（インバウンド）が行われた。その国際旅行に関わる諸事務は外交部（外務省）の管轄下にあり、国際旅行の業務は旅行管理局と華僑旅行社の二つの行政機関が担当し、それらの傘下にある旅行支社を通じて遂行されていた。閉鎖経済下の国際旅行管理体制では、政治的、外交的目的のため、公費招聘や赤字覚悟での外事接待が多く行われた（王［2008］p.74）。また、海外の旅行者の受け入れも認めるとはいえ、実は政治優先、損益不問の原則に基づき厳しい入国審査を行っていた。1978年

の受け入れ海外旅行者数は180万9200人（中国国家統計局［1984］）であり、それ以前のデータが公表されていないため比較できないが、2年後の1980年に比べて3分の1に過ぎなかった。

5　閉鎖経済における対外経済の特徴と問題

5-1 特徴

本章で見てきたように、中国は閉鎖経済において自力更生政策方針を掲げ、独自の対外関係を展開していたが、その特徴を整理すると次のとおりである。

第1に、閉鎖経済における対外経済は、国内の社会主義計画経済体制の確立とともにイデオロギー重視の対外関係の下で展開することである。そして、外交戦略として二つの軸が存在していた。一つは1950年代には中米対決、ソ連一辺倒、1960年代には米ソとの対立という国際的な孤立からの脱却、1970年代に中ソ対決、中米接近が見られたように、時期、情勢により変幻自在に展開する軸と、もう一つは、「中国大陸と国交樹立・台湾と断交」させるという首尾一貫した軸である。前者はイデオロギー・安全保障に、後者は国際的な孤立からの脱却とプレゼンスの向上にそれぞれ外交戦略の課題を置いた。それらの外交戦略の諸課題に応じるべく、対外経済の力点が社会主義国中心から、アジア、アフリカなどの第三世界、そして、資本主義国へと転換されていった。

第2に、貿易は、まず国家により独占、規制された管理貿易であったこと、次に、貿易の成長は国内経済や国際情勢の激動に影響されて大きく変動していることである。貿易規模は相対的に小さく、貿易依存度も低かった。そして1950年代前半と1970年代半ば前後の二つの時期に貿易収支がソ連、西側からのそれぞれ大規模なプラント輸入を背景に赤字になったが、ほかの時期には黒字基調であった。さらに、貿易構造を製品別に見れば、農・副産品など一次産品を輸出し、投資財を中心に輸入しており、貿易相手国別に見れば、社会主義諸国中心から資本主義諸国への転換が挙げられる。

第3に、国際援助では、まず、1950年代に、ソ連中心の外国援助を受けると同時に、近隣社会主義国を中心に対外援助も行った。1960年以後中ソ決裂で外国援助は途絶するが対外援助は引き続き行っていた。次に、中国自身が貧困国でありながら対外援助を続けたのは、自国の安全保障（朝鮮戦争、ベトナム戦争）、イデオロギー重視（アジア、アフリカの反植民地、民族解放と独立運動）と国際的孤立からの脱却（国交樹立国の獲得）という外交戦略上の目的があったからである。そして、援助の対象国・地域は近隣社会主義諸国中心から発展途上国（第三世界）、特にアフリカ諸国へと拡大し、援助事業は、軍事物資から、経済、人道的分野へと転換した。最後に、閉鎖経済においては基本的に外国による直接投資を受け入れず、1960年代以後ソ連からの融資も打ち切られたため、外国資本は中国本土から消え去った。

第4に、閉鎖経済時代の国際旅行は、中華圏3地域（両岸三地）の中国人、海外の華僑、外国人の受け入れ（インバウンド）を中心とするものであった。受け入れの目的はイデオロギー・外交に基づいた外事接待中心から外貨獲得、産業経済化へと転換していった。受け入れの対象は、海外の華人・華僑、社会主義国の旅行者中心から資本主義諸国へと拡大した。他方、公務以外の目的での国民の出国（アウトバウンド）は禁止されていた。

5-2 問題点

建国後から1970年代までの対外経済について次の問題を指摘しておきたい。

第1に、社会主義計画経済における対外経済の特徴はイデオロギー重視を貫き、外交戦略に基づいていることである。冷戦構造下での過酷な国際環境と国内における極左的なイデオロギーに大きく左右された対外経済活動には、当然ながら経済的合理性、効率性の観点が著しく欠けていた。

第2に、貿易は、国家により独占的に管理、制限されていたため、国内外の市場需給に対応できずに硬直化していた。また、国際分業を軽視し自力更生を執拗なまでに強調したことにより、生産が不得意な財を無理に生産するという

資源配分の非効率性をもたらした。さらに、輸出優先原則の下で、経済発展と国民生活にとって「重大でない（一般消費品と無関係な消費品）」と決めつけられた消費財が外貨を稼ぐため輸出に回された結果、国内市場では生活必需品の不足が深刻化し、国民は長期にわたって窮乏生活を強いられていた。

　第3に、対外援助については、そもそもイデオロギーという前提条件の下で行われたが、それは「無条件供与」という原則との間に矛盾が生じていた。そのため、あくまでイデオロギーに合致したうえでの無条件供与に過ぎないと言える。また、中国の援助に安易に依存した被援助国も存在したが、それは「自力更生支援」の原則と相容れない。さらに、政治的利益を追求する対外援助は、中国内の経済発展、国民生活を犠牲にしたうえで成り立つものであった。特に大躍進・3年連続の自然災害、文革のような疲弊を極めた時期では対外援助が逆に強化されていた。

　第4に、社会主義計画経済時代の閉鎖経済において、貯蓄・資本が深刻に不足しているにもかかわらず、外国からの直接投資を受け入れないうえ、1960年代以後対外借款を含めて外国援助を一切拒否した。マクロ経済では国内の貯蓄不足（投資を下回る）が発生する場合、外国資本で埋め合わせれば経済成長を図ることが可能であり、また雇用創出と技術移転、輸入代替、さらに輸出促進などの効果も期待できる。しかし、閉鎖経済では外国資本によるそれらの経済的恩恵を享受することができなかった。

　最後に、公務以外の出国禁止は、基本的に国民の移動の自由を侵害する人権問題であるが、一般に海外旅行に関して、国民が世界の多様な文化、価値観などを見聞し、それにより獲得した知見がスピルオーバー効果を通して自国の社会経済の発展に寄与するとされる。しかし、閉鎖的な社会主義計画経済時代、国民は外国に行くことができないので、官製メディアの宣伝以外に世界を知る方法はなかった。

第1章　閉鎖経済下の対外経済関係

むすび

　社会主義計画経済時代の中国は閉鎖経済の状態に置かれており、対外経済の盛衰は国際環境や自らの外交戦略に大きく左右されていた。国内の経済建設と対外関係の基本方針は自力更生であり、戦後冷戦構造のうえ、アメリカの対中封鎖、中ソ対立などによる国際的孤立（国際的要因）と、社会主義計画経済体制、分業否定、権力闘争など（国内的要因）は、その政策形成の基本与件であった。

　閉鎖経済と自力更生政策の下で、独自の社会経済システムが形成され、独自の対外経済が細々と展開された。その結果、中国経済は世界経済とかけ離れ、立ち遅れることになり、先進国はもちろんのこと、アジアの近隣諸国の後塵を拝することになった。さらに、思想・言論統制、政府系メディアにより形成された世論空間のなかで、海外旅行も制限された国民は、中国以外の世界が理解できない「井の中の蛙」状態であった。

　本章を書き終えてふと思ったのは、冒頭で見たような北長街の住民が外国人の「無断撮影」に怒るのも無理はない、ということである。だが、その騒動からわずか2年後、その場所からほど近い人民大会堂で政府自らが対外開放の幕を開けることなど、憤慨した住民には知る由もなかった。

第2章　開放経済への政策的展開

はじめに

　前章で見たように、社会主義計画経済時代の中国は、閉鎖経済におかれ、自力更生政策を絶対化させていた。しかし、1970年代に入ると、国際連合（国連）の議席回復を果たし、アメリカをはじめ西側諸国との関係を改善するなど、外交面において大きな進展が見られた。また、貿易と技術導入が拡大し、人的往来も活発化することで、国際市場への理解が深まり、対外開放のための基盤が形成された。1978年に改革開放の号砲が打たれると、閉鎖経済から開放経済への移行プロセスが始まり、それに伴い「自力更生」の絶対化路線は次第に影を潜めていった。

　開放経済へ移行するために、まず、閉鎖的な対外経済体制を打破すべく、国内市場の開放、外国投資と商業の法的環境整備に力が注がれた。他方、1980年代には経済特別区（経済特区）をはじめとする「沿海地域開放」、1990年代に「全方位・多元的開放」の地域開放が進められた。2001年12月11日に中国は世界貿易機関（World Trade Organization: WTO）に加盟した。1986年にその前身である関税及び貿易に関する一般協定（General Agreement on Tariffs and Trade: GATT）への加盟申請を開始してから15年経つが、その間において国内市場の開放など様々な取組に見られるように、中国は、世界経済の国際的枠組に参加し、経済の国際化そのものを対外開放の目標としてきた。1971年の国連の議席回復は中国の国際社会への復帰となったが、その30年後のWTO加盟は、中国の閉鎖経済から開放経済への移行、そして世界経済への全面的復帰を象徴するものと言えよう。

本章では、閉鎖経済から開放経済への移行過程を、対外経済体制改革と対外開放政策の地域的展開から考察する。特に政府による対外開放戦略構想及び関連政策、貿易と外資企業の進出を軸として、改革開放への政策転換が本格化した1980年代から現在までの歩みを振り返るとともに、中国の対外開放がどのような特徴をもって進んでいたのかを明らかにする。以下、第1節では1970年代における対外経済政策の動向を取り上げ、開放経済へと転換する政策的基盤の形成を論じる。第2節では、開放経済への移行過程においてどのような体制改革が行われたのかを整理する。そして第3節では、開放経済への移行過程に見られる地域的展開に焦点を当てて、主要な対外開放政策を取り上げる。第4節では、閉鎖経済から開放経済への移行政策の特徴、成果と問題点を明らかにする。最後に本章のまとめを述べる。

1　風雲急を告げる1970年代

　1978年12月18日から22日にかけて中国共産党第11期中央委員会第3回全体会議（中共11期3中全会）が開かれた。会議では、改革開放への政策転換を宣言し、閉鎖経済から開放経済への移行を決定した。1978年に改革開放が宣言された背景について、経済の停滞、政治的リーダーの交代、国際関係の好転が挙げられる（滕［2017］pp.55-58）。ここでは、1970年代における対外経済政策の動向に焦点を当てて、開放経済へ転換する準備過程を見ていきたい。

1-1 対外経済の進展
　1970年代、中国は、国連の議席回復や中米和解など取り巻く国際環境の劇的な好転をチャンスと捉え、対外経済の拡大化を図る。しかし、対外経済を推進するには、まず、「自力更生」の絶対化政策と対峙せざるを得なかった。
　1973年から1977年までの間、中国は「四三方案」を実施し、大規模なプラント輸入を行った（第1章）。文革末期とはいえ、江青（毛沢東夫人）をはじめ

極左派(文革派)「四人組」の跋扈が続いていた。にもかかわらず、「四三方案」が象徴するように対外経済政策が展開可能となったのは、党内で対外関係を重視する勢力(対外経済重視派)が次第に勢いを増したからだ。1971年の林彪事件後、周恩来が林彪の残党を一掃するのに奔走したことで毛沢東のさらなる信頼を獲得したことや1973年に鄧小平が2度目の政界復帰を果たしたことなど、対外関係重視派は、意思決定における影響力を大きく拡大させた。権力中枢における勢力図の変化を背景に、「四三方案」のような大規模なプラント輸入が、晩年毛沢東の容認を得たうえで始まり、実施過程においても基本的に計画通りであった。「四三方案」は文革期における「閉関自守」(鎖国)を打破する重要な一歩であった。

また、江青らの極左派が「風慶輪事件」を起こしたものの所期の企みを果たせず不発に終わった。長年にわたる文革の混乱による経済の疲弊と人心の荒廃を背景に、1975年に行われた鄧小平批判の政治キャンペーン「右傾勢力の巻き返しに反撃せよ」に対して鄧の実利主義路線の甘みを知っている国民は面従腹背の態度を取った。国民の文革に対する懐疑、極左・文革派に対する不満は、周恩来の死去に対する追悼をきっかけに噴出し、1976年4月5日に大規模な反体制集会(天安門事件)にまで発展した。

1976年9月の毛沢東逝去の直後、江青をはじめとする「四人組」の逮捕という劇的な出来事により、文革も事実上終結し、一つの時代に終止符が打たれた。毛沢東の後、共産党主席に就任した華国鋒は、一層大胆な対外経済政策を採ることになる。1978年2月に開催された全国人民代表大会(全人代、日本の国会に相当)で「1976〜1985年国民経済十カ年発展要綱」が採択され、20世紀末までに中国の「四つの現代化」(農業、工業、国防、科学技術の近代化)が目標とされた。1970年代における対外経済政策の流れを受け継いで、華国鋒は近代化の目標を早期に実現するため外国の技術に全面依存する方針を打ち出し、22件の外国の技術・プラント導入の大型案件を主導した。

1-2 極左派の猛反発

　1970年代中後期、激動する国内外の情勢のなか、中国の対外経済政策は、諸刃の剣であったと言える。それは、社会主義計画経済、自力更生を基本方針とする閉鎖経済といった体制上越えられない一線が依然存在していたからだ。「四三方案」は、江青をはじめとする極左派が自力更生政策を盾に猛反発するなかで一部中止、あるいは縮小された。「風慶輪事件」で周恩来を降ろし、国務院の主導権を奪うという政略は達成できなかったが、経済分野での事件による影響は造船業に止まらず、対外経済政策全般にまで及んでいた。八塚は1970年の対外開放政策（四三方案）が、国内において政治的に紆余曲折を辿った原因として、国際関係が変動するなかで、毛沢東の革命外交路線（戦争準備や自力更生など文革の政治路線）と対外開放政策の間に矛盾が生じたことにあると指摘している。毛沢東の存命期における対外開放は、毛の革命外交路線と整合するように調整された結果、中途半端な政治路線にならざるを得なかった（八塚［2014］pp.51-52）。

　また、外国の技術を受け入れる能力が十分ではなかった。例えば、「四三方案」の実施過程では国内の受け入れ態勢が十分整えられず、一部の輸入プラントに稼働延期、低稼働率、導入技術への理解不足などの問題があった（叢・張［1999］p.802）。1978年に華国鋒が主導した外国の技術・プラントの導入計画も、低迷した経済を回復させるため従来の大躍進に見られたような急進的な手法を踏襲した。しかし、かつてのような自力更生政策に基づいた自前の技術で行うのではなく、外国の技術に全面依存するため「洋躍進」と揶揄されている。この洋躍進政策は、初年度である1978年の1年間だけで予算を使い果たし債務不履行に陥った。また、拙速な外国プラント・技術の導入計画は、国内の過剰投資、財政圧迫を招いた。そのため、急進的な洋躍進政策は1年ほどで失敗に終わった。

　しかし、1970年代における対外経済の展開は、開放経済へと移行するための準備、助走期間として、開放経済への政策形成と世論形成、及びその実践にお

いて極めて大きな意義があった。鄧小平は、実際に1974年から1975年までの一時期、改革に対する実験を行ったと評価している。1970年代における対外経済の新しい局面の開拓は、改革開放前の模索段階だと位置付けられている（段・陳［2015］pp.275-276）。華国鋒の「洋躍進」の失敗も改革開放のための産みの痛みであったとも捉えられる（滕［2017］p.58）。特に、自力更生を絶対化する「四人組」を中心とする極左派の追放、華国鋒の過渡的な政権を経て鄧小平をはじめとする対外開放志向派のイニシアチブの確立は、開放経済へ政策を転換させる最も重要な要因となった。

2 対外経済体制の改革

2-1 貿易・外国投資と外国為替
貿易・外国投資

計画経済時代における貿易は、国家による独占的管理体制と中央集権的縦割り行政体制により行われていた。この体制の下で行われる貿易赤字補填は、財政を圧迫していた。1978年の対外開放への政策転換後、まず貿易の経営管理自主権を国内の各地方に与えるなど地方分権が行われた。その後1984年に貿易体制改革の三原則が公表され、企業分権へと進んだ[1]。国営企業に対して貿易経営権を譲渡、貿易企業と工業企業、研究開発部門との連携を促進、請負責任制を導入するなどの改革が行われた。この時期における貿易経営権の分権は、国家による独占と中央集権的縦割り行政の打破という行政改革の目的を一応達成したが、財政による貿易赤字補填（輸出補助金）の拡大に歯止めがかからなかった。1987年の政府による国営貿易企業に対する貿易赤字補填額は282億1000万元に達し、国営企業に対する補助全体の6割を占めていた（World Band［1993］）。

---

[1] 対外貿易体制改革の三原則は次のとおりである。第1に、所有権と経営権との分離、及び自主経営管理権の拡大、第2に、輸出入代理制の導入、第3に、「工貿・技貿結合」（工業企業と貿易企業との連携、研究開発と対外貿易との連携）、輸出と輸入とのバランスである。

財政による貿易赤字補填の拡大が抑制できなかった原因の一つは、貿易経営権を手にした地方や企業が、貿易に対する経営責任を問われないことにあった。そのため、1988年に中央政府は、全国に地方経営請負責任制を導入し、各地方（省）は中央政府と外貨収入、上納外貨、赤字補填で請負契約を行うことになった。また、貿易機構における地方分部局（地方分公司＝地方支社）が地方へ移管され、貿易企業認可権も移譲されるなど、中央集権から地方分権へと進んだ。貿易企業についても経営請負責任制を導入し、輸出戻し税制度の実施、留保外貨の自主使用などの企業改革が行われた。さらに、貿易総公司について、企業化への再編が行われた。1980年代後半において貿易収支が大きく改善され、1985年に149億ドルあった貿易赤字は、1989年に66億ドルへと減少し、さらに1990年には87億5000万ドルの黒字に転じた（中国国家統計局［1992］）。

　1990年代になると貿易企業の改革が加速する。1991年には、貿易企業への財政による貿易赤字補填を全廃し、損益自己負担の自主経営（独立採算制）を導入した。1994年7月1日に制定、施行された「対外貿易法」では、貿易の経営許可制度（政府の許可により付与されるモノの貿易経営権、以下、貿易権と略す）が導入された。2000年には、約3万5000社に貿易権が付与された。しかし、同貿易権は、まだ中国企業にしか認められておらず、外国企業が中国国内で貿易を行うことは原則禁止となっている。2001年には、対外貿易経済合作部が「外商投資企業輸出入経営権の拡大に関する通知」を通達し、外資生産型企業で年間輸出額が1000万ドル以上である等の条件の下で、割当許可証の対象でない商品や自社製品以外の商品を輸出することを認めた（経済産業省［2002］p.93-94）。

　1978年の対外開放後、政府は外国資本に対する従来の消極的な姿勢を転換させ、外国の資本、技術、経営ノウハウを積極的に受け入れるようになった。そのため、外資行政の確立と法整備が進められた。まず、全国の外資導入に関する事務を統括する行政機構として、1979年8月に外国投資管理委員会を新設した。1982年3月に外国投資管理委員会とほかの対外経済機構と統廃合し、対外

経済貿易部（日本の中央省庁に相当する）を設立した。対外経済貿易部の下で外国借款管理局と外国直接投資管理局を設置し、外資管理の一元化、効率化を図った。一方、外資系企業に関する法整備として、1979年7月に『中外合資経営企業法』を制定、実施した。また、1980年10月と12月に『中外合資経営企業所得税法』とその実施細則、さらに1981年12月と1982年1月には、『外国企業所得税』とその実施細則が相次いて制定、実施した。改革初期における外資系企業立法の展開は、対外開放、外国資本導入の積極的な姿勢を強烈に示すとともに、中国に進出した外国企業の利益と義務を法的に保障、規定するものであった。

それからも、外資系企業に関する新たな法律の制定または既存の法律の改正など外資立法は進められて、外国企業の対中投資の環境整備に大きな役割を果たしてきた。

外国為替

外国為替について、中国では2005年までドルペッグの固定相場制が実行されていた。ドルペッグ制とは、自国の貨幣相場を米ドルと連動させることをいう。固定相場制のもとで、機構再編、外貨の収入と使用、外貨需給と為替レートなどの方面で外国為替改革が行われた。

（1）まず、為替政策や外貨準備政策の策定、為替業務や外為市場の管理、為替システムの監督を強化するために、1979年に中国人民銀行（中央銀行）に国家為替管理局が設置された。1980年代に入ると、従来外国為替専門銀行である中国銀行で一元的に行われていた人民元と外貨の交換業務（為替取引）が、ほかの銀行でもできるようになった。

（2）外貨の収入と使用について、計画経済時代には政府が一元的に管理したが、1979年以降、輸出企業を対象に外貨収入の一部に対して留保、使用を認めたうえで、外貨を支払う場合は政府から公定レートで購入できる、という「外貨留保制度」を段階的に導入した。1988年には、留保外貨を、地方政府と企業が規定の範囲内で自主的に使用できるようになった。また、外貨留保に関しては、少数民族地域の優遇、経済特区優遇という「地域傾斜」政策により差

別的留保率を実行した。例えば、後述（3節）のように、輸出で獲得した外貨収入は、経済特区の深圳、珠海が100％、ほかの開放都市と西部地域が30％、そのほかが3〜25％であった。差別的留保率は、重点地域に対する政策的支援を反映する一方、地域間競争を損なう面もあるとされた。

（3）「外貨留保制度」の導入と並行して他方では、外貨需給を調節するための環境整備が進められた。1986年には、外貨管理の各地方機構（地方支分部局）において国営企業と外資企業に対する外貨調達業務が始まった。また、同年、広東省の深圳に「外貨調整センター」が設立され、1988年になると主要都市に外貨調整センターが相次いで設立された。北京に設立された「全国外貨調節センター」では中央官庁間、地方間の外貨調節が行われることとなり、国有企業や外資企業も同センターで外貨の取引ができるようになった。中国に居住する個人による外貨現金・預金の所持規制は、1985年に緩和され、1991年に「外貨調達センター」で個人の所持する外貨が取引できるようになり、出国に必要な外貨も銀行で限度額内の購入が認められた。各地方の外貨調整センターは地域内における外貨取引の活発化と需給調節に大きな役割を果たす一方、地方により為替レートが異なるため、全国的に統一された市場形成を阻害するものでもあった。

1992年以降、社会主義市場経済への体制転換に伴い、為替制度改革はさらに進んでいく。1993年11月の中共14期3中全会において、人民元の経常項目における交換性を実現し、為替市場の需給変動に基づく人民元レートの決定メカニズムを構築することを外国為替管理体制改革の目標とすることを決定した。1994年に「中国為替取引センター」（上海）が設立されるとともに、「外貨留保制度」が撤廃され、改革開放後形成された人民元為替の二重レートが一本化された[2]。

---

[2] 1979年には、輸出の拡大を促進するため、公定の為替レート（非貿易外貨の交換や決済に適用、1ドル=1.5元）とは別に、人民元安の為替レート（1ドル=2.8元）が輸出企業内部の決済で実行された（貿易内部決済レート）。こうした公定レートと貿易内部決済レートが併存する状態は1984年に一旦解消された（1ドル=2.8元に一本化）。その後、インフレ率の上昇などにつれて公定レートが切り下げられたが、外貨調整センター（1986年以降設立）のレートの下落（ドル高・人民元安）に付いていけず、公定レートと地方外貨調整センターのレートという二重レートの状態が再び形成された。

当時「公定レート」は人民元高の1ドル＝5.8元台の水準（1993年末）であったが、為替取引センターの取引（自主貿易）に基づく「市場レート」（1ドル＝8.7元）へ一本化されたため、事実上公定レートの切り下げ（元安）となった（赤間・御船・野呂［2002］pp.10-11）。

　1994年以降人民元レートの米ドル単一通貨へのペッグ制が実行されたが、2005年7月から通貨バスケット制による限定的な変動相場制に移行した。銀行間為替市場における人民元対米ドルの取引価格の変動幅は、外貨取引センターが発表する米ドルの取引仲値の上下2％以内とされ、人民元の対他国・地域の外貨（日本円、香港ドル、イギリスポンド、オーストラリアドル、カナダドル、ニュージーランドドル、ユーロ）との取引価格の変動幅は、人民銀行が発表する同通貨の取引仲値の上下3％以内とされた。

2-2 WTO加盟

　中国における貿易、外国投資及び外国為替の管理体制改革は、世界経済の枠組に参加するための取組の一環でもあった。1986年7月に当時のGATTに対して、「締約国としての地位の再開（resumption）」を求めて加盟申請を正式に開始した。1995年12月にGATT失効後発足したWTOにも改めて加盟申請を行い、日本、アメリカ、EU等との二国間交渉及びWTOの作業部会での多国間交渉を繰り広げた。特に、中国とアメリカの交渉においては米国の対中最恵国待遇の問題が焦点であった。中国への最恵国待遇については米国の年次審査を受ける必要があり、そのことが度々中米関係の緊張をもたらす火種の一つとなった。中国は、WTOへの加盟を申請するためアメリカと2カ国交渉を行うと同時に、国内の投資・商業環境の整備を進めた。その結果、2000年に米国は中米合意に基づいて国内法の改正を行い、対中最恵国待遇に対する差別政策を撤廃し、中国の加盟申請プロセスを大きく前進させた。そして、ついに2001年12月に中国はWTO加盟という宿願を果たした。

　加盟交渉の過程において中国は、WTO規則の遵守、国内市場の開放、国際

的基準に合致した制度を段階的に整備することを約束した(図表1)。WTO加盟後それらの約束に基づいて、関連法の制定及び改正を含めた各種制度の改善・構築を進め、貨物貿易の関税引き下げ、非関税貿易障壁の縮小、サービス業の市場開放、貿易に関する知的財産権の保護などの面において約束事項を基本的に実行し、一部は期限を前倒しして実施した。

図表1　中国のWTO加盟時の貿易関連政策・措置についての約束

分野	主要な約束事項
内国民待遇	外国の企業・人・外国投資企業に対して、生産に必要な調達、製造・販売に関わる条件、政府や国有企業等の提供する運輸・エネルギー・通信等公共サービスの料金や利用可能性等について、内国よりも不利でない待遇を与える。
統一的行政、透明性、司法審査	WTO協定が関税地域全体に適用、モノ・サービスの貿易、TRIPSまたは外国為替管理に関係する法令や措置を統一的、公平かつ合理的に運用、貿易に影響を及ぼすすべての行政行為について行政府から独立した司法機関による審査の対象とするなど。
貿易権(貿易に関する許可制度)	貿易権について、加盟後3年以内に、すべての中国国内の企業(外資企業を含む。)に対して、貿易権の取得を認める。ただし、国家貿易品目として一部例外品目がある。
非関税措置(輸入制限措置)	WTO協定に整合しない輸入制限措置(輸入割当、輸入許可、公開入札)を2005年までに撤廃し、かつ新たに導入しない。
関税	全譲許品目(7151品目)の関税(譲許)率の引き下げ、単純平均では2001年(加盟時)の13.6%から2010年(最終審査年)には9.8%へ下げる。
アンチ・ダンピング(AD)措置・相殺関税措置	AD及び相殺関税に係る規則・手続をAD協定及び補助金協定に整合化させる。中国以外のWTO加盟国が、中国を「非市場経済国」として扱う特例が加盟後15年間認められる。
補助金	企業への輸出補助金及び国内産品優先使用補助金を撤廃廃止、不導入(一部保留)。農産品に係る輸出補助金に関しても維持及び不導入など。
基準・認証制度(TBT)	関係規制・手続をTBT協定に整合化させ、手数料や検査期間を含めて輸入品が国産品に比べて不利とならないように取り扱い、国産品が対象となっていない検査は輸入品も検査除外とし、認証検査の方法手続の簡素化を行うなど。
貿易関連投資措置(TRIM)	TRIM協定を遵守する。外資投資の認可に当たって輸出要求や技術移転要求等を条件としないなど。
セーフガード(SG)	ガット及びセーフガード協定を遵守する。WTO協定整合的な制度を整備する。中国産品を対象とする輸出自主規制等は、一定期間内に廃止する。
知的財産保護制度(TRIPS)	TRIPS協定を途上国等に係る経過措置の適用を求めず、加盟時点において遵守する。
サービス貿易	流通(卸売・小売、フランチャイズ)、電気通信、金融(保険、銀行)の市場開放や規制緩和を進める。
政府調達	政府調達手続について透明性を確保すること、外国から調達する場合は最恵国待遇を供与する。政府調達協定に将来参加するが、当面はオブザーバとして参加する。

(資料)経済産業省[2002]より整理。

例えば、2004年7月に、中国は「対外貿易法」を10年ぶりに改正した。改正貿易法では、WTO加盟時の約束に基づいて、制限していた貿易経営権の範囲が緩和され、個人・企業の区別なく貿易業務が開放され、許認可制度も届出制となり、知的所有権を侵害する貿易行為の防止が明文化された。

　また、輸入制限については、輸入禁止措置の対象となる品目が多くあるものの、全体として加盟時の約束通り輸入制限措置の撤廃が着実に実施されている。関税については、すでにWTO加盟時の関税引き下げ義務の大部分を履行している。2002年1月から、関税法の改正によって全譲許品目の73%に及ぶ5300を超える品目について関税率が引き下げられた。2008年1月には、加盟後7回目の関税率表の見直しが行われ、中国の平均関税率は、全品目で9.8%、農産品15.2%、非農産品8.9%にそれぞれ引き下げられた。2017年2月現在、中国の譲許率は全品目にわたり100%であり、また、非農産品の平均譲許税率は9.2%、2010年の平均実行税率は8.7%であった（経済産業省［2017］p.24)[3]。

　貿易関連投資措置については、加盟時の約束に基づいて2000年10月から2001年7月にかけて外資関係の法律を改正し、輸出要求、ローカルコンテント要求、輸出入均衡外貨バランス要求に係る条文が削除・改正された。これらの改正は、外資企業に対して、2006年1月より改正・施行された新「会社法」にも適用されている（経済産業省［2012］p.37）。

　さらに、サービス貿易について、流通、建設、運送、電気通信、金融（保険、銀行）、郵便など多岐にわたるサービス分野で、加盟時の約束を履行するために大規模な法令整備、外資投資制限の緩和が行われた（経済産業省［2002］p.51）。知的財産については、2008年に、知的財産権の創造・活用・保護・管理の能力を向上させるイノベーション型国家の構築を目指す「国家知的財産権戦略綱要」（2008年6月）や、全国の知財保護活動の方針や具体的措置を系統的に示す「2008年における中国の知財保護行動計画」（2008年4月）

---

[3]　ただし、写真フィルム（最高47%）、自動車（25%）など一部品目において高い最終譲許税率が存在すると指摘されている（経済産業省［2017］p.24）。

が制定され、積極的に知的財産権保護に取り組む姿勢を打ち出した。2010年10月に、「知的財産権の侵害及び模倣品・粗悪品の製造・販売を摘発する特別プロジェクト活動方案」が国務院で可決されると、全国規模における知的財産権侵害及び模倣品・粗悪品の製造・販売行為を摘発する特別プロジェクト活動が集中的に展開された。2011年11月には知財関連の作業指導グループを設立するなど行政措置が強化されている。

2-3 国際旅行の商業化

　計画経済時代、外交、政治的目的に基づいた国際旅行業では、利潤動機が働かず、赤字経営が続いていた。1970年代後半における対外経済の加速化を受けて、国際旅行業でも産業化が図られる。1978年3月に、中共中央委員会は、観光機構を設立し、観光旅行業を振興する方針を決定した。同年夏に、香港の300名に上る青少年を中国本土の夏キャンプに招いた。いわゆる「資本主義社会」からの大訪問団はどこに行っても多くの見物人の好奇と羨望の眼差しを受けた。

　さらに、鄧小平（当時は副総理）は、1979年1月から7月までの間に「旅行業を総合的な産業に変えるべき」、「旅行事業にはできることが大いにある」、「旅行業を発展させ、国家の収入を増やせ」、「黄山ブランドを立ち上げよう」などの文章を発表し、観光旅行業の振興を呼びかけた。旅行業を振興するため外国資本を積極的に取り入れた。

　1982年8月、中国旅行游覧事業管理局は、中国国家旅游局に改称された。1983年2月に、国家旅游局は、訪中旅行を促進するために北京で中国初の国際観光フォーラムを開催したが、これは45カ国から700名の代表を招く大規模な催しであった。1980年代における中国の旅行は、外国人の受け入れ（インバウンド）中心であった。

　1990年代以降、政府は、旅行産業の育成に力を注いでいく。1992年には、少ない投資、速い利益実現、高い収益、多い雇用、国民生活に密接するような旅

第2章 開放経済への政策的展開

行業などを第三次産業の重点育成分野とした。1998年には、建設国債を発行し、旅行などのインフラ整備の財源に充てていた。2000年代には世界旅行強国を目指すという目標を打ち出した（国務院研究室［2009］pp.2-4）。

3 局地開放から全方位・多元的開放へ

本節では、1980年代と1990年代以後の時期ごとに、対外開放の流れを概観したうえで、主要な開放政策を取り上げていくこととする（図表2）。

図表2 対外開放政策の展開イメージ図

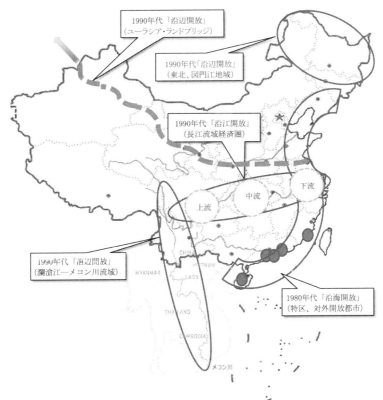

(注)本地図は、厳密な地理位置ではなく、イメージを示すものである。

- 45 -

3-1 沿海地域の開放
1980年代の概観

　地域の対外開放がまず行われたのは、沿海地域に設置された「経済特別区（経済特区）」である。1979年7月に中央政府は、広東、福建の2省で特殊政策を実行、広東省の深圳、珠海、汕頭と福建省の厦門の4都市に「輸出特区」を設置することを決定した。1980年8月に「広東省経済特区条例」を公布し、高度の自主権をもち、外国系企業の優遇を特徴とする経済特区を正式に発足させた。さらに1988年には、広東省の一行政区だった海南島を省に昇格させて、中国で5番目の経済特区に指定した。

　他方、経済特区とは別に、1984年から1986年にかけて沿海地域に点在する14の都市（大連、秦皇島、天津、煙台、青島、連雲港、南通、上海、寧波、温州、福州、広州、湛江、北海）を「対外開放都市」に指定し、そこに「国家経済技術開発区」（China National Economic and Technological Development Zone：ETDZ。以下、開発区と略す）を設置した（上海に3、湛江、北海を除くほかの各開放都市にそれぞれ1）。1984年11月に、国務院は「経済特区及び14の沿海都市の企業所得税、工商統一税減徴・免徴暫定規定」を制定、実施した。1985年1月に長江デルタ、珠江デルタ、閩南（ビンナン）デルタを対外経済開放地帯に指定した。1988年には遼東半島、山東半島といった複数の省、都市を含む広い地域に「経済開放区」を設置し、より広域的に対外開放が進められた。

　1988年には、「沿海地域経済発展戦略」が打ち出された。それは沿海地域を中心に、原材料を輸入して、国内で加工した後、輸出するという方式（両頭在外）を進めることで、輸出志向型の「外向型経済」の構築を目指し、さらに21世紀には沿海地区の郷鎮企業による労働集約的産業を資本集約的産業へと高度化させるという政策目標が盛り込まれたものである。

　こうした経済特区から沿海開放都市、沿海経済開放地域という重層的な対外開放ベルトの形成は1980年代における対外開放を最も象徴する展開だと言える。

第 2 章　開放経済への政策的展開

経済特区

　対外開放初期に設置された経済特区は大きな注目を浴びた。それは長期にわたる閉鎖経済にようやく風穴が開けられたからである。国際的に経済特区（Special Economic Zone：SEZ）は地理的に区分され独立した地域、単一的な行政管理機構、特別に与えられる優遇政策、独自な税関をもつエリアであるとされている（World Bank Group［2008］）。中国の経済特区は、基本的にこれらの要件を備えるものである。ここでは中国のほかの開放地域と比較して、経済特区にはその設置目的、産業構造、立地、政策などの面からどんな特徴があるのかを見ていく。

　まず、設置目的と産業構造だが、経済特区は、当初輸出拡大をメインに、外資を誘致しようとした。それは外国の先進技術の導入に主眼を置き外資を誘致するために設置した開発区と対照的である。産業構造についても五つの経済特区にそれぞれの特徴が見られる。深圳と珠海は、最初から総合的な経済特区（製造業、商業、農業、牧畜、不動産、観光など）として設置された。汕頭と厦門は、当初輸出加工を主としながら観光業も盛んだったが、その後開放・開発の進展とともに総合的経済特区へと変貌した。海南省は、中国最大の経済特区であり、ほかの経済特区より一層優遇政策が実施されている。さらに、中国（大陸）の経済特区は工業を主とし、工業と貿易の結合（連携）、多業種の全面的発展を図るという総合的な経済区という点で、台湾、及び外国（例えば韓国）の輸出加工区と異なると指摘されている（馬［1992］p.8）。

　次に、経済特区の立地にも地政学的な特徴が表れている。五つの経済特区はいずれも中国の行政、政治的中心地から遠く離れた地方に設置されているため、中央政府の行政介入が相対的に弱い。一方、広東省と福建省は海外の華人・華僑の出身地という点が重要である。華人・華僑からは優秀な企業家が輩出されており、台湾・香港・マカオ（中華圏3地域）を中心として世界的なビジネスネットワークを形成している。実は1970年代末の中国では対外開放への政策転換が宣言されても、計画経済や閉鎖経済などの名残が依然強かったた

め、欧米や日本の企業が中国進出に躊躇していた。焦る鄧小平が栄毅仁[4]に諮問すると、意見書を渡された。それは香港在住の親戚から目と鼻の先にある深圳に「華僑工業区」の建設を求める進言だったという。海外、特に中華3地域と東南アジアの中国人資本を誘致するなら勝算があると判断した政府は、香港、マカオにそれぞれ隣接する深圳と珠海、台湾の対岸に位置する汕頭、厦門をそれぞれ経済特区とした。1988年に海南島を経済特区に追加指定したことにも同じ思惑が透けて見える。

このように、行政、政治的中心地から遠く離れ、市場経済発達地の香港、マカオ・台湾に近い地域に経済特区を設置し、熾烈な市場競争で鍛えられた本土外の中国人資本を呼び込むという戦略であった。

そして、経済特区の役割として、「四つの窓口」と「二つの実験場」を担わせようとした。「四つの窓口」とは、外国の①先進技術、②管理体制、③経営ノウハウ、を導入すると同時に、世界に向けて④対外政策を宣伝することであり、「二つの実験場」とは、①対外経済技術協力・外国管理体制などを導入するための実験場（国内改革の参考とする）と、②「一国二制度」（一つの国の中に二つの制度が共存）を実現するための実験場ということである。経済特区、例えば深圳は香港と隣接するため、資本主義のビジネスモデルや企業経営のノウハウを習得するうえで重要なプラットホームとなった（Yeung［2009］pp.222-240）。建国後初の証券取引所は深圳で設立された（1990年2月）。また、中央政府は、経済特区の経験から返還後の香港（1997年以後）、マカオ（1999年以後）で「一国二制度」を実現するための手応えと自信を得たに違いない。

さらに、経済特区の政策は、「外資依存・市場原理・優遇政策・経済自主」

---

[4] 栄毅仁は、中国の財閥、上海の民族資本家である栄徳生の息子である。1949年の建国までは繊維工場を経営し、建国後も共産党政権に協力したため、「赤い資本家」と呼ばれる。1979年に中国国際信託投資公司（CITIC）を設立、1993年に国家副主席に就任するほど、改革開放路線に協力し、政権と親密な関係を保っていた。

の四つに集約できる。「外資依存」とは、経済特区において本土以外の中華圏3地域を含む外資系企業を中心に受け入れることである。1981年に四つの経済特区（海南島を除く）で導入した外資が国内の外資導入の約60％を占めた（曾［2010］p.97）。深圳では、香港の直接投資が1987年から1994年まで年間平均21.5％拡大し、1997年には同特区の外資受け入れ全体（利用ベース）の70.7％を占めるに至っている（譚［2008］p.217）。また、「市場原理」については、ほかの地域における体制改革に先駆けて市場経済を実行している。「優遇政策」については、経済特区の外資系企業に対して、所得税率、税の減免、海外送金、外貨収入、関税収入、プロジェクトの審査・許認可など様々な面で優遇的な措置を講じている（図表3）。経済特区の優遇政策は、外国企業にとって対中国（経済特区）投資の強烈なインセンティブになっている。例えば、1984年に公表、実施された特区税法によると、生産企業の所得税は15％であり、なかでも輸出企業は10％とされた。これは、内陸地域の外資系企業（30～50％）はもちろん、ほかの対外開放地域に比べても有利な優遇税制である（例えば、開発区の非生産型企業30％、対外開放都市の生産型企業24％、非生産型企業30％）。また、経済特区の生産型企業では経営期間10年以上、経営利益の黒字化が実現してから2年間は免税、その後3年間半減、投資額が500万ドルを超え、経営期間10年以上の非生産型企業では、1年間免税、その後2年間半減となっている。これに対して開発区と対外開放都市における非生産型企業ではこのような優遇税制は適用されていない。1986年に改正した特区税法では、製品のうち輸出品が70％に達した輸出企業は、上述の減免期間終了後も15％から10％に減額、ハイテク企業は、上述の減免期間終了後も半減納付を3年間延長された。「経済自主」とは、対外開放初期の国家戦略の目玉として設置された経済特区が行政管理と経済運営で高い独立性・自主性をもつことである。例えば、経済特区では中国初の労働市場が形成され、企業は従業員との有期雇用契約、従業員への解雇、昇給・手当などに関する決定権が認められた（Prologis［2008］）。

図表3　経済特区と他の地域の外資優遇政策の比較（1980年代）

		経済特区	対外開放都市・開発区	中西部地域
所得税率（企業）	一般企業15%		ETDZの生産型企業15%、非生産型企業30%、対外開放都市の生産型企業24%、非生産型企業30%。	合弁企業33%、合作、独資企業30～50%。
	輸出型企業（注）とハイテク企業10%。		対外開放都市のうち輸出型企業は、中西部地域の80%から24%へ、ハイテク企業は中西部地域の半減から12%へとそれぞれ減免。	適用なし
	国内企業も15%（厦門では国有企業55%）		適用なし	
減免税	生産型企業では経営期間10年以上、利益実現から2年間免除、その後3年間半減。		適用なし	農林業や未発達地域の外資企業で利益実現後5年間は免除、それから10年以内は15～30%軽減。
	投資額500万ドル超え経営期間10年間以上の非生産型企業では1年間免税、その後2年間半減など（1984年特区税法）。		適用なし	
	輸出型企業は、上述の減免期間終了後も10%～15%に減額、ハイテク企業は、上述の減免期間終了後も半減納付を3年間に延長（1986年改正特区税法）。		適用なし	輸出型企業とハイテク企業16.5%。
海外送金	利益の送金額の企業所得税免除。		利益の送金額の10%を企業所得税として徴収。	
外貨収入と関税収入	深圳、珠海では、輸出で獲得した外貨収入を全額留保、関税を国に上納、関税収入は全額留保。厦門では外貨収入、関税収入を国と地方で一定率より配分。		輸出で獲得した外貨収入を30%留保。	
審査・認可	地方にプロジェルトの審査・認可権を一部譲与。		適用なし	

（資料）特区税法（1984年施行、1986年改正）、鐘[2009]、商務省HP、そのほかの資料に基づいて整理、作成。
（注）輸出型企業とは、生産する製品のうち輸出する製品の比率が70%に達する企業のことである。

　最後に、経済特区は、広域的な都市・地域開発政策の一環として建設が進められており、域内におけるインフラ整備が充実している。そのため1980年代半ばごろには、外国企業の誘致という設置当初の目標を達成し、経済特区自体も、金融、物流等のサービス業、ハイテク産業が集積し、世界有数の先進地域となるなど大きな成長を遂げた。

沿海地域経済発展戦略

　「洋躍進」の失敗で辞任した華国鋒の後任として、1980年に趙紫陽が国務院総理に就任し、鄧小平の改革路線を支えることになる。趙紫陽は1987年11月に党総書記に就任した直後、上海、浙江省、江蘇省、福建省などを視察した際に「沿海地域経済発展戦略」（沿海戦略）を提唱した。

第 2 章　開放経済への政策的展開

　趙の沿海戦略では、海外市場向けに沿海地域の郷鎮企業を担い手とする労働集約型産業を発展させることと、沿海地域の加工業を「両頭在外」（原材料と販売市場の両方を国際市場に求める）、「大進大出」（大いに輸入、大いに輸出する）に転換させること、及び輸出産業の振興と企業の技術水準を向上させるため外国企業を積極的に誘致することなどが構想されている。

　沿海戦略の背景には、沿海地域の構造変化、原材料・エネルギーの需給逼迫、東アジアにおける国際分業の進展があった。まず、1985年に長江、珠江、閩南の三つのデルタ地帯が対外経済開放地域の指定を受けた後、産業構造が、従来の「農・工・貿」型（農業中心でそれに次ぐのが工業、そして商業）から「貿・工・農」型へと変化した。次に、製造業の製品販売と製造業に必要なエネルギー・原材料の調達を国内市場だけで行うのが次第に困難になる。そのため、沿海戦略における「両頭在外」の構想は、それらの変化を踏まえて、「貿・工・農」という産業構造の両端（両頭）にある商業（販売）と農業（原材料調達）を海外市場で行う（在外：輸出入）ということで、沿海地域の経済構造を輸出指向的な「外向型経済」に転換させようとするものである。その背景には、東アジアにおける国際分業の進展がある。1985年のプラザ合意後、日本はアジアを中心に生産拠点の海外移転を加速した。アジアNIEs諸国・地域（韓国、シンガポール、香港と台湾）も外国為替の変動、国内・域内における産業構造の高度化、人件費の上昇などにより東アジア域内への直接投資を活発化させた。その拡大化する直接投資が域内分業構造を形成させた。趙紫陽の沿海戦略は、外国直接投資を導入し域内の国際分業に参加するとともに、外国の資本と技術を活用して沿海地区の郷鎮企業による労働集約的産業を資本集約的産業へと高度化させようとするものであった。

　この沿海戦略は、保守派の抵抗や1989年の天安門事件による趙紫陽の失脚などにより一時挫折したが、その後再び推進されて、沿海地域の対外開放、貿易、外国直接投資が大きく進展したのである。また、沿海戦略は1980年に採用した特区戦略とは異なる役割を果たしている。経済特区は、基本的に外資誘致

を中心に設置されたものであり、経済特区の外資系企業と国内企業の間には物理的、制度的障壁が存在していた。経済特区に対して、沿海戦略の対象地域は従来の経済地帯、産業集積地であり、既存の国内企業が多く存在している。それらの地域を開放することにより、外国の資本と技術を導入する対外経済の課題を果たすと同時に、外国の技術、管理ノウハウなどのスピルオーバーを通して、国内経済体制の改革と技術進歩を促す効果が期待されている。

3-2 全方位・多元的開放
1990年代以後の概観

1980年代における沿海地域中心の対外開放の波は、1990年代に入ると、全国にまで押し寄せていく。1992年に政府は、「沿江開放」（長江流域の開放）、「沿辺開放」（辺境地帯の開放）、「沿線開放」（重要交通幹線周辺地域の開放）を盛り込んだ「全方位・多元的開放」方針を打ち出した。中国で「黄金の水路」と呼ばれる長江流域の対外開放は1980年代に伏線があった。1984年に中央政府が沿海地域における14の都市を対外開放都市に指定したのは前述の通りである。そのなかには上海のほか、江蘇省の連雲港と南通、浙江省の温州と寧波が名を連ねた。それらの都市群を中核とする長江デルタは、1980年代後半において沿海戦略の下で貿易と外国直接投資を梃に成長を続けた。1992年に中央政府（国務院）が上海浦東新区の設置に批准し上海の開放加速、再開発を本格化させると、長江デルタ、さらに長江の中流域、上流域へと遡って長江流域経済圏が形成された。

南西部、北東部、北西部の辺境地帯でも開放・開発が進められた。長江流域の四川省から南西に雲南省がある。チベット高原を源とし雲南省を流れる瀾滄江が南へ下って国境を出た下流部はメコン川（Mekong River）と呼称が変わる。1990年代には瀾滄江－メコン川流域の開放・開発が活発化した。また、北東部の辺境では図們江地域開発を中心に、「国境開放都市」の指定、「辺境経済合作区」の設立など、対外開放は活況を呈した。一方、北西部の辺境地域で

も、アジアと欧州を結ぶアジア横断鉄道（ユーラシア・ランドブリッジ）の開通などを契機に開放の動きが見られた。

1990年における「全方位・多元的開放」政策の下で、貿易と外国投資が急速に拡大し、経済の国際化が大きく進展した。

長江流域

対外開放は、1990年代に入ると長江の下流域から上流域へと内陸部を突き進んでいく。まず、沿海地域ベルトと長江流域ベルトが交わるところに位置する上海では対外開放と再開発の加速化が図られた。かつて東洋の貿易、金融センター、世界中の商人を魅惑するバンド（外灘）などを誇った上海は、近代に入ると世界経済における中国の地位が低下するにつれて没落したが、国内では経済センターとしての地位に変わりはなかった。しかし、1978年に改革開放が始まると、深圳などの経済特区を擁する広東省やほかの地方などに猛追され、上海は経済的に地盤沈下を続けた。GDPの規模では、計画経済時代の最優等生であり、1978年には全国トップであったが、1990年には湖北省の後塵を拝し、10位にまで転落した（図表4）。

1980年代の沿海地域開放をやり遂げて長江流域に目を向けた中央政府は、再開発と対外開放を加速させるための起爆剤として1990年に上海浦東新区の設置に批准し、新区の建設を本格的にスタートさせた。浦東新区は、1980年代のような経済特区ではないが、経済特区と同様な優遇政策を採用している。外資導入を中心に企業の誘致が盛んに行われ、外国直接投資額は市全体の半分を占めるようになった。また、上海市に所属する市轄区でありながら准省級行政区として、大幅な自治権が認められている。1990年の設置決定から四半世紀を経て、浦東新区は、今や中国随一の経済発展地域にまで成長した。2000年に上海はGDP規模で全国8位にまで回復した。

図表4　GDP規模上位10の省・直轄市

(単位：億元)

順位	1978年		1985年		1990年		1995年		2000年	
1	**上海市**	273	山東省	680	山東省	1511	広東省	5382	広東省	9662
2	江蘇省	249	江蘇省	652	広東省	1472	江蘇省	5155	江蘇省	8583
3	遼寧省	229	四川省	606	江蘇省	1417	山東省	5002	山東省	8542
4	山東省	225	広東省	553	四川省	1186	浙江省	3525	浙江省	6036
5	四川省	225	遼寧省	519	遼寧省	1063	四川省	3534	河南省	5138
6	広東省	185	**上海市**	467	河南省	935	河南省	3003	河北省	5089
7	河北省	183	河南省	452	浙江省	898	河北省	2850	遼寧省	4669
8	黒龍江省	175	浙江省	428	河北省	896	遼寧省	2793	**上海市**	4551
9	河南省	163	河北省	397	湖北省	824	**上海市**	2463	湖北省	4276
10	湖北省	151	湖北省	396	**上海市**	756	湖北省	2491	四川省	4010

(資料)中国国家統計局[1997]『中国国内生産総値核算歴史資料1952-1995』、同[2002]『2001 中国統計年鑑』より整理、作成。

　長江流域の開放・開発は、さらに川の中・上流域へと進んでいく。1992年に政府は長江流域の中核都市である九江（江西省）、蕪湖（安徽省）、武漢（湖北省）、岳陽（湖南省）、重慶（四川省）を「沿江対外開放都市」と指定した。なかでも武漢は東風汽車公司 （上海汽車、第一汽車と並び中国自動車ビック3の一つ）、蕪湖は奇瑞汽車公司（ビック3、長安汽車とともにビッグ5の一つ）が本社をそれぞれ置いており、中国の一大自動車生産地帯が形成されている。また、内陸部の重要工業都市であり、最大の軍事設備生産の拠点でもある重慶は、沿江開放の進展につれて大きく発展し、1997年に北京、上海、天津に次ぐ中国4番目の中央直轄市に昇格した。2000年に政府が西部大開発政策を打ち出すと、重慶は西部地域における対外開放と経済開発の最前線にある中核都市としてさらに注目を浴びるようになっている。

　このように1990年代に長江流域経済圏の開放・開発が大きく進展した。経済圏の面積は中国全体の約16%であるが、全国経済においてそれ以上の存在感があり、1990年代を通してその存在感は高まった。例えば、1990年から2000年まで全国に占める人口とGDPの割合は、それぞれ34.7%から37.7%へ、36.5%から37.7%へと上昇した（図表5）。一方、貿易と外国投資は1990年代において大きく拡大した。対外経済の全国に占める経済圏の割合は、1990年から2000年まで外国投資が13.2%から32.2%へ、貿易が24.3%から32.2%へと上昇した。特に、

第2章 開放経済への政策的展開

外資企業が長江流域経済圏に進出したことにより、同経済圏の対外貿易を活発化させている。経済圏の対外貿易の規模は、1990年の402億ドルから2000年の1527億ドルへと約4に拡大したが、そのなかで外資企業による貿易は77億ドルから767億ドルへと約10倍に拡大した。それから長江流域経済圏の存在感はさらに高まっている。2016年時点で全国に占める経済圏の割合は、例えばGDPが約40%、貿易が41.6%、外国投資が47.2%となっている。

図表5　長江流域経済圏の概況

5-1　人口と名目GDP

	人口（万人）			GDP（10億元）			一人当たりGDP（100元）		
	1990年	2000年	2016年	1990年	2000年	2016年	1990年	2000年	2016年
上海市	1331	1674	2420	75.6	455.1	2817.9	56.8	271.9	1165.6
江蘇省	6122	7438	7999	141.7	858.3	7738.8	23.1	115.4	968.9
浙江省	3862	4677	5590	89.8	603.6	4725.1	23.3	129.1	849.2
安徽省	4889	5986	6196	65.8	303.8	2440.8	13.5	50.8	395.6
江西省	3321	4140	4592	41.9	200.3	1849.9	12.6	48.4	404.0
湖北省	4777	6028	5885	82.4	427.6	3266.5	17.3	70.9	556.7
湖南省	5389	6440	6822	74.4	369.2	3155.1	13.8	57.3	463.8
重慶市	2697	3090	3048	33.7	158.9	1774.1	12.5	51.4	585.0
四川省	7270	8329	8262	85.0	401.0	3293.5	11.7	48.1	400.0
小計(a)	39659	47802	50814	690.3	3777.9	31061.7	17.4	79.0	611.3
全国計(A)	114333	126743	138271	1892.3	10028.0	78007.0	16.6	79.1	539.8
(a/A)(%)	34.7	37.7	36.7	36.5	37.7	39.8	—	—	—

5-2　貿易と外国投資 (単位：億ドル)

	貿易			外国投資			外資企業による貿易		
	1992年	2000年	2016年	1990年	2000年	2016年	1992年	2000年	2016年
上海市	153.6	547.0	4046.1	1.7	985.4	7342.5	33.2	334.1	2862.6
江蘇省	92.8	491.9	5471.4	1.2	750.0	8798.7	24.9	301.8	3259.6
浙江省	61.5	315.2	3434.5	0.5	293.1	3198.7	9.4	93.9	752.9
安徽省	17.7	36.9	409.7	0.1	91.4	672.6	1.2	9.5	131.7
江西省	10.7	20.5	353.6	0.1	68.8	777.4	1.5	3.2	116.4
湖北省	23.9	38.9	390.2	0.3	166.7	993.2	2.9	10.5	106.4
湖南省	17.7	29.9	231.5	0.1	73.1	580.0	1.6	4.8	62.8
重慶市	0.0	18.5	518.5	—	66.0	880.7	0.0	3.2	333.3
四川省	24.3	7.9	362.6	0.2	101.1	941.7	2.4	6.2	312.3
小計(a)	402.2	1526.7	15336.1	4.2	2595.6	24185.5	77.1	767.1	7938.0
全国計(A)	1655.3	4743.0	36855.6	31.7	8042.0	51240.1	437.3	2367.1	16875.4
(a/A)(%)	24.3	32.2	41.6	13.2	32.3	47.2	17.6	32.4	47.0

（資料）中国国家統計局[各年版]『中国統計年鑑』より整理、作成（ただし、1992年の地方別貿易と外資企業による貿易は、中国国家統計局[1996]『1995 中国統計年鑑』による）。
（注）①貿易は、輸出品の輸出地と輸入品の目的地ベースである。
　　②重慶市は、1997年に四川省から独立し直轄市として新設されたため、それ以前四川省に含まれる。
　　③長江経済圏小計と全国計は、一人当たりGDPについて平均値である。

瀾滄江─メコン川流域

1980年代、メコン川流域では、カンボジアの内戦（1970年代〜）、ベトナムのカンボジア内戦への介入を巡るベトナムと中国、タイ、ほかのASEAN諸国との対立、ミャンマーの鎖国政策（1960年代〜）などのため、メコン川流域の開発は停滞していた。一方、中国国内では雲南省をはじめ西南部の辺境地域は東南部の沿海地域に比べて経済開発が立ち遅れていた。しかし、1988年には、ミャンマーの国境貿易開放を受けて、雲南省は、ミャンマーと国境貿易協定を締結した（畢［2010］ pp.18-19）。1990年以降、雲南省は東南アジアへの経済開放を決定し、ミャンマー、ラオス、ベトナムとの国境地帯にある交易ゲートを開放するなど、南西部辺境地域の開放を積極的に進めた。特に1991年のカンボジア内戦の終結や中国とベトナムの関係正常化など、「インドシナが戦場から市場へ」と南西部辺境地域を巡る国際環境が大きく改善された[5]。

さらに1992年には、アジア開発銀行（ADB）がメコン地域の6カ国による「大メコン地域経済協力プログラム」（Greater Mekong Sub-region Economic Cooperation Program: GMS）の構想を提起した。中国の雲南省は、メコン川流域のミャンマー、ラオス、タイ、カンボジア、ベトナムとともに同地域経済協力の枠組に参加することになった。2005年に中国の広西チワン族自治区（以下、広西自治区）が加わると、GMS構想の対象6カ国は事実上インドシナの5カ国と中国の2省で構成されることになった。1990年代に中国は、GMS構想のほか、メコン地域で展開する複数の開発協力の枠組、例えば日本（外務省）が提唱したインドシナ総合開発フォーラム（1993年12月〜1999年）、UNDPが主導したメコン川委員会（1995年4月、中国はオブザーバー）、マレーシアが提唱したASEANメコン地域開発協力（1995年12月）にも参加した（青木［2015］pp.6-7）。

メコン地域の緊張緩和とGMS構想などの広域開発協力の展開を背景に、中国

---

[5] 1988年にタイの首相（当時）、チャーチャイ（Chatichai Choonhavan）が、インドシナ政策の転換を図るため、「インドシナを戦場から市場へ」（from battlefield into a market place）を提唱した。

第2章 開放経済への政策的展開

はメコン川流域諸国との協力関係を深めながら、南西辺境の開放と開発を本格化させた。1992年に中央政府は、雲南省昆明市の対外開放を許可し、沿海地域開放都市と同じ優遇政策を実行するとした。さらに、同省の畹町市と瑞麗市を対外開放の国境都市として承認した（畢［2010］p.24）。1996年8月に雲南省は、中央政府、国連の協力を得て雲南省の昆明市で「1996年瀾滄江－メコン川サブ・リージョナル経済協力・貿易と投資の促進に関する国際シンポジウム」を開催した。そして、1999年に昆明花博覧会が開催されたことを契機に、雲南と東南アジア諸国間のモノ、カネ、ヒトの移動が一層活発化した。2000年には、瑞麗市に「国境貿易区」が設立され、保税区並みの優遇政策が採用され、全国に先駆けて「境内関外」（筆者注:海外から搬入された国境内にある貨物を税関としては中国国外として扱う）モデルが実行された（畢［2010］p.39）。

　中国がメコン地域経済協力に参加することには大きな意義がある。まず、雲南省の工業加工品とメコン川流域諸国の1次産品という補完性の高い貿易構造が存在するため、メコン地域の国際協力は、域内の貿易を一層拡大させることが期待されている。また、対外開放と経済開発が遅れた中国の内陸部、南西部では、雲南省、成都（四川省）、重慶から輸送された貨物が、昆明に集められ、そこからベトナム、ミャンマーなどのメコン川流域諸国へと輸出されていく。中国（雲南）とラオス、ミャンマー、タイの4カ国では、瀾滄江－メコン川における水上運送のインフラ整備を進め、2001年6月に4カ国による水上国際運送を開始している。メコン川を利用した水路輸送のほか、道路、鉄道、空路ルートのインフラ整備が進められており、雲南省は昆明を中継地として、メコン地域、ひいては東南アジアとの資本・技術の協力、貿易の拡大を図ることが可能となった。

　メコン地域における物流ルートのうち、道路インフラの整備がGMSによる経済回廊（Economic Corridor）構想の一環として進められている[6]。例えば、雲

---

[6] GMSにおける経済協力の対象分野の一つが、メコン流域諸国を横断する幹線道路のインフラ計画である。2001年11月に開かれたGMS関係会議では「南北経済回廊」（昆明～ベトナム北部、昆明～タイ）、「東西経済回廊」（ベトナム中部～ラオス南部～ミャンマー）、「南部経済回廊」（バンコク～カンボジア～ベトナム南部）という三つの回廊が示された。

南省の昆明からタイのバンコクに至るルート、昆明からベトナムのハノイを経て北部の港湾都市ハイフォンに至るルートからなる「南北回廊」がある。2005年に中国の広西自治区がGMSに参加すると、ハノイから中越国境を経て南寧に至るルートが加えられた。メコン地域の物流ルートが開通したことで、ヒトとモノが国境を越えて移動するようになったため、車両の越境手続きの簡素化を目的とする越境交通協定（CBTA）が、メコン地域6カ国で、検討、作成された。CBTAはヒトとモノの越境移動の自由化を進めていくうえで、最も重要な規定の一つである（石田［2010］p.70）。中国は2002年にCBTAに関する基本合意書に参加した。

図們江地域

北東部辺境の開放・開発は図們江地域開発を中心に進められた。1990年7月に吉林省長春市で開かれた「第1回北東アジア国際開発会議」で図們江地域開発構想が提起された[7]。それを受けて、1991年10月に国連開発計画（United Nations Development Programme：UNDP）は、図們江河口地域における中国（吉林省延辺朝鮮族自治州、以下、延辺自治州）、ロシア（沿海地方）、北朝鮮（羅津、先鋒地域、現在の羅先市）、及び近隣の韓国、モンゴルを含めた5カ国が共同で進める図們江地域開発計画（Tumen River Area Development Program：TRADP）の枠組を提示した。1992年3月に中央政府は、延辺自治州の琿春市を「対外開放国境都市」に指定すると同時に、「辺境経済合作区」の設置に批准した。同合作区では沿海地域の開発区並みの優遇政策を採用した。図們江地域（吉林省）協力開発は、日本海を通じて日本や内陸国家のモンゴルとの経済協力の拠点として期待されている。ほかに、1992年に黒龍江省の黒河地区と綏芬河、内モンゴル自治区の満州里も「国境開放都市」の指定を受け、「辺境経済合作区」が設立されるなど、東北地域の対外開放が大きな進展を見せた。

---

[7] 同国際会議で丁士晟、吉林省副秘書長（当時）によって行われた報告「北東アジアの未来の黄金三角地帯－図們江デルタ」が最初の提案とされている。

1990年代において中国はUNDP主導のTRADPに積極的に参加し、辺境地域の開放、開発を進めた。図們江地域の吉林省延辺自治州では、貿易と外国直接投資が急増した。例えば、1990年に2700万ドルだった国境貿易額は、僅か3年後の1993年には4億3000万ドルと16倍に拡大し、同自治州の貿易全体の9割を占めるようになった。1990年代後半には、図們江地域国（ロシア極東地域、北朝鮮）の経済、社会情勢の変動による影響を受け、国境貿易が低迷したが、対日本、韓国、及びほかの国との貿易は堅調に推移しており、2000年には国境貿易以外の貿易額（一般貿易）が2億1600万ドルと、1994年（4100万ドル）に比べると5倍以上拡大した。他方、自治州での外国直接投資が増加し、外資企業による工業生産額は1993年に2億元で、自治州全体の3%であったのが、2000年にはその8倍に拡大し16億5600万元と、11.3%を占めるようになった（延辺統計局）。

ユーラシア・ランドブリッジ

新疆は、ユーラシア大陸の中部に位置し、古代のアジアと欧州を繋ぐシルクロードの経由地として東西交易で栄えていた。ウイグル人という少数民族の集中居住地であることから、1955年にウイグル族自治区（新疆自治区）が設置された。対外開放への政策転換後、1986年には中央政府から旧ソ連のカザフスタン、キルギスタン、タジキスタン、ウズベキスタン、トルクメニスタンの五つの共和国、二の辺境区、一つの州との国境貿易が許可された。しかし、民族自治の拡大や独立を主張する動きも一部根強く存在し、また旧ソ連から独立した中央アジア諸国と隣接するため、中央政府にとって国家統合のうえでデリケートな地域であるがゆえに、慎重な開放姿勢や分離独立への警戒感が保持されている。

新疆自治区の阿拉山口市は中国とカザフスタン共和国の国境の町であり、ユーラシア・ランドブリッジの結節点でもある。国連アジア太平洋社会委員会（United Nations Economic and Social Commission for Asia and the Pacific: ESCAP）はアジアとヨーロッパの内陸国の経済発展を図るため、内陸から港

までアジアとヨーロッパの両大陸を横断する鉄道インフラを整備することを計画している。そのESCAPのプランを実現するための一環として、新疆自治区とカザフスタン間の鉄道建設が進められ、1985年に建設を開始した北疆鉄道（北疆線）が、1990年9月に阿拉山口でカザフスタン（ドストック）と鉄道路線の接続が完了し、2年後の1992年12月に国際コンテナ輸送が開始された。ユーラシア・ランドブリッジは中国江蘇省の連雲港を起点に、甘粛省の蘭州、新疆のウルムチと阿拉山口を経て、カザフスタン領内を通って欧州へと横断する鉄道となっている。一方、重慶から、四川省の達州、陝西省の安康と西安、甘粛省の蘭州、新疆自治区のウルムチを経由し、阿拉山口を出て、カザフスタンを通って欧州へ行く新しい鉄道輸送ルート（ニューユーラシア・ランドブリッジ）も整備されている。連雲港は日本や韓国など外国のコンテナ積み揚げ港であり、重慶は長江上流域の物流センターで長江流域経済圏に及ぶ東部沿海地域と繋がっている。ユーラシア・ランドブリッジとニューユーラシア・ランドブリッジは、新疆自治区を中心とする中国の内陸・西部地域やカザフスタンなど、海を利用する物流が不可能な地域の活性化、貿易と外国投資の拡大化を図るうえで大きな役割を果たすことが期待されている。

　1990年代には、ユーラシア・ランドブリッジの建設に伴い新疆自治区の開放と開発が加速した。1992年にウルムチ市で、中国の「四大国際見本市」の一つである「辺境地方経済貿易商談会」（1994年に「ウルムチ対外経済貿易商談会」と改称。中国語で「烏洽会」と略される）が初めて開催された[8]。また、ウルムチ経済技術開発区、ウルムチ・ハイテク技術開発区、石河子経済技術辺境経済合作区が設置された。

　以上、沿辺開放を見てきた。沿辺開放の最大の特徴は、国際機関または外国の公的機関が主導する広域開発協力の枠組に参加（活用）して辺境地域の対外

---

[8] 中国四大国際見本市とは、ウルムチ対外経済貿易商談会（烏洽会）のほかに、広州交易会（1957年、広交会）、ハルビン国際経済貿易商談会（1990年哈洽会）、華東輸出入商品交易会（1991年華交会）のことである（カッコ内は発足年と中国語での略称）。

開放を進めることにある。南西方面では、GMS構想（ADB）をはじめ複数のメコン広域開発協力に参加し、雲南・広西自治区の開放と開発を進めた。北東方面では、図門江地域開発計画（UNDP）の提案者、参加者として、延辺自治州の開放・開発を進めた。北西方面では、ユーラシア・ランドブリッジ構想（ESCAP）の一環として鉄道を建設し、新疆自治区、西部地域の開放と開発を進めた。

沿辺開放のもう一つの特徴は、辺境地域が隣接する各国経済との水平的な経済関係をもつことにある。沿海地域は技術水準、または要素賦存パターンの差が大きい東アジアの日本、アジアNIES4などと垂直的経済関係を形成しているのに対して、北東、南西の辺境地域は相対的に比較優位構造の類似性が高い隣国と水平的経済関係をもっている。例えば、黒龍江省（綏紛河）、吉林省（琿春）とロシア、北朝鮮との間では、中国から野菜、日用品、アパレル、機械製品が輸出され、ロシア、北朝鮮から原木、紙パルプ、水産品などが輸入されている。また、南西部の辺境地域では、雲南、広西自治区とラオス、ミャンマー、ベトナム3カ国の間で中国の自動車、オートバイと部品、電気機械、一般機械、合成繊維などの工業製品、日用品、鉱物燃料などが輸出され、同3カ国から木材、食用果実、鉱石、ゴム、野菜など一次製品が輸入されている。

また、沿辺開放地域には多くの少数民族が居住している。雲南はイ族、ナシ族、ラフ族、ハニ族等々、広西はチワン族、ヤオ族など、吉林延辺は朝鮮族、新疆はウイグル族、カザフ族、といったようにこれらの地域はそれぞれの民族の集中居住地であるため、民族自治と国家統合、対外開放と国境の安全保障という政策的ジレンマを抱えている。この政策的ジレンマから、辺境地域の開放を巡っては抑制と促進の両面が見られる。例えば、ソ連崩壊（1991年）による中央アジア諸国の独立、在外民族主義活動の活発化を受けて、新疆自治区では、民族自決、分離独立の傾向が一層高まり、過激派による暴力、テロ事件が起きている。中央政府はいわゆる「民族分離主義」に対する取り締まりを徹底すると同時に、独立傾向、テロの温床となる貧困問題を解消するため、開発、

開放を積極的に進めている。1990年代においては前述のようにユーラシア・ランドブリッジの鉄道建設、「烏治会」、開発区、合作区の発足などが挙げられる。特に1999年から検討し、2000年に決定した西部大開発政策は新疆自治区のほか、チベット自治区、雲南、内モンゴル自治区、広西自治区などの辺境地域などを対象としており、少数民族居住地の貧困問題と辺境地域の安全保障対策の性格を強くもつと思われる。

4 対外開放政策の成果と課題

沿海開放、沿江開放は大きな成果を上げた。1980年代に沿海地域を中心に貿易促進、外資誘致などの開放政策を実行して東南沿海地域では大きな経済発展を遂げている。また、1990年代には沿江開放を進めて、長江流域経済圏が発達した。1990年代まで大きな賑わいを見せていた対外開放政策について、その後の展開及び課題について整理してみる。

4-1 WTO加盟後の課題

中国のWTO加盟は経済の鎖国から開放への転換、世界経済への全面復帰を象徴する画期的な櫛目となった。中国のWTO加盟の一つの主な目的はWTO協定上の「市場経済国」というステータスを獲得することにあった（Ohashi［2015］p.163）。しかし、いまだに、アメリカ、欧州（EU）、日本などに認められていない。中国は、WTO加盟後約束した事項を基本的に実行し、一部は期限を前倒しして実施されたが、なお多くの課題が残っている[9]。例えば、透明性・統一的行政については、まず、輸出時の増値税還付率の調整が頻繁に行われているが、法令の公布と発効までの期間が非常に短い。それは、企業の予見可能性を奪うものであり、経営に与える影響が大きいため、投資リスクと

---

[9] 経済産業省［2017］に基づいて整理。

なっている。また、中央政府と地方政府の間に見られる法令や条例に対する不統一な解釈・運営は複数の地域で事業展開を実施する外資企業にとっての障壁となっている。

輸出制限措置については、WTO加盟協定で所定の産品以外に、輸出税を賦課することがある（例えば、2006年にコークス・非鉄金属等への暫定輸出税）。さらに、「有限天然資源の保存」（GATT20条）ではなく、国内産業への優遇措置として原材料・中間製品に対する輸出制限を実施したり、多くの原材料品目について輸出許可書を発行したりしている。

補助金について、WTOへ隔年ごとに報告する義務を十分果たしていないため、しばしばアメリカから逆に通報されている。しかも、中国が通報された補助金のなかにはWTO補助金協定で禁止され、加盟交渉で撤廃を約束した輸出補助金や国内産品優先使用補助金があると疑われている。例えば、アメリカは中国による風力発電設備に対する補助金（2010年）、経済開発区・拠点に入居する輸出企業への無償サービスや補助金（2015年）、アルミ地金に対する補助金（2017年）についてそれぞれ協議要請を行っている。

貿易関連投資措置については、国内法はWTO協定におおむね整合的になるように改正されたが、依然として協定に不整合な実態や投資に対する強制的な措置も見られる。ほかに、セーフガード、基準・認定制度、サービス貿易、知的財産、政府調達の分野でWTO協定に不整合な問題点や加盟の際の約束事項を十分履行していない、またはその疑いがあると指摘されている。

4-2 対外開放政策の地域的展開の成果と課題
経済特区

まず、1980年代の沿海開放の目玉として設置された経済特区は、閉鎖経済のシステムに対外開放の風穴を開けたという点で極めて大きな意義がある。ロシアの十月革命の勝利に触発された中国は、ロシア人と同じ道（社会主義）を歩

み始めたが、思い描いた通りにならず何度も路線修正を余儀なくされた（滕［2017］pp.27-51）。そのなかでも最大の「路線修正」は、1978年に船出した改革開放、そして1992年に辿り着いた社会主義市場経済といった、いわば「ロシア人と同じ道」という看板を掲げながら、実は別の道を歩もうとするものである（滕［2017］p.53）。経済特区は、ロシアと異なる中国独自の道へと踏み出した画期的な一歩だと言えよう。

　1980年代の経済特区のなかで大きな発展を遂げたのは深圳である。1979年には人口わずか3万人にすぎなかった深圳が、今やブラジルのリオデジャネイロ（2016年1182万人）を凌ぐ1224万人の規模となっている。また、2015年には一人当たり所得（GDP）が2万5480ドル（15万7985元）を超えたが、これはスペインの2万5720ドルに匹敵する。

　一方、珠海は、本土返還前のマカオから期待されるほど大きな経済的恩恵を享受できず、返還後もマカオと「経済貿易パートナー関係」を結ぶのに消極的だったため特区設置の初期に見られた勢いが長く続かなかった（黄［2008］p.234）。厦門、汕頭は、対岸にある台湾の政治的変動が影響し、経済特区として十分発展しておらず、1988年に鳴り物入りで発足した海南島も凋落している。今や経済特区は、深圳以外、特に注目するほどの存在ではなくなっている。

　1990年代に中国全土で展開された「全方位・多元的開放」のなか、経済特区の存廃を巡る議論さえ起きていた。外国企業に対する優遇政策が、経済特区に対しては賛否両論があるが、初期の市場移行、対外開放への役割は否定できない。新しい体制（市場経済）、新しい道（都市化）、新しい精神（果敢な革新）の確立に貢献し、新しい理論（特区構想）を実践するという歴史的な意義は大きいと評価されている（蘇・鐘［2010］pp.50-51）。経済特区は市場経済の実験と全国展開という初期の使命を成功裏に果たしたが、中国はいまだに中所得国であり、改革開放の課題が多いため、経済特区は未知の領域の実験場所であり続けていくかもしれない（林［2010］p.4）。

第 2 章　開放経済への政策的展開

沿辺開放

　メコン地域における物流インフラの整備は、メコン川沿い、道路（経済回廊）沿いの国と地域で貿易と投資の拡大が期待されている。雲南省とメコン川流域諸国との2カ国貿易は、1993年には4億2000万ドルであったが、2002年には7億3200万ドルへと拡大した（賀・王・そのほか［2003］）。しかし、貿易規模は中国のほかの地方と比べると小規模である。他方、雲南省におけるASEAN諸国の直接投資は少ない。ASEAN諸国の投資額は、2002年に240万ドルで、ASEANの対中直接投資全体のわずか0.74％しか占めていない（盧［2009］p.110）。

　図們江地域開発については、UNDPが延辺自治州の琿春を中心に主導したが、関係国の利害関係が調整できず、その後各国の自主的開発のうえで国際協力を図るということになった。図們江地域国の中国は、一貫して同地域の開放と開発に努力してきた。それは、中央政府が図們江地域の国際協力を通して、琿春の開放と開発を推進し、対北東アジア開放の拠点、域内の経済センターにするという戦略的意図が強く働いているからである。2009年に「中国図們江地域の合作開発戦略綱要－長吉図を開発開放先導区にして」、2012年4月には「中国図們江区域（琿春）に国際モデル区を建設することを支持することに関する若干の意見」を発表した。延辺自治州における貿易は2000年に3億700万ドルであったが、2015年には20億4000万ドルに拡大した。外国直接投資は、2015年に1億7000万ドルで、対前年比11.3％、2011年に比べると1.7倍の拡大となっている（延辺州統計局）。図們江地域開発は1990年の構想提起（長春北東アジア国際開発会議）から30年近く経つが、期待されるほどの進展は見られていない。延辺自治州の貿易と外国直接投資を見ると分かるように、図們江地域開発の国際協力を梃に対外開放を進める中央政府の戦略は十分な成果を上げたとは言いがたい。また、域内国際協力は地政学のリスクに晒されてきた。延辺自治州には港がないため、「借港出海」（港を借りて海に出る）により、北朝鮮の羅津港経由で韓国の釜山港へ、ロシアのポシェト港経由で日本の秋田港へ、

及びロシアのザルビノ港経由で韓国の束草港へというと三つのルートで海上貨客輸送航路が開通された。しかし、ポシェット港経由の秋田航路は物流量不足などを理由にすでに閉鎖され、羅津港経由の釜山航路は、2009年に朝鮮半島の緊張化に伴いストップしている。ザルビノ港経由の束草航路も14年から休航している（日本貿易振興機構（ジェトロ）大連事務所［2016］）。東北三省のうち、辺境にある吉林省と黒龍江省は、沿海開放都市の大連をもつ遼寧省に比べて貿易及び外国直接投資の割合が小さく対外開放が遅れている。

地域格差

所得分配の不平等を表すジニ係数は、中国では2008年に49.1%に達した。それ以降、低下傾向を示しているものの、国際的な警戒ライン（40%）を慢性的に超える状態が続いている（滕［2017］p.221）。大きな格差の原因の一つは、東南沿海部、長江流域経済圏と中西部・東北地方の間に存在する地域経済格差にある。沿海開放・沿江開放は東南沿海地域と長江流域の経済繁栄をもたらす一方、西部・内陸地域は経済発展から取り残されている。また、全方位・多元的開放の一翼を担うはずだった沿辺開放の地域でも沿海・沿江地域に比べて経済発展が遅れている。そのうえで地域間再分配政策が十分に講じられなかったため、地域間の経済格差が生じている。例えば、2008年の地域別一人当たりGDPは、上海が雲南省の5.8倍、新疆自治区の3.7倍、黒龍省の3.3倍であった。その後、西部大開発（2000年）、東北振興（2003年）など地域政策の進展に伴い、地域間の経済格差が縮小しているものの、2016年時点で上海の一人当たりGDPは、雲南省の3.7倍、新疆の2.9倍、黒龍省の2.9倍となっている[10]。

むすび

本章では、開放経済への政策的展開を対外経済管理体制の改革と地域開放の

---

[10] 中国国家統計局［2013］、［2017］より算出。

二つの側面から考察してきた。対外経済体制については、1970年代に中国を取り巻く国際環境が大きく改善するなか、政権内部では周恩来や鄧小平をはじめ対外関係を重視する勢力が拡大し、国民のなかでも開放経済への社会的合意が形成されつつあった。そのなかで「四三方案」を巡る対外経済の展開は1980年代以後の改革開放への準備となった。

　1978年に改革開放が宣言されると、開放経済へ移行するための体制改革が進められた。1980年代には貿易の経営管理権の地方分権、企業分権が進められ、外貨留保制度も導入され、個人による外貨の所持と使用制限が緩和された。1990年代には企業の独立採算制、貿易の経営許可制度を導入するなど貿易企業の改革が加速し、人民元為替の二重レート制が廃止（一本化）された。一方、外資政策について、従来の消極な姿勢を転換あせ、外国投資行政の確立と外資系企業立法が進められていった。2001年には貿易投資体制の改革と市場開放への努力が実を結び、WTOへの加盟が実現した。WTO加盟後、約束事項は基本的に実行され、一部は期限を前倒しして実施されたが、透明性・統一的行政、輸出制限措置、補助金、貿易関連投資措置などでなお多くの課題が残っており、さらなる改善が求められている。

　国際旅行については、1980年代には改革開放後政府は従来の外事接待を中心としたインバウンドを商業化する政策転換を行った。その背景には政治優先から赤字改善や外貨獲得などの経済重視という政策理念の変化があった。1990年代以降旅行産業育成を本格化させていった。

　他方、対外開放は、1980年代初頭の経済特区の設置を皮切りに、まずは沿海地域、そして1990年代には全方位・多元的開放へと全国展開が見られた。地域開放に伴い様々な開放政策が打ち出された。まず、経済特区は初期の市場移行、対外開放において極めて重要な役割を果たし、大きな成果を上げた。しかし、1990年代に起きた経済特区の存廃を巡る議論に象徴されるように、経済国際化の時代における経済特区の在り方が問われている。特に今や深圳以外の経済特区は行き詰まっており、対外経済政策より新しい地域開発政策が必要と

なっている。

　また、辺境地域では、1990年代に国際的な広域開発協力枠組のなかで対外開放を展開した。南西部の雲南と広西ではメコン地域諸国との経済関係が進展したが、沿海地域に比べて、貿易投資はいまだ小規模にとどまっている。メコン地域への国際的関心は高く、国際開発協力と経済成長の潜在的な可能性が大きいと期待されている。北東部における図門江地域開発については、UNDPが主導から協力へと役割を転換させたうえ、北東アジアの複雑な地政学的変動が繰り返されたため、国際開発協力の面で課題が多い。北西部の辺境地域では、新疆の分離独立傾向に警戒しながら対外開放、経済開発を進めざるを得ない。このように、1980年代から続いた沿海地域開放、1990年代から本格化した沿江開放は比較的順調に進展し、大きな経済発展を遂げたのに対して、沿辺地域では対外開放による貿易と投資の拡大効果がまだ小さく、経済発展も遅れており、21世紀において地域開発政策とともに新しい対外開放政策が求められている。

第3章　開放経済下の貿易と外国直接投資

はじめに

　中国では、1980年代以後の対外開放やWTO加盟を背景に、労働力や市場を求め先進国からの技術移転や投資が拡大し、外国直接投資と貿易を通じて経済発展が進んでいる。貿易においては、先進国が世界シェアを縮小させるなかで、中国は「世界の工場」として世界シェアを拡大させ、2009年以降、世界第1位の輸出国になっている。貿易構造でも労働・資源集約的財を中心とするものから、資本・技術集約的財と労働集約的財の両方が輸出産業になり、近年においては電気・電子機器や自動車等の機械製品に加え、半導体等のハイテク分野でも世界市場における存在感が高まっている。

　また、投資依存型モデルで成長してきた中国経済において、固定資産投資全体に占める外国投資の割合は1990年代後半において平均10％近くに達した。飛躍的に拡大した貿易も、実はその半分が外国直接投資企業により担われている。そして、中国における貿易と外国投資の拡大を制度面で支えてきたのが対外経済管理体制の改革や国際協力関係の強化である。貿易と外国投資が拡大するなかで、経済摩擦が起きており、対外経済政策には多くの課題が見られる。

　本章では、対外開放政策を貿易と外国直接投資の側面から捉えて、その実態を考察する。以下、第1節では国際収支表に基づいて中国の経常取引、対内直接投資（外国投資）を中心に対外経済取引を概観する。第2節では貿易と外国投資規模の推移、第3節ではそれらの構造変化を、改革開放後の時期を中心に各時代における対外経済政策などと関連付けながら整理する。第4節では、貿易と外国投資の拡大要因を分析する。第5節では、経済成長における貿易、外

国投資の役割を明らかにする。最後に、貿易と外国投資を通して対外経済政策の問題点を論じる。

1 国際収支表から見た対外経済取引

1-1 経常取引

　国際収支表は、一国のあらゆる対外経済取引を集計したものである。対外経済取引は、財・サービス取引を表す「経常取引」と、対外資産・負債の変化を表す「資本・金融取引」に大別できる。まず、中国の経常収支を見ると分かるように、経常黒字基調が続き、1997年から2015年まで黒字規模が297億ドルから3306億ドルへと18年間で11倍強に拡大し、国際競争力が上昇していることがわかる（図表1）。その経常黒字のほとんどは、財貨の出入差額，つまり一般貿易黒字によるものである。同期間における財貨の黒字は462億ドルから5670億ドルへと12.3倍もの拡大を示している。一方、旅行・保険・運輸などの収支を示すサービス収支は赤字基調である。特に2005年から2015年までの、サービス収支の赤字は94億ドルから1824億ドルへと大幅に拡大している。それは主に旅行の収支が黒字から赤字に転じ、さらに赤字が拡大したためである。旅行の収支における赤字は2015年には1781億ドルに達し、全体の97.7％を占めている。その背景には近年における中国人による海外旅行の急速な拡大がある。しかし、2016年には、財貨黒字の減少とサービス赤字の拡大により、経常収支は前年比40.6％減の1964億ドルになった。

　第一次所得収支（所得収支）は海外投資に伴う利子・配当・収益などの投資本国への送金からなるもので、1997年、2000年にマイナスになったのは、外国企業が対中投資に伴い、中国から海外へと送金したためである。2005年と2010年にはプラスとなっているが、その背景に2000年以降中国企業が海外投資を本格化させたことがある。2015年から再びマイナスになったが、それは外国投資の拡大に伴う海外送金の増加が一つの要因と考えられる。また、対外経済援助

のような無償輸出や海外への金銭贈与を表す第二次所得収支（所得移転）は、プラス傾向が続いていたが、2015年にはマイナスに転じている。

図表1　国際収支表

(単位：億ドル)

	1997年	2000年	2005年	2010年	2015年	2016年
1.経常収支	297	205	1608	3054	3306	1964
貿易・サービス収支	405	289	1248	2321	3846	2499
財貨収支	462	345	1342	2542	5670	4941
輸出	1827	2491	7625	15814	21428	19895
輸入	1364	2147	6283	13272	15758	14954
サービス収支	-57	-56	-94	-221	-1824	-2442
旅行収支	19	31	75	-91	-1781	-2167
入国	121	162	293	458	1141	444
出国	102	131	218	549	2922	2611
その他サービス収支	-76	-87	-19	-131	-43	-275
第一次所得収支	-159	-147	106	304	-454	-440
第二次所得収支	51	63	254	429	-87	-95
2.資本・金融収支	-128	-86	-1441	-2457	-1424	263
資本移転等収支	0	0	41	46	3	-3
金融収支	-127	-86	-1482	-2503	-1427	267
非備蓄資産収支	230	20	589	2214	-4856	-4170
直接投資収支	417	375	678	1249	621	-466
対外投資	26	9	113	602	1878	2172
対内投資	442	384	791	1851	2499	1706
その他の投資収支	-187	-355	-90	965	-5477	-3703
備蓄資産増減	-357	-105	-2070	-4717	3429	4437
外貨準備増減	-349	-109	-2089	-4696	3423	4487
その他増減	-9	4	19	-22	6	-50
3誤差脱漏	-170	-119	-168	-597	-1882	-2227

(資料) 中国国家統計局[各年版]『中国統計年鑑』より整理、作成。
(注) 1997年から　IMF国際収支マニュアル第5版に基づいて国際収支統計を大幅に改定。
2015年にはさらにIMF第6版に基づいて改正された。そのため、2014年版に合わせてそれ以前の収支項目を調整した。

1-2 資本・金融取引

次に、資本・金融取引について見る。資本・金融収支は「資本移転収支」と「金融収支」（投資収支）に大別される。金融収支は企業や投資家による直接投資、外国の株式や債券を購入する証券投資、および外貨準備を集計したもの

である。中国では資金流出の状態が続いており、中でも、「非備蓄資産収支」は、2010年に2214億ドルの資金流入であったが、2015年に4856億ドル、2016年に4170億ドルの資金流出が発生している。それは、「その他の投資収支」によるものである。2015年にはその他の投資収支の赤字が、5477億ドルに達している。非備蓄資産のうち直接投資について見ると、1997年から2016年までの期間に、対外投資が26億ドルから2172億ドルへと83倍以上も大きく拡大しているのに対して、対内投資は、442億ドルから1706億ドルへと約4倍しか拡大していない。対外直接投資の急速な拡大は、資金の海外流出の一つの要因となっている。また、外貨準備の増減などから影響を受ける備蓄資産増減は、資金流出が続いていたが、2015年に3429億ドル、2016年には4437億ドルの資金流入があった。

　最後に、使途不明金として捉えられる誤差脱漏が、拡大基調にあることが指摘できる。1997年から2016年までの期間に、誤差脱漏は170億ドルから2227億ドルへと13倍以上増加している。

　次節以降では、経常取引のうち財貨（貿易）、資本・金融取引における直接投資のうち対内直接投資（中国への外国投資）を論じる。旅行を中心とするサービス取引（経常取引）と、直接投資のうち対外投資（金融取引）は、第7章で取り上げることにする。

2　貿易と外国投資の展開

2-1　経済鎖国時代

　1949年に、毛沢東は建国後の貿易について「われわれは、まずできるだけ早く社会主義国や人民民主主義国と商売をしなければならないが、同時に、資本主義国とも商売をする」と主張して、西側との貿易にも期待していた（毛［1949a］p.486）。しかし、毛沢東の思いとは裏腹に、朝鮮戦争や東西冷戦構造下の東西対立で1950年代における中国は、社会主義諸国を中心に貿易を行っ

ていた。貿易規模は、1950年に11億3000万ドルであったが、1959年には43億8000万ドルへと10年間で約4倍に拡大した（中国国家統計局［1985］）。ところが、1960年代に入り中ソ対立の尖鋭化、公然化や国内経済の混乱などのため、貿易は低迷する。1970年代に入って中国は、国連の議席回復（1971年）、アメリカとの和解（1972年）、日本との国交正常化（1972年）など、外交が進展するにつれて西側との貿易を活発化させた。1973年には中国の貿易額は前年比70.4％増の109億8000万ドルに達し、その後、対外開放前夜の1977年まで100億ドル台ほどの規模で推移していた。

他方、西側からの投資については、対西側貿易に比べてより厳しい目が向けられた。「資本主義国とも商売をする」と明言した毛沢東は、西側の投資（援助）について「いまの英米の支配者は、やはり帝国主義者である」。（中略）中国に金を貸すことは「これらの国の資本家が金を儲け、銀行家が利息を儲けて、かれら自身の危機を救うだけであり、決して中国人民に対する援助などというものではない」と強い不信感と警戒心を抱いていた（毛［1949b］p.548）。そのため、1950年代におけるソ連・東欧社会主義国からの経済援助と投資を除いて社会主義経済時代の中国には外国資本の受け入れはなかった。

2-2 対外開放後
貿易規模の拡大と貿易方式の変化

1973年以来続いてきた100億ドル台の貿易額は、改革開放への政策転換が宣言された1978年に、ご祝儀相場のように200億ドルを初めて突破した（中国国家統計局［1985］）。1980年代半ばから都市、産業経済の改革と沿海経済発展戦略の下で経済成長が加速したことを背景に、1988年には1028億ドルに達した（図表2）。

図表2　輸出入と貿易収支の推移

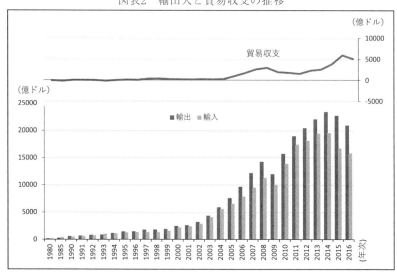

(資料)中国国家統計局[2017]『2017中国統計年鑑』より作成。

　1980年代後半になると、「両頭在外」（原材料と販売市場の両方を国際市場に求める。第2章3節を参照）を柱とする沿海経済発展戦略を実行するため、「三来一補」（加工委託、組み立て、製造委託の3つの請負と補償貿易）という加工貿易が多く採用されていた。貿易に占める加工貿易の割合は1981年の約6％から1989年の33.1％へと拡大した（図表3）。中でも同期間の輸出に占める加工貿易の割合は、約5％から37.3％になった。加工貿易は、中国企業と外国企業が原料の輸入と製品の輸出をセットにした貿易取引契約を結んで実施するものである。加工貿易が盛んに採用されたのは、中国の対外貿易権のない企業でも貿易会社などを通じて加工、貿易を行うことが可能であったためである。しかし、1980年代において家電や投資財などを多く輸入し、天然資源や繊維などを輸出するという貿易構造の下で貿易赤字が慢性的に発生していた。例えば、1985年には約150億ドルという大幅な貿易赤字に陥っていた。

第3章　開放経済下の貿易と外国直接投資

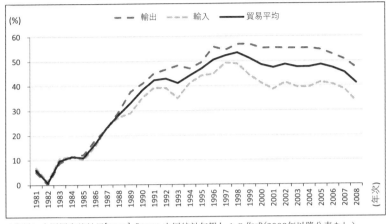

図表3　貿易に占める加工貿易の割合の推移

（資料）中国国家統計局[2009]『2009 中国統計年鑑』より作成(2009年以降公表なし）。

　1990年代における人民元為替改革が貿易拡大に大きく寄与した。1994年にはそれまで実行してきた人民元為替の二重レートが一本化されたことで人民元は事実上引き下げとなった（第2章2節）。人民元安による輸出の大幅な増加は、貿易規模の拡大と貿易収支の改善をもたらした。1994年には貿易額は前年比20.9％増の2366億ドルに達し、しかもこの時期から貿易黒字が恒常化するようになった。さらに、1990年代半ば以降、供給不足から有効需要不足への構造変化が起きて、海外市場の開拓や輸出の拡大などの圧力が一層強まった。これらを背景にして、1997年には貿易額は3000億ドルを超えた。

　2000年から中国経済は10年間にわたる全盛期に入る。2001年に北京五輪の開催が決定し、2008年に開催され、またWTO加盟の宿願が2001年に果たされ、さらに上海万国博覧会も2002年に開催決定、2010年に開催されるなど国際的ビッグイベントが相次ぎ、2000年代の10年間で経済成長率は年間平均10％に達した。2001年に5000億ドル台であった貿易は、その3年後の2004年に一気にその2倍の1兆1546億ドルとなり、2008年には、北京五輪向けの駆け込み需要（消費、投資など）、景気拡大を背景に、2004年の約2倍の2兆5632億ドルに達し

た。しかし、2008年にアメリカ発のリーマン・ショック、世界金融危機が勃発すると、その影響を受けて、それまでトントン拍子に拡大してきた貿易は、2009年には対前年比14％減の2兆2075億ドルへと低下した。世界金融危機後、中国政府は内需拡大を中心とする大型景気刺激策を実施した結果、国内経済が危機的状況から脱却したと同時に、輸入拡大で貿易は次第に回復し、そして再び拡大傾向を辿りはじめた。

　また、2000年代以降、中国のWTO加盟や対外投資の活発化に伴い、加工貿易は、従来の「三来一補」に、「境外加工」（海外加工）、「帯料加工」（海外へ原材料持ち込み加工）なども加わって多様化した。輸出に占める加工貿易の割合は、1998年に56.9％に達した後、2000年代前半まで55％台で推移していた。

　2000年に2492億ドルで世界第7位であった中国の輸出額は、2007年にはアメリカの1兆1482億ドルを上回る1兆2205億ドルに達し、世界一の輸出大国となり、2014年には2位のアメリカの1.4倍に相当する2兆3423億ドルとなり、過去最大規模となった（図表4）。

図表4　世界の主要輸出国の輸出額の推移

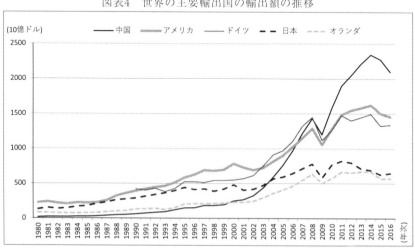

（資料）UNCTAD - Statisticsから作成（2018年データダウンロード）。
（注）世界の輸出額上位5か国（2016年）を表示。

第 3 章　開放経済下の貿易と外国直接投資

外国直接投資

中国の外国資金統計では、外国資金は「対外借款」（金銭を借り入れること、とくに一国と他国の間に結ばれる資金の貸借をいう）、「外国企業による直接投資」（合資企業、合作企業、独資企業のいわゆる「三資企業」[1]による投資）、「その他」（外国による間接投資、例えば国債、社債などの取得）の三つに分かれている。改革開放初期の外国資金は対外借款を中心としていた。1979年から1984年まで対外借款の累積利用額は、130億4100万ドル（資金全体に占める割合は71.7％）で、外国直接投資の41億400万ドル（同22.8％）を圧倒していた（中国国家統計局［2005］）。1984年に政府は「以市場換技術」（中国の市場を以って外国の資本・技術と交換する）の外資政策を明確に打ち出して、外国投資の誘致を強化した。1980年代後半を通して外国直接投資の規模は徐々に拡大し、1992年になると対外借款を上回るようになった（図表5）。

図表5　中国における対外借款と外国直接投資の推移

(資料)中国国家統計局[2017]『中国統計年鑑』より作成。
(注)対外借款は2000年以降公表なし。外国直接投資額は実際使用(実行)ベースである。

---

[1] 「三資企業」は、合資企業、合作企業、独資企業といった三つの出資形態の企業を指すものである。合資企業とは①外資が25％以上出資し、②出資比率に基づいて収益の配分が規定され、③有限責任を負う企業のことをいう。合作企業とは、設立の際に①各種契約にもとづく収益の分配が規定され、②有限責任の法人か無限責任の非法人かを決定する必要がある企業のことをいう。最後に、独資企業というのは文字通り外国資本による単独出資で設立された現地法人のことである。

もともと1980年代、外国の直接投資企業は香港とマカオに出先（現地法人や事務所）を置き、そこを拠点として中国本土に進出するといった、いわゆる「迂回投資」を行っていた。それは、当時の中国におけるインフラの未整備、外資政策の不十分さと不透明さなどによる投資リスクを避けるためである。それに加えて、1989年の天安門事件で対中経済制裁や対中悲観論が広がるなか、中国から撤退する外国企業さえもあった。しかし、1992年には再び加速化する改革開放と積極化する外資政策を見た外国企業は、それまで香港、マカオを経由した迂回投資から中国本土への直接投資へと変化したのである。

　1990年代半ば頃には、世界の海外直接投資の1割以上が中国に向かうようになった。1996年に中国が受け入れた外国投資額（実際利用ベース、以下同じ）は417億ドルに達し、全世界でアメリカに次ぐ2位、発展途上国では最大の投資受入国になった。しかし、1990年代後半において外資政策に変化が見られるようになった。例えば、外資企業に対しても付加価値税、消費税、営業税を徴収し、小型自動車輸入免税を廃止した。また、1997年のアジア金融危機に見舞われた主要国は国内経済が不振に陥ったため対中投資をする余裕が無くなった。それらのことを反映して、1996年から2001年までの間の中国における外国直接投資の規模は400億ドル台と足踏み状態が続いていた。外国投資導入（実際利用）の先行指標として契約ベースの統計を見ると1996年と1997年には、前年比でそれぞれ20％減、30％減となっている。

　アジア金融危機後、外国企業の対中投資は徐々に回復し、2000年代に入ると拡大傾向を辿っていった。2010年には外国直接投資額が、初めて1000億ドル（前年比17.4％増の1057億4000万ドル）を突破し、2015年には、前年比5.6％増の1262億7000万ドルに達し、3年連続で過去最高を更新した。

3　貿易・外国投資の構造変化

　世界の貿易・外国投資の受け入れ大国として、中国は何を輸出入し、どの分

第 3 章　開放経済下の貿易と外国直接投資

野で外国投資を受け入れているのか。また、どの国・地域を中心に貿易を行い、投資を受け入れているのかを見てみよう。

3-1 貿易構造
輸出
　輸出額の品目別構成については、1980年には、一次産品と工業製品がそれぞれ50％を占めていた（図表6）。一次産品のうち鉱物性燃料は23.6％、食料品・食用動物は16.5％で、工業製品のうち繊維・ゴム・鉱物冶金製品は22.1％、雑製品が15.7％であった。対外開放初期の輸出は、資源・エネルギー、労働集約的財を中心に行われていた。
　その後、一次産品の割合が低下したのに対して、工業品の割合は上昇し続けた。2000年代に入ると、工業製品は90％を超え、2006年からは95％前後で推移している。
　一次産品のうち、例えば鉱物性燃料は1985年の26.1％から1990年の8.4％へと急激に低下し、2009年からは1％台で推移している。一方、工業製品のうち機械類・輸送用機器は1985年の2.8％から2003年の42.9％へと上昇し、その後、40％台で推移している。雑製品は、1985年の12.8％から1993年の42.3に達した後、低下したが、2003年以降20％台を維持している。構成の変化が小さいのが繊維・ゴム・鉱物冶金類であり、長期的におおむね10％後半を維持している。
　1980年代から2000年代までの期間における輸出構造の最大の特徴は、一次産品と工業製品が半々となる構成から工業製品中心の構成へと変貌したことである。また、工業製品について、先進工業国の経験によれば、産業構造の高度化とともに、資本・技術集約的財が輸出産業となる一方、労働集約的財が輸入産業になるという一般的な傾向が見られるが、中国の場合は、労働・資源集約的財中心から、資本・技術集約的財と労働集約的財の両方が輸出産業になり、資源集約的財が輸出産業の地位を失うといった構造変化が生じている。

図表6　主要輸出品の割合の推移

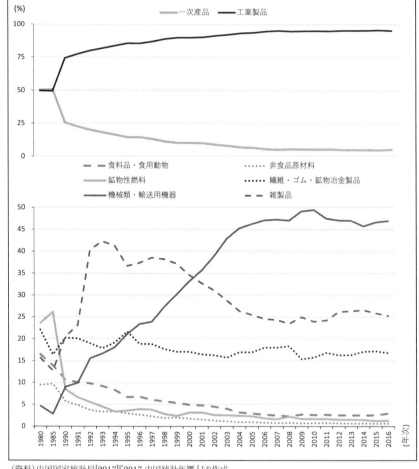

（資料）中国国家統計局[2017]『2017 中国統計年鑑』より作成。

輸入

輸入額の品目別構成について見ると、1980年には一次産品が34.8％、工業製品は65.2％であった（図表7）。その後、一次産品は1990年代に20％、2000年代には30％、工業製品は、80％、70％の水準で推移し、2016年時点で一次産品は

33.8％、工業製品は66.3％となっている。一次産品と工業製品に関する輸入構造の長期的変動は、輸出構造に比べてほとんど変化していないように見えるのが最大の特徴である。

図表7　主要輸入品の割合の推移

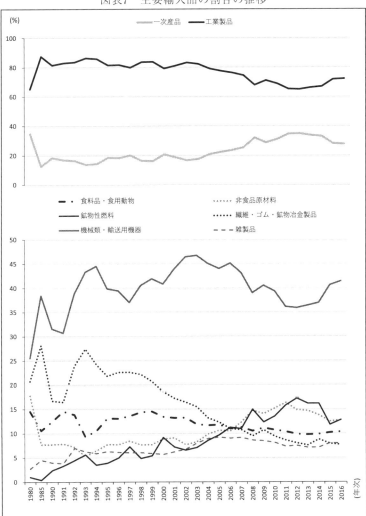

（資料）中国国家統計局[2017]『2017 中国統計年鑑』より作成。

しかし、一次産品の内訳を見ると、鉱物性燃料が1980年の1.0％から2012年の17.2％へと持続的に上昇している。それは同部門が、経済発展に伴うエネルギーの需給逼迫により、輸出産業から輸入産業へと転換したことを示している。また、非食品原材料は1990年から2000年代半ばまでの平均7.8％から2000年代半ばから2016年までの13.5％へと上昇している。

　工業製品については、一貫して輸入の中心となっているが、輸入全体に占める割合が1980年代後半になると80％台にまで上昇し、2000年代初め頃まで高止まりの状態が続いていた。それは、機械・運輸設備の大幅な輸入拡大により支えられており、投資型成長モデルによる機械などの投資財需要や所得上昇に伴う自動車などの耐久消費財需要が堅調であったことが背景にある。1980年に25.6％であった機械・輸送設備は、産業、都市経済改革へ転換した1985年には、38.4％へと上昇し、鄧小平の南巡講話後、改革開放が再び加速し始めた1993年から、大規模なインフラ投資需要を喚起した北京五輪前の2007年まで平均40.2％の割合を維持していたが、2010年から低下してきている。同時に、1990年代から2000年代にかけて大量消費の波が都市部から農村部へと押し寄せて大衆消費社会が形成されたことが、耐久消費財、例えば家電、自動車の輸入拡大をもたらした。そして、2002年には乗用車の輸入が前年比50％増の7万台になった（中国国家統計局［2003］ p.667）。一般に経済発展においては輸入代替工業化の進展に伴い工業製品の輸入が減少する傾向が見られるが、中国の輸入構造は、「フルセット工業化」を目指しているため、エネルギー、鉄鋼、基礎化学品、機械、部品などの中間財と、所得水準の向上に伴う高級消費財など、あらゆる財に対する需要がまだ高いことを反映している。

　また、1990年代に輸入における割合が平均約22.0％であった工業製品の繊維・ゴム製品・鉱物製品は、2010年から2016年までの平均8.3％へと低下した。それは、先ほど見たような一次産品の非食品原材料の割合上昇を踏まえて考えると、部品・加工品の組み立てから素材の加工へという加工貿易の高度化を反映するものと言える。

貿易特化係数

貿易構造の高度化を見るために貿易特化係数（Net Export Ratio：NER）という指標が用いられている。この貿易特化係数を式で表すと次の通りである。

貿易特化指数＝（輸出額－輸入額）／（輸出額＋輸入額）

図表8　貿易特化係数の推移

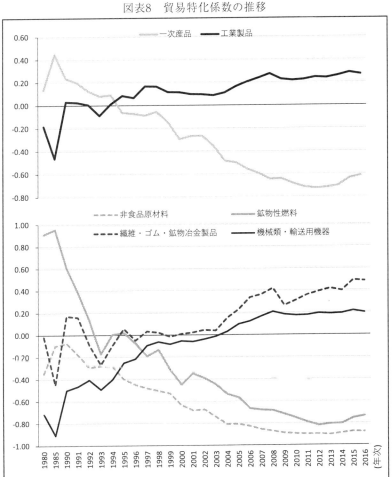

（資料）中国国家統計局[2017]『中国統計年鑑』より算出、作成。

これは特定の製品について、その係数の値が大きいほど競争力も大きく、係数の値が小さいほど競争力も小さくなる（−1≦NER≦1）。

1980年代における特化係数を見ると、一次産品の競争力が高く工業製品の競争力が低い典型的な離陸（テイク・オフ）前経済の貿易構造であった（図表8）。その後、一次産品の競争力が低下し、工業製品の競争力が上昇していき、やがて1990年代半ばに両者が逆転した。中でも工業製品の機械類・輸送用機器は最大の上昇を見せている。2000年代半ば以後、一次産品と工業製品の差はますます拡大して、貿易構造の高度化が一層進んでいる。

3-2 外国投資構造

1980年代前半まで、外貨を稼ぐために、ホテルやゴルフ場のような観光、レジャーなどのサービス分野では外国投資の誘致に力が入れられていた。1979年に中国政府が初めて許可した3つの外国合資会社は、いずれも観光、旅行関連の会社であった（国務院研究室［2009］p.2）。1980年代後半になると、外国投資は、次第に中国の製造業や建設などの分野に向かうようになった。その後、2000年代半ばまで、製造業は外国投資の中心となっていた。外国投資全体に占める製造業の割合は、1990年代後半には50％台であったが、2000年代に入ってから上昇し、2005年には70％にまで達した（図表9）。

しかし、2000年代後半以後、外国投資における製造業の割合が低下し、2010年には5割を割り込んだ。これに対して、非製造業の割合が上昇しはじめ、外国投資分野における産業構造の転換が見られるようになった。非製造業は、2010年に53.1％となり、2016年には71.8％に達し、外国投資のサービス化が一層鮮明となっている。非製造業においては1980年代初頭のような観光、レジャー産業ではなく、卸売・小売、不動産・金融、リース業向けの割合が高くなっている。例えば、2005年から2016年までの間に卸・小売りは1.7％から12.6％へと11ポイント近くも高くなった。ほかに、不動産は9.0％から15.6％、リース業は6.2から12.8％へと大きく上昇している。

第3章　開放経済下の貿易と外国直接投資

図表9　業種別外国直接投資額と構成

(単位：億ドル、％)

業種	2000年		2005年		2010年		2016年	
	金額	構成	金額	構成	金額	構成	金額	構成
農林牧水産	6.8	1.7	7.2	1.2	19.1	1.8	19.0	1.5
採掘	5.8	1.4	3.5	0.6	6.8	0.7	1.0	0.1
製造業	258.4	63.5	424.5	70.4	495.9	46.9	354.9	28.2
電力・ガス・水道の生産と供給	22.4	5.5	13.9	2.3	21.2	2.0	21.5	1.7
建設	9.1	2.2	4.9	0.8	14.6	1.4	24.8	2.0
交通運輸。倉庫備蓄及び郵便通信	10.1	2.5	18.1	3.0	22.4	2.1	50.9	4.0
卸売・小売・飲食	8.6	2.1	16.0	2.7	75.3	7.1	162.4	12.9
不動産	46.6	11.4	54.2	9.0	239.9	22.7	196.6	15.6
公共サービス	21.9	5.4	2.6	0.4	20.5	1.9	4.9	0.4
衛生・スポーツ・公共福祉	1.1	0.3	0.4	0.1	0.9	0.1	2.5	0.2
教育・文化芸術・放送・映画・テレビ	0.5	0.1	3.2	0.5	4.4	0.4	3.6	0.3
そのほか	15.9	3.9	54.6	9.1	136.2	12.9	418.0	33.2
合計	407.1	100.0	603.2	100.0	1057.4	100.0	1260.0	100.0

(資料) 中国国家統計局[各年版]『中国統計年鑑』より整理、作成。

3-3 貿易・外国投資の国・地域別構造

貿易相手国・地域

　貿易額に占める相手国・地域の割合を見ると、2016年には、アメリカが前年と同じく1位で、次いで香港、日本、韓国、台湾が続いている。アメリカは、1990年に3位であったが、2000年に2位、2010年と2015年には1位となり、中国にとって最大の貿易相手となっている（図表10）。輸出では、アメリカは中国にとって最大の輸出相手国である。2016年における対アメリカ輸出の割合は前年より高くなっている。輸入については2000年と2010年の4位から2015年の2位へと順位を上げたが、2016年には再び4位に下がっている。中国におけるアメリカの存在感は輸出市場で上昇、輸入市場で低下しており、それが米中間の貿易摩擦を一層激化させる恐れがある。

　次に、香港は、1997年に中国へ主権が返還された後も「一国二制度」の原則

に基づいて特別行政区が成立したため、統計上では依然として「海外」として扱われている（第7章を参照）。香港は1990年に第1位となり、本土にとって最大の貿易相手であったが、2000年と2010年に3位と順位を落とし、その後、2015年と2016年にはアメリカに次いで2位に回復している。輸出について、

図表10　中国の主要貿易相手（上位5カ国・地域の構成）

（単位：％）

		輸出入		輸出		輸入
1990年	香港	35.43	香港	42.92	香港	26.72
	日本	14.38	日本	14.51	日本	14.22
	アメリカ	10.19	アメリカ	8.34	アメリカ	12.35
	ドイツ	4.31	ソ連	3.61	ドイツ	5.51
	ソ連	3.79	ドイツ	3.60	台湾	4.23
合計		68.11		72.98		63.03
2000年	日本	17.53	アメリカ	20.91	日本	18.44
	アメリカ	15.70	香港	17.86	台湾	11.33
	香港	11.37	日本	16.72	韓国	10.31
	韓国	7.27	韓国	4.53	アメリカ	9.94
	台湾	6.44	ドイツ	3.72	ドイツ	4.62
合計		58.32		63.74		54.64
2010年	アメリカ	12.96	アメリカ	17.96	日本	12.66
	日本	10.01	香港	13.84	韓国	9.91
	香港	7.75	日本	7.67	台湾	8.29
	韓国	6.96	韓国	5.82	アメリカ	7.31
	台湾	4.89	ドイツ	4.36	ドイツ	5.32
合計		42.58		49.64		43.49
2015年	アメリカ	14.09	アメリカ	18.00	韓国	10.39
	香港	8.68	香港	5.97	アメリカ	8.80
	日本	7.05	日本	4.77	台湾	8.53
	韓国	6.98	韓国	3.04	日本	8.51
	台湾	4.76	ドイツ	2.90	ドイツ	5.22
合計		41.55		34.68		41.44
2016年	アメリカ	14.10	アメリカ	18.37	韓国	10.0
	香港	8.25	香港	13.69	日本	9.2
	日本	7.46	日本	6.17	台湾	8.7
	韓国	6.86	韓国	4.47	アメリカ	8.5
	台湾	4.86	ドイツ	3.11	ドイツ	5.4
合計		41.53		45.81		41.82

（資料）中国国家統計局[各年版]『中国統計年鑑』より整理、作成。

1990年には1位、2000年以降も2位を維持しており、香港は本土にとって最も重要な輸出市場の一つとなっている。これに対して、輸入は1990年の1位から2000年以降5位圏外へと転落した。

日本は、かつて中国にとって1位または2位の貿易相手であったが、2015年には3位となりその存在感が低下している。2016年にも3位であるが、貿易額に占める割合は前年より高くなっている。輸入を見ると、2000年と2010年には1位であったが、2015年には前年と同じ4位に転落し、貿易における存在感の低下要因の一つとなっている。2016年には中国の輸入における順位は3位に上がり回復の兆しも見える。

いずれにせよ1990年から2016年時点まで、アメリカ、香港、日本は、順位の交代こそあるものの、中国にとって最も主要な貿易相手となっている。

ほかに、韓国と台湾は、1990年に上位5カ国・地域にランクインされなかったが、2000年、2010年、2015年、2016年のいずれの年にも4位と5位で順位が安定している。特に韓国は、1992年の中国との国交樹立以降、中国への輸入（対中輸出）において存在感を高めてきている。輸入における韓国の順位は、2000年に3位、2010年に2位と着実に上がり、2015年にはついに1位に躍り出た。中国の対韓国輸入が拡大しているのは、2000年代前半における中国への進出ブームにより進出した韓国系企業向けに韓国からの中間財輸入が急増したことが大きいと考えられる（ジェトロ［2016］p.2）。

韓国と台湾の健闘に対して、1990年には4位のドイツと5位のソ連は、その後上位5カ国・地域から姿を消した。しかし、ドイツとソ連では事情が異なる。1991年にソ連崩壊後成立したロシアは、その経済と貿易の規模が崩壊前のソ連に比べて縮小したため、当然ながら中国の貿易相手国としての存在感が低下せざるを得なかった。一方、ソ連崩壊の前年の1990年にドイツは東西ドイツ統一を果たし、経済と貿易の規模が拡大した。ドイツについてさらに輸出と輸入を見ると、2000年、2010年、2015年には一貫して5位を堅持していることから、ドイツは中国の重要な貿易相手であることに変わりはないことが分かる。

最後に、貿易の市場集中度を見てみよう。市場集中度はもともと市場構造の特徴（競争的であるか否か）を分析するために、特定財の市場がどのくらいの企業によって占められているのか（何社に集中しているのか）を測る際に使われる概念（指標）である。ここでは市場集中度を貿易構造に適用し中国の貿易における市場集中度を見てみる。すると、1990年には1つの貿易相手に35.4%（香港）、5つの貿易相手で68.1%と、貿易が一部の国・地域に集中していた。その後、集中度は低下し、2016年になると、1貿易相手への集中度が14.1%（アメリカ）、5貿易相手への集中度が41.5%になっている。つまり、中国の貿易相手は以前に比べて分散化するようになっているのである。

外国投資

　中国商務省の外国投資利用報告によると、2016年には香港が1位で、前年比5.9%減の871億8000万ドルで、構成比は69.2%となった（図表11）。2位はシンガポールで前年比11.3%減の61億8000万ドル、3位は韓国で17.6%増の47億5000万ドルであった。そして、4位のアメリカ、5位の台湾が続く。まず香港については、一貫して対中投資全体に占める割合がほかの投資国・地域を圧倒している。香港の中国本土への投資要因としては、地理的に近いことや血縁的に華僑資本が多いことのほか、アジアの中継貿易、金融センターであり、有利な税制（税率の低さや課税の繰り延べなど）、優れた事業活動環境（情報・資金の集積）などのため他の国・地域も香港経由で対中投資を行っているからである。近年において香港が対本土直接投資における「プラットフォーム」として活用されている点が新しい要因として挙げられている（ジェトロ［2017］p.39）。「一国二制度」の下、香港は国際的な金融・ビジネスハブとしての機能を発揮しているほか、本土との経済貿易緊密化協定（Comprehensive Economic Partnership Agreement: CEPA）などを通じ、香港を介した対本土直接投資に対する好条件も付与されているのである。

　次にシンガポールは、2010年に香港と台湾に次ぐ第3位の投資国であったが、2016年には、前年と同様に香港に次ぐ2位となっている。香港と台湾が中

図表11 中国における外国投資の構成（上位10カ国・地域）

(単位：億ドル)

順位	1990年		2000年		2010年		2016年	
1	マカオ	102.8	香港	38.1	香港	674.7	香港	871.8
2	日本	25.0	アメリカ	10.8	台湾	67.0	シンガポール	61.8
3	アメリカ	5.9	英領バージン諸島	9.4	シンガポール	56.6	韓国	47.5
4	フランス	5.7	日本	7.2	日本	42.4	アメリカ	38.3
5	イギリス	5.1	台湾	5.6	アメリカ	40.5	台湾	36.2
6	ドイツ	3.9	シンガポール	5.3	韓国	26.9	マカオ	34.8
7	カナダ	2.4	韓国	3.7	イギリス	16.4	日本	31.1
8	台湾	2.2	イギリス	2.9	フランス	13.4	ドイツ	27.1
9	イタリア	1.2	ドイツ	2.6	オランダ	9.5	イギリス	22.1
10	スペイン	1.0	フランス	2.1	ドイツ	9.3	ルクセンブルク	13.9

(資料) 中国商務部[各年版]『全国吸収外国直接投資状況』より作成。
(注) 各国・地域からの投資額は2009年までは、租税回避地（タックスヘイブン）経由の金額を含めなかったが、2010年から含むようになっている。

華圏地域であることを考慮するとシンガポールは事実上最大の対中直接投資を行っている外国になる。シンガポールにも華僑資本が多く、また中国の消費大国化とともに、外国投資が非製造業に向かうなかで不動産、金融分野に強みを持つシンガポールの企業が対中投資を拡大させている。

　そして、韓国については、1992年に中韓国交樹立後、中小企業を中心に労働集約的な小規模投資が多かったが、2000年代に入ると大企業の生産拠点の建設が相次ぎ、直接投資額が大きく増加した。中国の消費市場が拡大するにつれて、韓国企業の対中直接投資は、生産目的から市場獲得を狙ったものにシフトしている。近年の韓国企業の中国進出における傾向として挙げられるのが、（1）素材・中間財の相次ぐ大型投資、（2）消費向け市場を狙ったサービス業分野での活発な進出であり、いずれも中国の内需（中国企業向け需要、中国消費者向け需要）への食い込みを狙ったものと指摘されている（ジェトロ［2016b］pp.4-5）。しかし、韓国の対中投資は依然として製造業を中心としている。2016年の対中直接投資を業種別で見ると、製造業が前年比2.3％増の24億1800万ドルとなり、対中直接投資の73.3％を占めている（ジェトロ［2017a］

p.46）。

　4位のアメリカを見ると、1978年12月の米中国交正常化以降、対中投資は拡大していったが、1989年の天安門事件で一旦後退した。その後、1990年代半ば以降再び拡大し、2000年には香港に次ぐ第2位となった。2010年には5位であったが、2015年に6位に下がり、2016年に4位に浮上した。アメリカの対中投資については、日本の対中投資とともに後（第4章〜第6章）で改めて取り上げることとする。

　また、台湾の中国大陸への投資は、香港と同じ血縁地縁的要因によるところが大きい。1980年代初頭に福建、広東の経済特区を中心に大陸への投資が始まったが、統計上には十分反映されていない。それは中国大陸と台湾との分断、対立を背景に、台湾側が域内企業に対して第三国・地域経由の対大陸投資を義務付けていたためである。2002年の解禁以降、台湾の対大陸投資は実態的にも統計的にも本格的に拡大した。

　最後に、タックスヘイブン地（tax haven：租税回避地）による対中外国投資について説明したい。タックスヘイブン地としては英領バージン諸島、ケイマン諸島、サモアなどが知られている[2]。2001年に中国がWTOに加盟した後、国内で段階的に投資規制を緩和させていったためタックスヘイブン地を経由した、中国に対する迂回投資が多くなった。中国国家統計局の外国投資統計によると、2016年には英領バージン諸島による対中投資は香港に次ぐ2位、ケイマン諸島は4位であった。2000年には上位10カ国・地域に、タックスヘイブン地による投資は、英領バージン諸島（2位）しか入っていなかったが、2015年には英領バージン諸島（2位）とサモア（7位）、ケイマン諸島（10位）がランクインしている[3]。また、タックスヘイブン地経由の香港や台湾などの中華圏地域による投資も多い。それは、節税のほかに、政治リスクを回避する

---

[2] OECD［2009］報告書リストに基づく。
[3] 中国国家統計局［2001］，［2017］による。ただし、各国・地域の対中投資にはタックスヘイブン地経由の投資は含まれていない（2010年以前の商務部旧統計方法）。

ためである。2016年の商務省と統計局の公表データを比較すると香港の対本土投資のうち57億1500万ドル（商務省871億8000万ドル、国境統計局814億6500万ドル）、台湾の対大陸投資については16億5720万ドル（同36億2000万ドル、19億6280万ドル）、合計73億7220万ドルがタックスヘイブン地経由の投資と見られ、それは2016年の英領バージン諸島、ケイマン諸島、サモアの対中投資の約6割を占める規模である。

4　貿易・外国投資の拡大要因

4-1 制度的要因

対外開放への政策転換

　1978年の開放経済への移行過程において、国家による一元的貿易体制の改革が進められてきた。1980年代には貿易の経営管理権の地方分権、企業分権が進められ、外貨留保制度も導入され、個人による外貨の所持と使用制限が緩和された。1990年代には企業の独立採算制、貿易の経営許可制度を導入するなど貿易企業の改革が加速し、人民元為替の二重レート制が廃止（一本化）された。また、貿易と外国投資の拡大を図るため、1980年代初頭に経済特区の設置をはじめ沿海地域の対外開放、そして1990年代には沿江開放、沿辺開放などといったいわゆる「全方位・多元的開放」が全国的に展開されていた。対外開放の進展に伴い様々な輸出促進、外資優遇政策が打ち出された（第2章を参照）。こうした開放経済への政策的転換が貿易と外国投資の拡大をもたらした制度的要因である。

国際協力関係の強化

　中国は、対外開放の一環として世界経済の枠組みに積極的に参加している。2001年に貿易と投資に関する国際的枠組みであるWTOに加盟し、ほかに中国主導の2国間または国際間の経済協力の枠組み作りも進められている。二国間協力については、例えば、石油輸入量が国内生産量を上回り、石炭も純輸入

国に転じた2009年に、中国は産油国と「融資による原油購入」（Loan for Oil（Gas））について合意した。Loan for Oil（Gas）とは中国が国家開発銀行や輸出入銀行などの政策銀行を通じて資源国に融資を行い、国有石油企業と相手国の国営石油会社との間で石油の長期販売契約を締結し、中国向け原油輸出代金を融資の返済に充てるという仕組みのことである。2008年のリーマン・ショックによる金融危機は世界経済を襲い、原油価格の下落で産油国は資金難に陥った。それをチャンスと捉えた中国政府は、Loan for Oil（Gas）の手法を採用し、資源確保に乗り出した。2009年2月から7月までベネズエラ、ロシア、ブラジル、カザフスタン、トルクメニスタン、エクアドルへの融資協定と原油長期輸出協定あるいは油ガス田開発やパイプライン投資を組み合わせたLoan for Oil（Gas）について合意した。このように国際協力の枠組みの中で資源の安定確保が実現されている。

　また、多国間に関する国際地域協力については、例えば中央アジアで中国とロシア、カザフスタン、キルギス、タジキスタン、ウズベキスタンによる「上海協力機構」（Shanghai Cooperation Organization: SCO）が、2001年に上海で設立された（2017年にインド、パキスタンが加盟）。旧ソ連諸国の国境画定、国際テロ、宗教過激主義問題を協議するため発足したSCOは、今や従来の課題に加えて、経済や文化など幅広い分野で協力関係を図っている。中国がSCOを主導したのは、加盟国が抱える共通課題のほかに、国内における資源、エネルギー問題を背景に、石油、天然ガスが豊富なロシア、中央アジアとの関係強化を図ろうとする戦略的な意図が働いているためである。

　一方中国は、貿易・外国投資の拡大、資源確保、安全保障、市場アクセスなどのために自由貿易協定（FTA）を外交カードとして活用し、近隣諸国、資源国を中心に国際地域協力関係を構築している。例えば、2010年1月に発効した東南アジア諸国連合（ASEAN）・中国FTA（ACFTA）、湾岸諸国会議（GCC）・中国FTAが挙げられる。中国は1991年からASEANとの対話を開始し、1997年からは首脳会議を恒例化させている。2002年に開催された第6回首

脳会議ではASEANと包括的経済協力枠組み協定を締結し、同協定で優先協力分野として、農業、情報通信技術、人的資本開発、投資、メコン河流域開発が取り上げられ、その後エネルギー、運輸、文化、観光、保健衛生、環境にまで拡大されている。2003年の第7回首脳会議においては戦略的パートナーシップ共同宣言に調印した。2010年1月からASEAN中国自由貿易協定（ACFTA）が発効し、約9割の関税品目が撤廃された。ACFTAでは域内市場一体化により域内企業にとって魅力な投資先として期待されている。とくに域内における国際分業が進む中、投資の自由化・円滑化、紛争解決の枠組みが確立されたことで、国際分業を巡り、中国企業による域内投資が展開されると同時にASEAN諸国・地域の企業による対中投資を呼び込むための環境が整ったと言える。

4-2 投資コスト・市場・産業集積
投資コスト

外国投資の拡大要因として、まずは、安い投資コストが挙げられる。日本やアジア新興工業経済地域（NIEs）は中国の国内労働市場を求める傾向がある。日本、アジアNIEsは輸出志向型モデルで経済成長を追求するため、初期には豊富で廉価な賃金労働の存在が中国進出の最も重要な誘因であった。外国企業が怒涛のように中国進出を進めた1996年には、例えば製造現場（一般工職）の賃金が、神奈川県（日本）で3096ドル（USドル、以下同じ）、ソウル（韓国）1015～1205ドル、シンガポール632～984ドル、バンコク（タイ）160～310ドル、クアラルンプール（マレーシア）190～310ドルであったのに対して、上海（中国）は72～132USドルに過ぎなかった。土地代については、工業団地購入（分譲）価格（年額/㎡）は、神奈川県が1804ドル、クアラルンプール210～230ドル、ボンベイ（インド）157ドル、台北（台湾）154ドル、ジャカルタ（インドネシア）85ドル、バンコク81.6ドルであったのに対して、上海は40ドル（50年契約）であった（ジェトロ［1996］pp.2-7）。

消費市場

1978年の改革開放後飛躍的な経済発展を遂げた中国は、2010年に国内総生産（GDP）が世界第2位の大きさになるとともに、一人当たりの所得も1978年の385元から2016年の53980元へと、実質ベース（物価変動の要因を控除）で22倍以上上昇している（中国国家統計局［2017］）。1990年代から2000年代にかけて、経済発展に伴い大量生産、大量販売、大量消費の経済構造が形成されている。家計消費の規模は、1978年には約1759億元であったが、2010年には14兆6058億元となった。2016年時点で世界第2位の約29兆2661億元（1ドル＝6.64人民元:約4兆4075億ドル）に達している（中国国家統計局［2017］）。それはアメリカ（世界第1位：12兆8207億ドル）の3分の1以上、日本（第3位：2兆7596億ドル）の約1.6倍の規模である[4]。大量消費は、1990年代にまず都市を中心に始まり、2000年代に入ると農村へと広がっていき「大衆消費社会」を迎えている。中国の消費市場の魅力は，巨大さだけではない。1990年から2016年まで世帯一人当たり消費額に占める品目別構成は、食料品が都市で54.2％から29.3％へ、農村で58.8％から32.2％へと低下したのに対して、交通通信は都市で3.2％から13.8％、農村で1.4％から13.4％、医療保健は都市で2.0％から7.1％、農村で3.3％から9.2％へと上昇している。この変化は、衣食を中心とした従来の消費生活からより高付加価値財とサービスを追求するような消費構造の高度化を示している[5]。また、耐久消費財市場を見ると、例えば自動車では2009年に中国はアメリカを抜いて世界一の販売大国となっている。2016年時点で中国の自動車販売量は前年比13.7％増の2803万台で、世界第2位のアメリカ（1787万台）の約1.6倍になっている。上述の中国における消費市場の拡大と消費構造の変化は、外国企業の対中投資の誘因となっている。

産業集積

中国では、長江デルタ、珠江デルタが世界の多国籍企業の集積地になってい

---

[4] United Nations Statistics DivisionよりGLOBAL NOTEが整理（2018/1/4）。
[5] 滕［2017］（pp.187-188）に基づいて加筆した。

る。部品の現地調達、情報・施設の共有など、集積のメリット（規模の経済性）が大きな誘因となっている。例えば、江蘇省の南通市は、川上における化繊原料生産、紡績染色加工から川下の衣類縫製まで揃う世界の一大産業集積地となっている。珠江デルタは香港の後背地として発展し、中華圏地域の香港と台湾のほか、日本や東南アジア諸国の企業も進出している。経済特区の深圳、およびその北に位置する東莞市には、パソコン・電気製品などを製造、研究開発する外資系企業が多く進出し、世界有数の製造業集積地と研究開発拠点となっている。

5　貿易・外国投資と経済成長

貿易・外国投資と経済成長との関連については、開放経済の下、貿易を通じて外国投資と技術が導入され、またそれらに伴う生産性の向上と雇用拡大によって経済成長が実現される構造となっている。逆に、経済成長には貿易、外国投資と技術の導入を促進するという側面もある。

5-1 貿易の役割

中国の貿易と経済成長について見ると、1978年の改革開放から2000年代まで貿易成長率は個別時期（例えば、1997年アジア金融危機直後、2008年リーマン・ショック直後の時期など）を除けば、GDP成長率より高い水準で推移していたことから、貿易が経済成長をけん引したと言えよう（図表12）。しかし、2010年以後、貿易が中国経済をけん引する力が弱まっている。かつてのように一時的ではなく、持続的に貿易額の伸び率が経済成長率を下回るといったいわゆる「スロー・トレード」現象が起きている。その要因は国際金融危機のような外的ショックではなく、国内における経済成長の減速と産業構造の変化にある。景気減速で貿易が抑制され、また輸入代替工業化のため従来は輸入していた製品を自国で生産するようになったからである。

一国の経済規模（GDP）と貿易額の関係（比率）を見るには貿易依存度が用

いられる。一般に貿易依存度は大国ほど下がるが、経済発展している国は上がる。1978年に中国の貿易依存度は10％であったが、貿易はGDP成長率を上回るペースで成長を続けたため、2008年には60％まで急速に上昇した。リーマン・ショック、世界金融危機後、外需低迷と内需拡大で貿易が減少したため、貿易依存度は低下し、2016年には30.6％になっている。2016年においてGDPの規模が世界1位と3位の経済大国であるアメリカと日本の貿易依存度は、それぞれ19.7％、24.8％であり、それらに比べて中国のほうが高い。輸出依存度について、2016年に中国は18.7％、アメリカは7.8％、日本は13.1％である[6]。

図表12　中国の経済成長と貿易成長

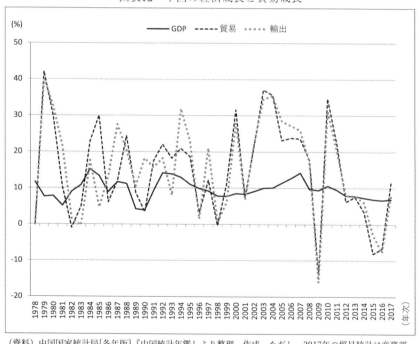

（資料）中国国家統計局[各年版]『中国統計年鑑』より整理、作成。ただし、2017年の貿易統計は商務部の発表（速報値）による。

[6] 中国については国家統計局［各年版］『中国統計年鑑』、アメリカ、日本については、UNCTAD (United Nations Conference on Trade and Development) - Statisticsに基づいてそれぞれ算出。

5-2 外国投資の貢献

中国経済の成長モデルは基本的に投資依存型で、設備投資などの固定資産形成がGDP全体に占める割合(固定資産形成率)は、2003年以降40%を超えて推移し、2011年には48%のピークに達し、その後、低下しているが、2016年時点では44%である。中国の固定資産形成率は主要国の高度成長期と比較して高い水準にある(経済産業省[2016] p.7)。主要国のピーク時のGDPに占める投資の割合を見ると、例えば日本が1973年に36.4%、アメリカは1979年に24.4%程度であった(図表13)。支出項目別の成長寄与率を見ると、固定資本形成が最終消費とともに経済成長に対して大きな影響を与えている。特に2000年代において固定資本形成の平均成長寄与率は最終需要(平均47%)を上回る50%に達している(滕[2017 pp.107-109])。

中国の固定資産投資を配分資金源別に見ると、外資利用(外国投資)の割合

図表13 中国と主要国のGDPに占める投資の割合が最大となった年

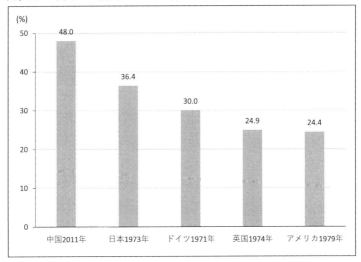

(資料)中国については中国国家統計局『2012中国統計年鑑』、ほかの国については経済産業省[2016]より作成。

は、1985年には3.6％であったが、1996年には11.8％となり、年間平均では1980年代前半の4.1％から1990年代後半の9.7％へと上昇している（図表14）。その背景には、国内における貯蓄不足や低い投資効率があった。例えば、1985年と1986年における国内貯蓄率は、国内投資率（約38％）を下回る約35％程度にとどまっていた（中国国家統計局［1987］）。この頃から外国投資の導入が積極的となっている。1988年に打ち出された沿海地域発展戦略は外国投資を積極的に導入し沿海部地域経済を外向型経済に転換させようとするものであった。沿海地域に進出した外資系企業は輸出財の生産に必要な機械，原材料の輸入において、減免税などの優遇を受け、現地生産、そして加工貿易を拡大させた。したがって、1980年代後半から1990年代にかけて外国投資による労働集約型加工産業の急成長、さらに加工貿易の急拡大は、この時期における中国の経済成長に大きく貢献したのである。

図表14　固定資産投資に占める外資利用の比率

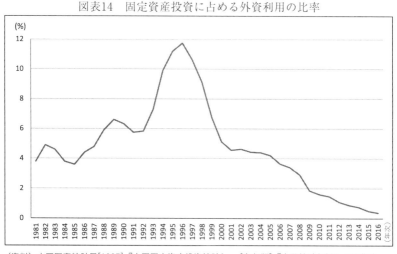

（資料）中国国家統計局[1997]『中国固定資産投資統計』、［各年版］『中国統計年鑑』より作成。

外国投資は、国内の貯蓄不足を補うだけでなく、外国技術のスピルオーバー効果も大きい。例えば、経済特区に進出した外資企業と輸出企業を中心に、

TFP成長率が0.6％ポイント向上している（Wang［2013］pp.133-147）。

　2000年代に入ると外資利用の割合は低下するようになった。それは外資利用額の増加ペースの減速と自己調達資金（自己資本や外部調達資金）による投資の拡大ペースが加速したためである。2000年から2010年までの期間に、自己調達資金による投資が13倍以上拡大したのに対して、外資利用額は2.3倍しか増加しなかった。さらに、2012年から固定資産投資における外資利用額は前年割れが続き、2016年には前年比20.5％減の2270億元となり、固定資産投資額に占める割合は0.4％に届かなかった。その背景には、世界における海外直接投資の減少がある。国連貿易開発会議（United Nations Conference on Trade and Development: UNCTAD）によると、2016年における世界の発展途上経済における外国直接投資は約1兆4000億ドル規模の見込みで、2000年の2兆億ドルより減少している。しかし、外国直接投資は依然として発展途上経済にとって最も重要でかつ確実性の高い資金源であると、UNCTADは強調している。2016年の中国における外国直接投資の流入額は1340億ドルで、世界第1位のアメリカ、2位のイギリスに次ぐ3位を占めている。ただし、イギリスは、大規模なM＆A（合併・買収）により2015年の世界第14位から一気に2位に上がったものである（UNCTAD［2017］pp.11-12）。中国は2015年には1360億ドルで、アメリカに次ぐ世界第2位（香港を除く）、2014年には1290億ドルで世界第1位であった（UNCTAD［2016］p.5）。

　中国は世界一の貿易大国となっているが、その貿易の半分は外資系企業により担われている。貿易額に占める外資系企業の割合は、輸出が2005年に58.3％、輸入が2006年に59.7％にそれぞれ達している。その後、外資系企業の割合は低下してきたが、2016年でも輸出と輸入でそれぞれ43.7％、48.5％となっている。

5-3 貿易・外国投資構造と産業構造

貿易・外国投資の構造変化は、国内の産業構造の変化を反映している[7]。例えば、改革開放初期においては農村改革が農業経済の成長に寄与していた。1981年から1984年まで第一次産業の平均年間成長率は9.9％に達し、同期間の第二次産業の平均8.1％を上回った。第一次産業の成長は産業構造における同産業の比重を下支えし、所得構成比と労働構成比はそれぞれ平均40.2％と68％であった。また、改革開放後、計画経済時代の重工業優先政策の見直しと繊維産業をはじめとする軽工業の振興を背景に、工業経済に占める軽工業の割合は1970年代の50％台前半から1980年代の50％後半へと上昇した。このように改革開放初期における農業、軽工業の発展は、一次産品や労働集約的な製品を中心とした輸出拡大をもたらす要因の一つとなった。その後、改革開放は都市部の産業・企業経済へと全面的に展開していくと、経済の高度成長とともに第二次産業の比重が上昇したのに対して、第一次産業は急速に低下した。第二次産業の中で工業経済の急成長に伴い重工業化率が再び上昇した。例えば、1992年の鄧小平による「南巡講話」後、改革開放の再出発と好調な経済を背景に、重工業率は2000年には60％に、さらに2006年からは70％を超えるようになった。1990年代以後における経済成長と産業構造の変化により、機械類を始めとする資本・技術集約的工業製品が輸出できるようになったのである。

6　貿易・外国投資の課題

中国の為替改革（人民元レートの一本化）や国際競争力の強化に伴い、1994年以降貿易黒字が定着したが、2001年にWTO加盟以降"メイドインチャイナ"で知られる中国製品が世界を席巻するとともに、対米貿易不均衡をはじめとする経済摩擦の問題が顕在化するようになった。中国と世界の経済摩擦とし

---

[7] 中国の経済成長と産業構造については滕［2017］（第4章、第7章）を参照されたい。

第3章　開放経済下の貿易と外国直接投資

ては、大幅な貿易不均衡、知的財産権問題、外国企業の対中投資環境が挙げられる。

為替政策、国内の生産過剰と輸出

中国は低価格を武器にして製品の国際競争力を維持し、輸出を拡大し続け、貿易大国となっている。2013年には中国は輸出額でアメリカの3兆9100億ドルを上回る4兆1590億ドルに達し、アメリカを抜き世界一の貿易大国となった。輸出の拡大と経常収支の改善（黒字化）は貿易相手の収支が悪化することを意味する。中国の輸出は低付加価値、低グレードの状態にあり、輸出構造の高度化が課題である。

中国製品の国際競争力は安いコストのほか、低い人民元レートによる面が大きい。人民元の対米ドルレートは1990年代半ば以降、1ドル＝8.28元にほぼ近い水準に固定されていた。人民元は経済実体よりも低いレートになっていたため、欧米諸国から中国は人民元を為替操作して輸出競争力を維持させることで不公正競争になっていると批判されていた。

そのため巨額な外貨準備と人民元引き上げ圧力を背景に、2005年7月21日に人民元の切上げに踏み切った。しかし、中国元の切上げ幅が2%と小さかったため貿易不均衡の是正には焼け石に水であった。

また、中国製品の低価格化は、国内の生産過剰による面も大きい。例えば、鉄鋼製品では鉄筋が日本より1〜2割安い。2015年の粗鋼生産量は8億トンに対し生産能力は11億トン強あり、日本の3倍弱が余剰である。中国は輸出拡大で国内の生産過剰を解消しようとし、2009年に2400万トンだった鋼材輸出が、2015年には4倍強の1億1200万トンに急増した。その影響で日米欧の鉄鋼メーカーは業績が悪化し、人員削減に追い込まれた（『日本経済新聞』2016年11月25日）。それを理由に、欧州連合（EU）と米国は中国を市場経済国と認めていない。

知的財産権

知的財産権については、保護の不十分さの問題が指摘されている。中国の市

場においては映画DVDや音楽CDのコピー商品が横行している。また、真正品の輸入に障壁を設けているため模倣品の流通を助長している。さらに、中国製の模倣品の流入でブランド商品が大きな被害を受けている。これらのことを理由として、日米欧は中国の知的財産権の法制度が不十分だと批判したり、WTOへ提訴したりするなど、改善を求めている。中国は2001年にWTOに加盟した際に、途上国として知的財産権の保護に関して一定の猶予が与えられた。しかし、2000年代を通して高い成長を遂げ2010年に世界第2の経済大国となった以上、知的財産権のルールの履行を求める声が高まっている。

投資環境

外国投資では、許認可制が実行されている。例えば、外国投資企業の設立、再編及び撤退は許認可事項のため、主管商務部門、の許認可が必要である。また、固定資産の投資を伴う外国投資の場合は、発展改革部門の審査確認が必要である。特に、中国経済の減速に伴い、一部の外国投資が中国から撤退する際に、従業員の待遇などを巡るトラブルが起きている。また、政治、外交問題を引き金に外資企業の製品への不買運動もチャイナ・リスクとして指摘されている。例えば、2008年にフランスの小売大手カルフール（Carrefour）に対して、パリでの北京五輪の聖火リレー妨害をめぐり、中国国内では不買運動が起きた。また、2010年から2012年にかけて尖閣事件と国有化を巡る日中間の対立で、中国国内では日系企業への破壊行為や不買運動が起きた。最近の例として、在韓米軍の地上配備型ミサイル迎撃システム（THAAD）配備を巡る中韓の対立で、中国国内では韓国系企業に対する経済報復が行われた。例えば、韓国・現代自動車の中国4工場が一時、稼働を全面停止したが、北京現代はTHAAD問題の影響により、中国で販売不振が続き、2017年4～6月期の中国での生産は前年同期比で7割近く減ったと報じられている（『日本経済新聞』2017年8月30日）。このようなカントリーリスクは、外国投資の意欲を減退させている。

第3章　開放経済下の貿易と外国直接投資

貿易縮小

　最後に、最近における中国の貿易の減少と世界経済との関連を取り上げる。2016年の貿易額は、前年比6.8％減の3兆6856億ドルとなり、4年ぶりに世界第1位の座をアメリカに明け渡した。その要因の一つは国内の景気減速などにより、輸入が減少したためである。輸入額は2015年に1兆6796億ドルで前年比14.3％減とリーマン・ショック後の2009年以来6年ぶりの減少に転じていたが、2016年には1兆5879億ドルで前年比5.5％減となり、2年連続の減少となっている。中国の輸入減少は、貿易相手国の輸出減少、さらにその輸出品の生産に必要な原材料の供給減少をもたらす。その原材料の供給は、貿易相手の国内生産または中国を含め外国からの輸入減少の原因の一つとなる。実は中国の輸出も2015年に前年比2.9％減の2兆2735億ドル、2016年には前年比7.7％減の2兆976億ドルと2年連続の減少となっている。リーマン・ショック後、中国経済が貿易を通じて世界を牽引してきたが、中国の輸入減少をはじめとする貿易規模の縮小は世界経済に悪影響を与える恐れがある。

　貿易と外国投資を通じて世界経済における中国のプレゼンスが拡大するにつれて、当然のことながら、貿易と外国投資に関連する動向は、各国、ひいては世界経済に大きな影響を与えるようになっている。そのため、対外経済政策では自由で公正な貿易の確保と外国投資環境の安定化などの課題への取り組みが、貿易・外国投資受け入れに関して、経済大国としての責務であると言える。

第4章　中国と日本の経済関係

はじめに

　貿易と直接投資は、中国と日本の経済関係の両輪に例えられるが、実は貿易は戦後長い間両国の経済関係を支えていた。1949年の中華人民共和国建国以降、国交が正常化した1972年まで、日本政府は中国不承認政策を続けていたため、両国の経済関係は、民間分野の交流に限られていた。日中の貿易は、1950年代に日中民間貿易協定という形で細々と行われていたが、1960年代になると友好商社とLT貿易を中心として活発化していった[1]。1972年に日中国交正常化が実現し、それに続いて1974年に日中貿易協定が締結されたため、日中貿易はようやく拡大化に向かうようになった。特に1978年における日中平和友好条約の締結（8月）や中国の改革開放への政策転換（12月党12期3中全会）は、日中の経済関係を緊密化させた。中国の対外開放への政策転換と日中友好条約が締結された1978年から約30年後の2007年には、中国はアメリカに替わって日本の最大の貿易相手国になるほど、日中貿易は飛躍的に拡大した。中国と日本の間においては、貿易と投資の拡大だけでなく、比較優位に基づいた貿易パターンの変化や産業内貿易の進行など、構造変化も生じており、両国の経済関係はますます緊密化している。一方、日中間の直接投資は、両国の貿易に比べてはるかに遅く始まる。1990年代から日本の対中投資は本格化したが、中国の対日投資はそれよりさらに遅れて2000年からようやく活発化を見せ始める。しかし、

---

[1] 友好商社とは1960年以降日本側の指定、推薦と中国側の了承を受けた日本の対中貿易会社のこと。LT貿易とは「日中長期総合貿易に関する覚書」に基づいた貿易のことである（LT：両国の通商代表者Liao=Takasakiのイニシャルに因む）。

日本の対中投資中心という非対称的な構図は今も続いている。また、日中の比較優位の変化により補完・競合関係も変化するにつれて、経済摩擦が起きている。

　日中の経済関係は、両国の国内経済と両国の国際関係という二つの変項によって様相が変わってきた。例えば、2000年代前半における日中関係は歴史認識を巡る対立と活発な貿易、対中投資が行われており、当時の日中関係は「政冷経熱」（政治関係は冷え込んでいるが、経済関係は緊密化している）と表現されている。遡って考えると、1972年の国交正常化までの日中関係は「政零経冷」、それ以後（2000年まで）は「政熱経熱」、2010年以降尖閣問題で対立するなか貿易と対中投資も減少する状況は「政冷経温」とも言えよう。

　本章では、1949年中華人民共和国建国以後の日中関係について、両国の国際関係を踏まえながら経済関係の展開過程を考察する。以下、第1節では、日中の国際関係の展開を整理する。第2節では、日中貿易と日本の対中直接投資の推移を概観する。第3節では日中の貿易パターンと比較優位構造の変化、第4節では日中間の国際分業の構造と要因を、それぞれ明らかにする。第5節では日中の経済摩擦と課題を整理する。最後に、むすびを述べる。

1　日中の国際関係

1-1 敵視政策から国交正常化へ
中国不承認政策

　毛沢東が率いた中国共産党は、蔣介石の国民党（中華民国政権）と「国共内戦」（1945～1949年）を繰り広げ、それに勝利した中国共産党は1949年に中華人民共和国を樹立した。一方、敗戦を喫した蔣介石は中華民国統治下の台湾に逃げ込んで政権の延命を図った。戦後アメリカに追随する日本は当然ながら、中国の大陸側と対立、台湾側を支持した。1952年4月28日に、日本政府は台湾の国民党と「日華平和条約」（1952年8月5日効力発生）を結び、日中両国間に

おける第二次世界大戦の戦争状態を終了させようとした。一方、日本と中国大陸側は、いわば「政零」（政治関係は零度以下）の時代に突入、後処理どころか、敵視と対立を深めた。

　1957年2月に、中国の周恩来首相（当時）が日中関係に関する「政治三原則」（中国人民を敵視せず、二つの中国を作らず、中日関係の正常化を妨害せず）を表明し、対日関係改善の意欲を示した。しかし、1964年10月16日に中国が初の核実験を行ったことで日本では中国に対する危機感が広がった。1965年に日本の佐藤栄作首相（当時）は中国批判を強めると同時に、アメリカから核の傘で日本を守るという約束を得た。1960年代後半における核問題を巡る一連の応酬を背景に、日中関係の緊張が高まった。

国交正常化

　1971年に中国の国連議席の回復（10月）、1972年にアメリカのニクソン大統領の電撃訪中（2月）など国際情勢の変化を受けて、1972年に日本の首相に就任した田中角栄は、初閣議後の7月7日に、「中華人民共和国との国交正常化を急ぎ、激動する世界情勢の中にあって、平和外交を強力に推進していく」と表明した。この日本の動きに即座に呼応して、7月9日に周恩来は、「日中国交正常化を早期に実現したいという田中首相の談話を歓迎する」と評価し、日本政府と国交正常化交渉を開始する用意のあることを公式に表明した（人民大会堂でのイエメン政府代表団歓迎夕食会の席上での発言）。1972年9月25～29日に田中角栄は、中国を訪問し、中国側と懸案であった戦後賠償、台湾問題について議論を重ねた。双方は困難を極めた交渉を経て、9月29日に共同声明に調印し、日中両国の国交正常化を実現した。「1972年に実現した国交正常化は、中日間の新しい1ページが始まった」（周恩来）。それ以後、日中関係は「政熱」時代に入っていく。

1-2 「悪化と改善のサイクル」から「悪化の袋小路」へ
対中経済協力と制裁

　国交正常化から6年後の1978年8月12日に、日中平和友好条約が調印された（福田赳夫内閣）。国交正常化と平和友好条約締結後、日中関係は、おおむね順調に進んでいった。1978年に中国は改革開放を宣言、外国の資本と技術の積極的な導入を表明するなど対外経済政策の変化を受けて、日本政府は中国に対して政府開発援助（Official Development Assistance：ODA）を開始した。対中ODAの一つとして、1979年から2000年まで4回にわたる円借款事業（有償資金協力、複数年度方式）が実施された[2]。

　1970年代末から1980年代までの第1次対中円借款（1979～1983年度）と第2次円借款（1984～1989年度）が実施された。この時期における円借款の対象は、当時、中国経済のボトルネックとされていたエネルギー、交通・通信インフラ、運輸の分野であった。中国の経済開発に貢献するとともに、日本との関係を重視し、石炭を採掘地から、鉄道、港湾を通じて日本へ輸出することに資するために、日本政府は総合的に資金的支援を行った。外国からの資金・技術を導入すること自体、中国の対外開放政策を体現するものであり、日本の対中円借款は、中国の改革開放政策を制度化させるために資金面で支援したものと言える。

　ところが、1989年に「天安門事件」が勃発したことで、日中関係は暗転した。事件発生後、西側諸国は、中国を非難し、経済制裁を発動するなか、日本政府も中国への渡航制限、経済援助の凍結、通商規制の強化などの措置をとった。対中ODA（第3次円借款、1990～1995年度）について、日本政府は1990年度供与を凍結すると一旦発表したが、天安門事件後情勢の安定化を受け、年末に供与事業を再開した。

---

[2] 円借款とは日本政府が開発途上国政府または政府関連機関に対して、開発資金を低金利・長期という緩やかな条件で融資するという援助のことである。国際協力銀行（JICA）が担当している。

また、日本側では対中制裁の解除に向けて動き出し、閣僚の相互訪問も再開、1991年8月には海部俊樹首相（当時）が訪中し、日中関係は再び正常化の軌道に戻った。1992年には日中国交正常化20周年を迎え、その記念行事のために、4月に江沢民党総書記（当時）が日本を訪問し、10月には天皇、皇后両陛下が初めて中国を訪問した。このような一連のハイレベルな相互訪問は、停滞した日中関係の改善だけではなく、天安門事件後国際社会での孤立から中国をいち早く脱却させるうえで一役を買ったのである。

　1990年代に、日本政府は中国に対しての第3次円借款（1990～95年度）と第4次円借款（1996～2000年度）を実施した。支援の対象分野は、従来の経済発展のボトルネックを解消するためのインフラ整備から大気汚染対策、水質汚濁対策、植林事業などの環境問題、および経済格差の改善へと変わり、対象地域は沿海部から内陸部へと重点を移していった。

「政冷経熱」と「戦略的互恵関係」

　日中間には日本の中国侵略という不幸な過去（1937～1945年）が存在する。それを乗り越えて実現されたのが1972年の日中国交正常化である。しかし、国交正常化後、日本の政治家や閣僚がその過去を否定するような言動をするたびに、中国が反発することで、歴史認識を巡る日中間の対立は両国関係をギクシャクさせてきた。1998年11月に中国元首として初めて来日した江沢民国家主席は日本批判を繰り返したため、中国を嫌う日本人が急増したと高村（自民党副総裁）が指摘している[3]。

　ギクシャクし始めた日中関係にさらに火に油を注いだのが、小泉純一郎首相

---

[3] 当初江沢民国家主席は1998年9月に訪日し、「21世紀に向けた長期的な協力関係」を示す共同文書を発表することも事前に確認していた。しかし、8月下旬揚子江流域などで水害が起き、江主席が救援の陣頭指揮をとることで来日が急に延期になった。他方、江主席の後来日するはずだった韓国の金大中大統領が10月に先に来日し、日韓共同宣言には日本の「痛切な反省とおわび」が盛り込まれた。これを見た中国は、「先の戦争での中国の被害は韓国より何百倍も大きい」として「おわび」の表現を求めてきた。日本側（高村外相、当時）は「韓国と結んだ基本条約は過去に触れていない。中国とは国交正常化の際、共同宣言に『多大な迷惑をかけた責任を痛感し、反省する』と書き込んだ」とし、文書化に応じなかった。「中国元首として初めて来日した江主席は不満だったのだろう」と高村は述べている（私の履歴書 高村正彦（13）「日中韓 江氏訪日延期に胸騒ぎ 態度硬化 歯車狂わせた洪水」『日本経済新聞』。2017/8/13）。

（当時）の靖国神社参拝である。2001年に首相に就任した小泉は2006年までの在任期間中、靖国神社参拝を繰り返したうえ、首相在任の最終年に当たる2006年には8月15日に参拝を敢行した。参拝の理由として、日本の平和と繁栄は戦没者の尊い犠牲の上にあり、その気持ちを表することは当然であって、二度と戦争を起こしてはならないという気持ちからも、と語っている。この説明について中国は到底受け入れられないものとして反発を強め、首脳の相互訪問が途絶えるほど、日中関係は悪化した。ちなみに、小泉は首相退任後、靖国を参拝していない（SAPIO，2017年7月号）。在任中参拝していた時のそのいわゆる「気持ち」を表さなくなったということである。

2000年代に入り、日本政府と自民党与党内では、中国が急速な経済成長を遂げていることや、軍備拡張、途上国へ巨額の援助を行っていることなどを理由に、対中 ODA「見直し論」が高まった[4]。そして対中ODAの見直しは、円借款事業から着手され、2001年以降従来の複数年度一括審議方式から毎年度に事業内容を審議するという単年度方式へ変更、支援の重点は従来の沿海部のインフラ整備から内陸部の環境保護事業へと転換された。さらに2004年頃から対中円借款の「卒業」の議論が始まった（岡田［2008］pp.180-183）。そして、2007年には円借款事業はついに終了した。対中円借款の終了は、日中関係を巡る政治的な背景が主要な原因であったと指摘されている[5]。

日本政府は、対中円借款を「卒業」させた後も対中ODAを続けている。現在の対中ODAは、日本に直接影響する越境公害、感染症、食品の安全等の分野における技術協力、草の根・人間の安全保障無償資金協力などを実施し、また、対中ODAの大部分を占める技術協力については、日中の新たな協力のあり方として日中双方が適切に費用を負担する方法を段階的に実施するとされて

---

[4] 対中国ODA見直し論議については岩城［2005］で整理されている。
[5] 岡田は、2001年に取りまとめられた「対中経済協力計画」には対中円借款の終了（文言上）が想定されていなかったこと、2004年から2005年にかけて中国の反日デモが一部「暴徒化」するまでエスカレートしたこと、対中円借款の終了時期について中国側と調整された形跡が見当たらないことを指摘している（岡田［2008］、p.184）。

いる。例えば、2013年に四川省で発生した芦山地震の被災地において、日本の耐震免震技術や防災対策の共有・紹介等を通じ、中国側で進めている防災教育推進に関する取組を推進する「四川省における防災教育推進及び能力向上プロジェクト」を実施（費用の大部分を中国側が負担）している（外務省［2017］p.19）。

　対中援助額は2011年度には41億3900万円であったが、2015年度には9億1300万円に減少している（図表1）。現在は技術協力、草の根・人間の安全保障無償資金協力など、限定的に実施している。例えば、2015年には、無償資金協力として「草の根・人間の安全保障無償」事業が12件、技術協力事業として持続的農業技術研究開発計画プロジェクトフェーズ3（環境に優しい技術普及）（2015.04～2018.03）、四川省における防災教育推進及び能力向上プロジェクト（2015.10～2018.10）が、それぞれ実施されている（外務省［2017］p.20）。

図表1　近年における日本の対中国技術協力と無償資金協力

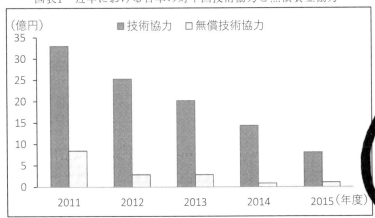

(資料)外務省[2017] p.19より整理、作成。
(注)年度の区分及び金額は原則, 無償資金協力は交換公文ベース、技術協力は予算年度の経費実績ベース。

2000年代前半において、日中間では歴史認識を巡る激しい対立と活発な貿易、対中投資といった、いわば「政冷経熱」の状態が続いていた。2006年9月に就任した安倍晋三首相は、10月に中国を訪問し、関係改善に乗り出した。日中首脳会談では「戦略的互恵関係」の構築で一致した。翌年の2007年4月には、中国の温家宝首相が日本を訪問し、日中首脳の相互訪問が再開され、「政冷」的な日中関係が一旦改善された。

　天児は1972年以降の日中関係の主要なベクトルは「日本から中国へ」であったが、1990年代を通し中国の持続的な経済成長、軍事力増強などいわゆる総合的な国力の大幅な増大と、日本の経済低迷などによって、日中間の広い意味でのパワーバランスが大きく変化し、21世紀に入ると、「中国から日本へ」のベクトルが顕著に増大し、いわゆる日中間の双方向的関係が目立つようになってきたと指摘している（天児［2004］p.27）。

尖閣という袋小路

　2010年9月7日に尖閣諸島（中国側：釣魚島）中国漁船衝突事件が発生し、事件の処理や領土問題を巡って日中関係は再び険悪化した。2012年は日中国交正常化40周年を迎える年であったが、両国間に漂ったのは祝賀ではなく、険悪なムードであった。尖閣の実行支配を進めようとして石原慎太郎東京都知事（当時）が東京都による尖閣購入を計画したが、日中関係への悪影響を懸念した日本政府（民主党の野田内閣）は9月15日に尖閣諸島の国有化を決定した。中国政府はそれに激怒、猛抗議を繰り返し、中国各地で大規模な反日デモも起きて、日中関係は一気に冷え込んだ。そのため同年9月7日に北京の人民大会堂で開催予定だった国交正常化40周年記念式典が中止を余儀なくされた。小泉純一郎首相の靖国神社参拝問題で関係が悪化した2002年の国交正常化30周年記念式典ですら、江沢民国家主席は出席したのに比べ、2012年の40周年記念式典の中止は極めて異例な事態と言わざるを得ない。

　こうして2010年以後、日中関係の不安定要因として従来の歴史認識に、尖閣問題が加わって「政冷」状態に陥った。実は尖閣は新しい問題ではない。この

問題については1972年の国交正常化交渉から2010年まで双方が両国関係の大局に立ってそれなりに対処してきた歴史がある。日中双方が適切に対処できた背景には尖閣諸島をめぐり日中が現状維持で合意し問題を事実上棚上げするという「暗黙の了解」があった。1978年10月25日に日中平和友好条約批准のため来日した鄧小平中国副首相（当時）は日本記者クラブで開かれた記者会見で、尖閣諸島について「こういう問題は棚上げに」と語っている。また、日本側でも鈴木善幸首相が1982年9月に来日したサッチャー英首相（いずれも当時）との首脳会談で、尖閣諸島をめぐり、日本と中国が現状維持で合意し「問題は事実上、棚上げされた」と言明していたことが2014年に12月30日に機密解除された英公文書で明らかにされた（共同通信ロンドン支局2014年12月30日、NHK同12月31日）。中国側では日中間のいわゆる棚上げに関する「暗黙の了解」に基づいて、民間レベルの動きがたびたび起きるものの、公的行動は極めて抑制的であった。しかし、2010年の尖閣事件と2012年の日本による国有化後、日本側が棚上げ合意さえ明確に否定するようになったことで、中国からすれば、「棚上げ合意」という縛りから尖閣問題が解放されたため、公船の活動を活発化させ、領海・領土宣言を行うなど、公的行動を好き勝手に振る舞うようなっている。今や尖閣問題を基に双方の国民感情が悪化し、日中はあらゆる問題で対立、対抗し、けん制し合っている。日中関係は改善の糸口が見つからず、従来の「悪化と改善のサイクル」から尖閣という悪化の袋小路に陥っている。

2　貿易と対中直接投資

1949年に中華人民共和国建国後から1971年まで日本政府は中国不承認政策を続けていたため、日中の経済関係は、民間分野の交流にとどまらざるを得なかった。1972年の日中国交正常化、そして1978年の日中平和友好条約締結、中国の改革開放への政策転換を契機に、日中貿易と日本の対中投資は拡大し、両国の経済関係は緊密化してきた。以下では、1978年以降の日中貿易と日本の対

中投資を、1978年～1990年、1991年～1998年、1999年～2009年、2010年以降、という四つの時期に分けて両国の経済依存を見ていくこととする。

2-1 激しい変動から安定的拡大へ
政治経済情勢の影響

1978年から1990年までは日中貿易が激しい変動を繰り返した時期である。1978年には、日中平和友好条約の締結や中国の改革開放への政策転換などによって、日中を取り巻くマクロ環境は大きく改善され、両国の経済関係は急速に緊密化していった。1980年に日本の対中貿易総額は対前年比で41.3％増加した（図表2）。しかし、1982年に日本の対中輸出が大幅に減少したため日中貿易額は14.7％減となり一気に縮小した。1970年代末の「洋躍進」政策の破綻で

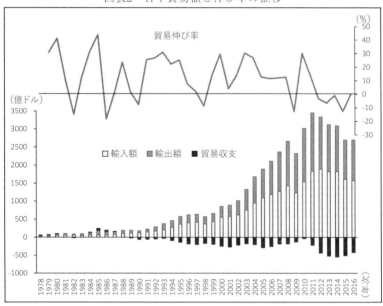

図表2　日中貿易額と伸び率の推移

（資料）日本関税協会『外国貿易概況』、経済産業省『通産白書』、財務省「貿易統計」（ジェトロによるドル換算）に基づいて作成。

1981年1月の宝山製鉄所2期工事中止とプラント輸出契約破棄などの影響が大きかったと思われる。

その後、日中貿易は回復して、1985年に43.9％と最大の伸び率を見せたが、翌年の1986年に18.2％減と最大の下げを記録した。1985年と1986年の2年間で日中貿易の最大の伸びと最大の下げを引き起こした背景には外国為替の激しい変動があった。1985年9月のプラザ合意後、急激な円高ドル安により、これまで円安ドル高の恩恵を受けていた日本の輸出は大きな打撃を受けた[6]。そのため、日本の対中輸出は1985年の73％増から1986年の21％減へと変化した。それに加えて、同年8月に中曽根首相（当時）が靖国神社に参拝したことに反発して、中国国内で反日デモ、日本製品への不買運動が起きた。緊張が高まる日中関係の影響を受けて、日本の対中輸出はもちろんのこと、対中輸入も12.8％の大幅減となった。

1980年代後半になると、日本経済のバブル化に伴う対中輸入の拡大を背景に、日中貿易は再び拡大に向かった。しかし、貿易収支では1988年から対中貿易は恒常的赤字の状態に陥った。天安門事件（1989年）による中国国内の混乱の影響を受けて、1990年に日本の対中輸出は28％減と急激に縮小し、同年の対中貿易赤字は2年前（1988年4億ドル）の15倍に相当する60億ドル近くと急激に拡大した。

1978年から1990年まで、日中貿易は拡大していたが、同期間において日本企業の対中投資はまだ少なく、第1次対中投資ブームと言われる1980年代後半においても年間数億ドルに過ぎなかった。この時期には、日本の対中ODAが日中貿易をけん引したと思われる。1989年に対中ODAは8億3200万ドルで、企業の対中直接投資額（3億5600万ドル）を大きく上回った。ODAは中国の産業が世界市場に供給できるだけの輸出競争力を達成し、日中間の水平分業が確立することに寄与したとされている（外務省経済協力局［2000］）。企業の対中投

---

[6] 1970年代末から円安ドル高が進行し、1985年始頃に約1ドル＝250円台となった。1985年9月のプラザ合意後、円安ドル高は一気に修正され、年末になると1ドル＝200円まで円相場が上昇した。

資がまだ少ないこの期間においてODAが日中貿易の拡大、両国の経済関係の緊密化に果たす役割は特に大きかったと言える。

対中投資に伴う「逆輸入」の拡大

1990年代において、バブル崩壊後の日本経済は長期的低迷期に入ったが、対中貿易はむしろ安定的に拡大した。1991年からアジア金融危機が発生した1997年まで、日中貿易の平均年間伸び率は20%にも達した。その背景には、1990年代から日本企業による対中直接投資の本格化と、鄧小平の「南巡講話」後中国における景気拡大などがあった。この時期には日本企業が第2次対中投資ブームを引き起こし、1992年から1997年まで2桁の伸び率を続けたが、1993年には86.5%増を記録した（図表3）。

日本は、対中投資ブームにつれて、中国からの「逆輸入」が急増した。例え

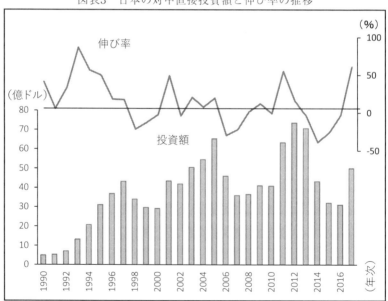

図表3　日本の対中直接投資額と伸び率の推移

（資料）中国国家統計局[各年版]『中国統計年鑑』による（ただし、2017年は商務部の速報）。

ば、対中繊維輸入の逆輸入比率は、1993年の3.4％から1997年には12％に上昇した（青木［2001］）。しかし、1997年にアジア金融危機が発生すると、その影響を受けて1998年には日本の対中貿易も対中直接投資も減少した。2000年まで日本の対中投資の特徴として、販売機能や研究開発機能の強化を志向した投資、金融・保険分野への投資、日中企業による戦略的な提携が挙げられている（柴生田［2009］ pp.13-16）。

2-2 飛躍的拡大から縮小傾向へ
日本の最大の貿易相手国に

1999年から2008年まで、日中貿易の規模は10年連続で過去最高を更新し、期間中の平均年成長率も17％に達した。2000年代に入り、日中間で歴史認識を巡る対立で政治関係がギクシャクし始めたが、経済関係は政治的緊張に鈍感な反応を見せた。中国のWTO加盟（2001年）と、北京五輪（2008年）、上海万博（2010年）に向けての需要拡大を受けて、日本企業による第3次対中投資ブームが起きた。2005年の投資額は対前年比19.8％増の65億3000万ドルに達し、3年連続で過去最高を更新した。

対中投資と生産の拡大を背景に、対中の輸出と輸入はともに拡大した。日中貿易の規模は、2006年に日米貿易と肩を並べ、2007年にはついに戦後初めて日米貿易を超えて、中国は日本にとって最大の貿易相手国になった[7]。日本の対世界貿易に占める各国（貿易相手国）の割合を見ると、中国は2000年に10.0％で、アメリカ（25.0％）の半分にも及ばなかったが、2007年には17.8％で、アメリカ（16.1％）を上回った（図表4）。

2008年にリーマンショックが発生したが、日中貿易は前年比12.5％増の2,664億ドルに達した。リーマンショックの影響を受けて翌年、2009年の日中貿易額は12.8％減少したものの、2010年には堅調な中国経済を背景に急速に回復し、

---

[7] 香港を合わせた中国との貿易額は2004年度から国別で最大となった。また、中国単独での日中貿易額（22.2兆円）が日米貿易額（20.5兆円）を超えたのは2006年度（2006年4月～2007年3月）であった（財務省統計）。

図表4　日本の貿易に占める中国とアメリカの割合の推移

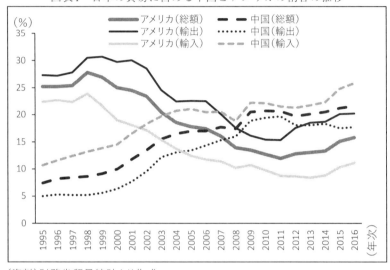

（資料）財務省貿易統計より作成。

2011年に対前年比14.3％増の3450億ドルと過去最高を記録している。他方、対中直接投資も対前年比55.0％増の63億3000万ドルになった。

失速する貿易投資

　近年においては、中国経済の減速や尖閣問題を巡る日中対立などの影響を受け、日中貿易は2012年に前値比3.3％減と3年ぶりのマイナスになった。それから2015年までの4年間で貿易減少の状態が続いていた。日本の対中輸出を対前年比で見ると、2012年に10.4％減、2013年に10.3％減と2015年に14.0％といった2桁減少となり、それが対中貿易総額の最大の減少要因であり、貿易収支の悪化要因でもある。2013年の対中貿易赤字額は523億4,000万ドルと前年比で17.8％増加し、過去最大を更新している。また、対中輸出の減少により、2013年に日本の対世界輸出に占める中国の割合は18.1％へと低下し、2007年以来6年ぶりに米国（同18.5％）に抜かれ2位に戻った。

2016年時点で日中貿易規模は2703億2000万ドルと、前年比で0.14％増加し回復の兆しが見える。輸出と輸入を見ると、日本の対中輸出は前年比4.2％増の1138億ドル700万ドル、対中輸入は前年比2.6％減の1564億4400万ドルとなっている。日本の対世界貿易に占める中国の割合は1位の21.6％であり、アメリカの15.8％を大きく上回っている。対中輸出は、アメリカの20.2％に次ぐ2位の17.7％、対中輸入は25.8％で2位のアメリカの11.1％より15ポイント近く高い。

　一方、対中直接投資は2011年に続き2012年に73億5,200万ドルへと拡大し、過去最大規模を更新したが、翌年の2013年には対前年比で3.9％減の70億6,400万ドルになった。中国経済の先行きの不透明さ、労働コストの上昇、製造業の優位性の低下、加工貿易モデルの限界などがその背景にあると見られる（滕［2014］）。

　対中投資における日本の順位は、2000年と2010年に4位であったが、2016年には前年比3.1％減の31億1000万ドルとなり、順位も前年の5位から7位へとさらに下がった。近年に外国の対中投資における日本の存在感が低下したのは、2010年の尖閣事件以来日中関係の悪化、ほかの投資国・地域に比べて中国経済の減速、人件費の向上などといった、いわゆるチャイナ・リスクを過大に見積もっているためである。

3　比較優位構造の変化[8]

3-1 貿易構造の変化
日本の資本・技術と中国の資源・労働

　1950年代から1960年代まで、日本は、中国に化学肥料、鋼材、機械などの工業製品を輸出し、中国から大豆などの農産物、希少金属などの天然資源を輸入していた。1970年代には、中国に化学品、金属品、機械、軽工業品、原料品を

---
[8] 本節は滕・房［2015］に基づいて加筆、修正したものである。

輸出したのに対して、中国からは原油類、大豆、魚介類、果実・野菜などの農水産品、繊維製品などを輸入した。このように、1950年代から1970年代まで、日本は中国に資本・技術集約的な財を輸出し、中国から土地・資源集約的な財（原油、農産物）や労働集約的な財（繊維、軽工業品など）を輸入したことになる。

中国の資源集約的財の激減と資本財の台頭

1980年以後、日中貿易の規模が拡大するにつれて貿易パターンにさまざまな変化が見られるようになった。1970年代後半から1980年代半ば頃まで、原油および粗油の輸入額は日本の対中輸入の最大品目であったが、その後次第に順位を落として、1998年にはついに上位5品目から姿を消した。それは、原油などの賦存量の一定の天然資源が、中国国内の経済成長に伴うエネルギー消費の急速な拡大により、相対的に豊富な要素から相対的に希少な要素になったからである。中国はかつて原油の輸出国であったが、1993年頃から原油純輸入国へ転じた。他方、1990年代に入ってから対中輸入の上位品目には、機械機器、金属品、化学品が相次いで進出しており、特に機械機器は1995年に第2位の対中輸入品になった。1980年代後半から1990年代にかけて、日本の対中輸入における最大の変化は、上位品目から天然資源集約的財が退き、代わって資本集約的財が進出したことにある。

対中資本財輸入の躍進

2000年代以降の日中貿易の構成を財別貿易統計（日本財務省の通関統計）で見よう。2000年に日本の対中貿易における主要な輸出財は、資本財（52.4％）と工業用原料（38.5％）で、主要な輸入財は、非耐久消費財（33.4％）、資本財（22.0％）、工業用原料（18.5％）であった（図表5）。2016年になると、対中輸出において、資本財（55.9％）の割合が日本の比較優位構造から上昇したのは予想通りであるが、工業用原材料（30.3％）は、低下したものの、依然として主要な輸出財である。

一方、対中輸入は、対中輸出に比べて多くの財について行われている。2000

第4章　中国と日本の経済関係

図表5　日本の対中貿易の構成

(単位:％)

	2000年		2010年		2016年	
	輸出	輸入	輸出	輸入	輸出	輸入
食料・ほかの直接消費財	0.46	10.85	0.35	5.01	0.54	5.10
工業用原料	38.48	18.46	30.88	15.40	30.28	16.05
粗原料	2.62	2.46	3.06	1.10	2.85	1.04
鉱物性燃料	0.79	3.91	1.48	0.58	1.18	0.50
化学工業生産品	13.01	2.87	12.57	4.93	14.39	5.49
金属	9.18	2.32	8.48	1.93	6.49	1.79
繊維品	8.13	2.72	1.90	2.06	1.74	2.17
資本財	52.40	21.96	56.29	45.48	55.93	47.47
一般機械	19.57	6.91	22.42	17.09	20.43	16.63
電気機械	25.86	12.07	22.46	24.73	22.54	26.73
輸送機器	2.36	0.48	6.10	1.76	5.73	2.18
非耐久消費財	0.83	33.44	0.66	18.60	0.87	15.74
繊維製品	0.50	27.55	0.11	14.43	0.12	11.91
耐久消費財	4.68	13.17	6.51	13.93	6.17	13.75
家庭用品	0.04	0.60	0.09	0.60	0.07	0.64
家庭用電気機器	0.20	3.04	0.12	3.00	0.16	2.82
乗用車	1.38	0.00	4.18	0.01	4.31	0.02
二輪自動車類・自転車類	0.17	0.58	0.04	0.63	0.10	0.57
玩具・楽器類	1.22	3.39	0.54	3.03	0.36	2.69
その他	3.15	2.12	5.31	1.58	6.20	1.88

(資料)財務省貿易統計(ジェトロによるドル換算)に基づいて作成。

年から2016年まで、輸入に占める資本財の割合が2割から5割近くまで大きく上昇したことは特筆すべき変化である。対照的に、食料・ほかの直接消費財は10.9％から5.1％、非耐久消費財は33.4％から15.7％へとそれぞれ大幅に低下している。対中輸入をさらに品目別に見ると、2000年から2016年にかけて、資本財の一般機械は6.9％から16.6％、電気機械は12.1％から26.7％へと上昇したのに対して、非耐久消費財の繊維製品は27.6％から11.9％へと低下した。

　要するに、近年において日本は、工業用原料としての化学工業製品、金属、繊維品と、資本財としての電気機器、一般機械などを中国に輸出し、非耐久消費財の繊維製品、資本財の電気機械、一般機械、工業用原料などを中国から輸入するようになったのである。

3-2 比較優位構造
貿易特化係数

比較優位を示す代表的な指標として貿易特化系数（NER）が用いられる（第3章）。しかし、NERの値の大小により比較優位があるか否かの判断は、Leontief（1953）における貿易収支の均衡を前提条件とするものである。輸入超過（赤字）または輸出超過（黒字）が発生する場合は、比較優位に影響を与えるため、NERの値だけでは必ずしも比較優位を十分に論じることができない。前述のように日本の対中貿易は1988年から赤字化となり、拡大してきた（2節）。そのため、貿易特化係数（NER）を用いて見た日本と中国の相手国に対する比較優位は、その可能性を示唆するものに過ぎない。NERの値は1に近いほど日本の対中比較優位性が高い可能性、－1に近いほど中国の対日比較優位性が高い可能性を、それぞれ示す。以下ではNERを用いて日本の対中比較優位の構造を見よう。

対中比較優位構造の変化

2000年から2016年にかけて、日本全体の対中NERがマイナス値を示しているため、対中貿易は比較劣位にあると言える（図表6）。NERを財別に見ると、耐久消費財の中でも資本・技術集約的製品の代表格とも言うべき乗用車（1.00～0.98：NER値。以下同じ）で日本は中国に対して圧倒的な比較優位性を持っていることが分かる。ほかに、工業用原材料、ほかの製品がプラス値となっているため、これらの産業も対中比較優位性にある。工業用原料（平均）はプラス値を示しているのは、日本企業の対中投資に伴う加工貿易の拡大によるものである。中には粗原料、鉱物性燃料、化学工業生産品、金属の比較優位性が大きく上昇した。その背景には、日本の技術加工度が高い中間財の対中輸出が拡大したことと中国に進出した日系企業向けの原料輸出が増加していることなどがあると見られる。特に鉱物性燃料はマイナス（比較劣位）からプラス（比較優位）に大転換したのは、粗原料と同様な対中輸出の増加要因に加えて、2000年代以来原油価格の高騰と中国国内におけるエネルギーの需給逼迫を背景に、

図表6　日本の対中貿易品のNER（比較優位）の変化

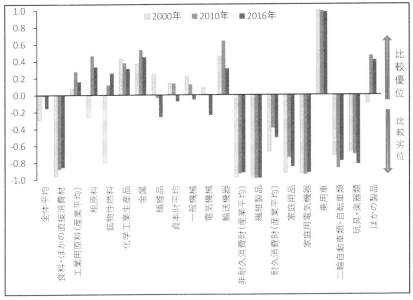

(資料)財務省貿易統計に基づいて作成。

対中輸出の急増と対中輸入の大幅な減少のためである。例えば、鉱物性燃料の対中貿易では、2000年から2010まで日本の対中輸出額は9倍以上にも拡大したのに対して、輸入額は約20％も減少した（財務省貿易統計）。

そして、資本財（産業平均）、およびそのうちの一般機械、電気機器のNERはゼロ前後の値となっていることは、これらの産業では日中双方の輸出入がほぼ均衡状態にあることを意味するものである。しかし、2000年から2016年にかけて資本財のNER値はプラスからマイナスへと変化していることから、今後日本の対中競争力（中国の対日競争力）が低く（高く）なる可能性がある。資本財の中でも一般機械と電気機械はいずれもプラスからマイナスになっている。資本財の輸送機械では、日本は一貫して対中比較優位を持つが、近年低下傾向が見られる。

逆に、2000年から2016年までの期間において中国が日本に対して圧倒的に高い比較優位性を持つ品目は、食料・ほかの直接消費財、非耐久消費財、耐久消費財である。非耐久消費財のうち繊維製品、耐久級消費財のうち家庭用品、家庭用電気製品において中国は絶対的な競争力を持っている。その背景には、これらの技術加工度・付加価値の比較的低い産業に属する日本企業が組立、検査などの手作業で対応な製造工程を中国へシフトしたため、その完成品が中国から多く逆輸入されたことが考えられる。例えば、2000年前後には消費財としての電気機器輸入に占める対中「逆輸入」の比率は3分の2（67.0％）にも達していた（青木［2005］p.103）。

　以上で見た通り、日本は資本・技術集約型の乗用車で、中国は労働集約型の非耐久消費財、食料及びその他の直接消費財で、それぞれ絶対的な競争力を持っている。また、対中輸出の拡大、現地日系企業向けの中間財と原料輸出が増加したことや、原油価格の高騰、中国国内のエネルギー需給の逼迫などを背景に、日本は工業用原料の金属、化学工業生産品、粗原料と鉱物性燃料などで競争力を持つようになった。日中双方は、資本財で一貫して中立（輸出入均衡）である。資本財の中でも、一般機械と電気機械で中国の競争力の向上傾向が見られ、輸送機器では日本は一貫して比較的高い競争力を維持している[9]。

4　日中間の国際分業構造

4-1 産業内貿易
財別貿易品の産業内貿易

　日中貿易パターンと比較優位構造の変化は、基本的にヘクシャー・オリーンモデルを用いて説明できるが、対中輸入では繊維製品のような労働集約的な財

---

[9] 本節のNERに基づいての議論は貿易均衡を前提としないほかに、貿易統計のソースが異なるとバイアスが発生する恐れもある。前述のとおり、日本の対中輸出統計（財務省）には、香港を経由した中国への輸出の一部が含まれないため、この貿易統計に基づいて算出したNERには中国の競争力を過大評価する可能性があることに留意されたい。

だけでなく、電気機器、一般機械などの資本集約的な資本財も拡大していることについては説明できない。日本は中国に対して資本財を輸出すると同時に、中国からも資本財を輸入している。日中間で資本財取引が行なわれているのは、一般機械、電気機械のような資本・技術集約的な製品分野において産業内貿易が存在すると考えられる。

産業内貿易は、同一産業内または同一品目における品質や商品属性の差別化を反映した生産・取引ネットワークが各国間で形成されるにつれてますます拡大する。そのため、産業内貿易は、各国の経済関係の緊密化をより反映するものと言えよう。特定財の産業内貿易を計るには産業内貿易指数（Intra-Industry Trade: IIT）が使われる。IITは特定財について（輸出－輸入）／輸出入総計と定義され、その値は1に近い財ほど産業内貿易の度合いが高い。

日中の資本財と工業用原料のIITは一貫して高い。例えば、資本財の場合は2000年の0.86から2013年の0.92へと上昇している（図表7）。工業用原料については、2000年の0.93から2013年の0.78へと低下しているが、依然として資本財

図表7　日本の対中貿易品のＩＩＴ（産業内貿易）の推移

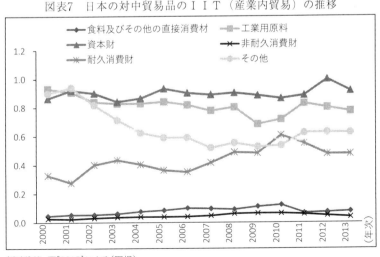

(資料)滕・房[2015]による(再掲)。

に次いで高い水準にある。このことから日本と中国の間で資本財、工業用原料において産業内貿易が活発に行われていることが明らかである。

他方、耐久消費財のIITは比較的低いが、2000年に比べて上昇している（2000年0.33、2013年0.48）。これは、対中輸入が多かった耐久消費財が対中輸入と対中輸出を並行するようになりつつあることを示している。その他財のIITは2000年の0.90から2013年の0.63へと大きく低下している。

日中で産業内貿易が活発に行われている要因の一つは、国際分業の進展にあると考えられる。例えば、資本財の一般機械については、日本が中国へ原動機、電算機類の部分品を輸出し、中国から電算機類（含周辺機器）を輸入している（図表8）。また、電気機械については、日本が中国へ半導体等電子部品、重電機器、電気計測機器を輸出し、中国から映像機器、通信機を輸入するという分業関係が見られる。

図表8　日本機械類の対中貿易特化指数

(単位:%)

	2005年	2006年	2007年	2008年	2009年	2010年	2011年	2012年	2013年
一般機械									
原動機	97.33	94.89	93.14	92.76	93.54	93.94	95.14	94.02	93.60
電算機類(含周辺機器)	-16.70	-18.85	-13.22	-24.23	-33.84	-42.24	-51.94	-57.26	-61.70
電算機類の部分品	62.04	63.44	61.92	64.90	61.76	57.27	58.76	56.01	55.89
電気機器									
半導体等電子部品	91.61	90.01	90.50	89.37	89.00	87.64	87.84	85.50	75.11
映像機器	36.96	36.66	37.62	33.62	17.25	-6.33	-10.62	7.77	-1.11
重電機器	46.39	46.34	47.62	49.96	54.29	48.89	47.35	50.03	48.49
通信機	54.38	43.49	36.26	26.65	13.86	-12.02	-32.23	-51.19	-58.09
電気計測機器	92.24	89.21	88.54	87.40	89.82	89.81	89.05	87.29	85.28

(資料)滕・房[2015]による(再掲)。

4-2 東アジアの分業構造と日本の対中直接投資

日中の国際分業は両国の貿易を活発化させているが、その国際分業の背景には何があったのか、日中間の分業構造の中で中国の製造業に対する日本の直接投資が果たす役割とは何かを見ていこう。

東アジアの三角貿易と日本の直接投資

東アジアでは、日本やNIES4（香港、台湾、シンガポール、韓国）が中国（大陸）、ASEAN諸国に中間財や資本財を供給し、そこで加工、組み立てをした後、完成品を日米欧へ輸出していくといういわゆる三角貿易に見られる分業構造が形成された。例えば、さきほど見たように、日本は中国から繊維製品のような労働集約的な財だけでなく、電気機器、一般機械などの資本集約的な財も輸入するようになっているが、その要因は電気機器を中心とする機械製造の分業体制に求められる。2000年代以降、機械製造分野において、日本をはじめ韓国、台湾、ASEAN諸国など、東アジア各国・地域が原材料、部品等の中間財を中国（大陸）に輸出し、中国国内で組み立て、日米欧市場へ輸出する国際分業が確立されている。日本の対中輸入における電気機器、一般機械の拡大はこの分業体制を反映するものと考えられる。

東アジアにおける国際分業の形成には、日本のアジア投資、特に「世界の工場」としての中国向けの投資が非常に大きな役割を果たしてきた。1985年のプラザ合意以降の円高を受けて、アジアへの投資を本格化させた日本企業は、日本のアジア投資は、最初はNIES4、ASEAN諸国（タイ、マレーシア、インドネシア、フィリピンの4カ国を中心）に集中していたが、それらの国・地域における賃金などのコスト上昇に伴い、1990年代から中国に向けられるようになった。投資の目的も、当初の生産拠点シフトから現地の消費市場獲得へと変わってきた。

日本の対中投資は、当初、繊維・雑貨・食品加工などの労働集約的産業を中心としていたが、1990年代半ば以降中国を生産拠点とする電気、電子機器、機械産業への投資も増加した。2005年以降の日本企業の対中直接投資を業種別に見ると分かるように、生産拠点の中国シフトを背景に、製造業の割合が圧倒的に高いことが最大の特徴である（図表9）。中でも、輸送機械、電気機械、一般機械向けの投資が多く、製造業投資の牽引役となっている。

日中間の相互供給体制

経済産業省によると、東アジア域内における中間財の貿易比率は大きく増加

図表9　日本の業種別対中直接投資

(単位:億円、%)

	2005年		2012年	
	金額	構成比	金額	構成比
食品	249	3.4	211	2.0
繊維	325	4.5	186	1.7
木材・パルプ	38	0.5	339	3.2
化学・医療	688	9.5	690	6.4
石油	37	-	4	0.0
ゴム・皮革	209	2.9	219	2.0
ガラス・土石	102	1.4	108	1.0
鉄・非鉄・金属	417	5.7	729	6.8
一般機械器具	507	7.0	1375	12.8
電気機械器具	950	13.1	1035	9.6
輸送機械器具	1137	15.7	2257	21.0
精密機械器具	395	5.4	1	0.0
製造業計	5634	77.6	7334	68.2
農・林業	5	0.1	0	0.0
漁・水産業	6	0.1	-	-
鉱業	5	0.1	-	-
建設業	5	0.1	10	0.1
運輸業	46	0.6	124	1.2
通信業	27	0.4	112	1.0
卸・小売業	534	7.4	1572	14.6
金融・保険	597	8.2	494	4.6
不動産業	141	1.9	803	7.5
サービス業	19	0.3	303	2.8
非製造業計	1628	22.4	3425	31.8
合計	7262	100.0	10759	100.0

(資料)滕・房[2015]による(再掲)。

しつつある。域内では、日本は中間財供給拠点となっており、また、ASEANも近年中間財の供給能力を高めている。一方、中国は、最終財の組立加工・輸出拠点となっているが、東アジア域内における中間財輸出総額に占める割合は拡大傾向にある。このように、中国・ASEANの中間財供給能力が急速に高まった結果、東アジア域内における中間財の相互供給も拡大しているものと考えられる。

経済産業省は、域内での中間財相互供給が、主にどの産業で拡大しているのか、また、産業ごとにどの国・地域が中間財の域内供給を拡大させているのかについて、電気機械にかかわる中間財の貿易額が最も大きく、域内取引が活発

化していることを明らかにしている(経済産業省[2007])。この中間財貿易の中心産業となっている電気機械分野では、2000年から2005年にかけて、従来主要な貿易フローとなっていなかったASEANから中国への輸出が大きく増加するなど、ダイナミックな産業展開が生じている。これは中間財貿易額で電気機械に次ぐ化学製品分野が貿易フローのパターンを基本的に維持したまま量的拡大をしている状況と対照的である(図表10、図表11)。

図表10　東アジア域内における中間財貿易額の変化(電気機械)

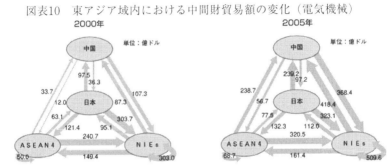

(資料)独立行政法人経済産業研究所「RIETI-TID2006」から作成。

図表11　東アジア域内における中間財貿易額の変化(化学製品)

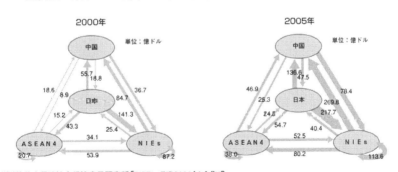

(資料)独立行政法人経済産業研究所「RIETI-TID2006」から作成。

一般的に、外国直接投資には貿易を促進する効果があると認められている。その投資による貿易促進効果は、異なる産業間より、同一産業内の取引(産業

内貿易）のほうが一層発揮される。特に、同一産業の異なる工程間の国際分業は、産業内における貿易の原動力になる。例えば、日本の対中輸入における資本財の増加と日中間の資本財における産業内貿易の進展は、中国に進出した日系直接投資企業と本国との間で行われている資本財の相互供給（輸出入）によるところが大きいと考えられる。

再び図表9に戻って、日本の対中投資の業種別割合を見てみると、日本から中国の製造業への投資は、2005年の77.6％から2012年の68.2％へと低下してきているが、世界の対中直接投資に占める製造業の割合（2012年43.7％、中国商務省統計）に比べて依然として高い[10]。輸送機械と一般機械は、中国での生産機能を強化したため、同期間に15.7％から21.0％、7.0％から12.8％へとそれぞれその割合を伸ばしている。このように、日本の対中製造業への直接投資は、日中間の中間財相互供給の形成を促している。

他方、プリンタ・複合機などの事務機器や半導体（後工程）のような組立工程では生産コストに占める人件費の割合が比較的高いため、その生産拠点の一部は中国からASEANなどへと戻っている。例えば、電気機械の割合は2005年に13.1％であったが、2012には9.6％へと低下した。また、中国における人件費の上昇や人手不足の深刻化を受け、食品、繊維のような労働集約的産業の生産拠点はASEANなど中国以外への地域へ分散する動きも出ている。

2000年代に入ってから日本企業は、中国で従来の生産拠点を強化すると同時に、現地の消費市場を獲得することを目的として販売拠点設置のための投資を拡大させている。対中投資における非製造業の割合は、2005年に22.4％であったが、2012年には31.8％へと上昇した。その内訳を見ると、同期間において金融・保険業が8.2％から4.6％へと低下しているのに対して、卸・小売業は7.4％から14.6％へと上昇しており、中国での販売機能を強化させていると見られる。

---

[10] 中国の商務省側統計には金融・銀行・証券・保険が含まれていない。この基準に従うと、日本の対中投資の製造業のシェアは、2005年に84.5％、2012年に71.4％となる。

5　日中の経済摩擦と課題

5-1 貿易不均衡の拡大と摩擦
貿易不均衡

　貿易と投資を通して日中の経済関係が緊密化する反面、両国の政治・行政面、経済・社会面の対立は先鋭化している。その上、日中間の貿易不均衡が拡大するにつれて、貿易摩擦が生じている。

　日本側の貿易統計によると、対中貿易赤字が恒常化したのは1988年である（図表2、前掲）。赤字規模は1988年に3億8300万ドルであったが、2001年に270億1400万ドルへと大幅に拡大した。2000年代後半には、北京五輪や上海万博などの国際的イベントに向けた中国の内需が旺盛だったため対中輸出が輸入以上に伸びた結果、対中赤字は一旦縮小していた。だが、2011年以降、中国経済の減速などを背景に対中輸出が低迷したため貿易収支は大幅に悪化してきた。2013年の貿易赤字額は523億4000万ドルで、前年比17.8％増加し、過去最大を更新している。他方、中国側の貿易統計では、対日貿易は1970年代から1980年代まで例外的な年を除けば、貿易赤字というのが一貫した傾向であった。1990年代に入ると対日貿易収支は黒字と赤字の交替を繰り返すようになっていたが、2002年以降は対日赤字が恒常化し、赤字の規模も2002年の50億3000万ドルから2012年の262億1200万ドルへと10年間で約5倍以上拡大した。

　日中双方の貿易統計とも対相手国に対して貿易赤字となるのは、香港を経由した貨物に対する異なる扱い方など統計上の理由によるものである。貿易統計では、通常輸入は原産地を輸入相手国とするのに対して、輸出は仕向け地を輸出相手国とするのが原則である。日本の対中貿易統計では、香港経由の対中輸出（仕向地を香港としている財）が対中輸出に計上されない。逆に、中国の対日輸出統計には同様な扱いがある。この香港経由の対相手国輸出分だけが過小評価されている。そもそも貿易赤字の基本的要因は、標準的な経済学によれば貿易相手国ではなく自国の財政収支、投資と貯蓄バランスなどのマクロ経済に

ある。とはいえ、貿易赤字の持続的な拡大は、相手のナショナリズム感情を刺激し貿易摩擦を引き起こす誘因の一つになったことも事実である。

2001年には、日本の対中貿易赤字（日本側の統計）は、それが恒常化した1988年当時と比べて、65倍に相当する規模にまで拡大した。日中間の貿易摩擦もこの頃から頻発するようになった。主なものを年ごとに列挙してみると、2000年に東芝ノートパソコン欠陥疑惑と中国消費者の不買運動、2001年に日本側の中国農産物3品目に対するセーフガード暫定措置と中国側の報復措置、2001年に三菱自動車工業の「パジェロ」の安全上の欠陥問題と中国の輸入禁止など、日本側に起因する貿易摩擦が多かった。2002年に輸入中国産冷凍ほうれん草の残留農薬問題、2004年に中国産偽粉ミルクと農薬汚染漬物問題、2008年に中国製冷凍餃子中毒事件、中国のメラミン混入の牛乳事件と日本側の製品回収・輸入品の検査強化、2010年にレアアースの事実上の対日禁輸と日本などのWTO提訴など、中国側に起因する貿易摩擦が頻発するようになった。日中間の経済的緊張が起き、特に相次いだ輸入中国産食品の安全性問題がメディアにクローズアップされたことにより、日本の消費者は輸入中国食材から遠ざかっていった。

貿易摩擦

貿易摩擦について、WTO協定上認められた不公正貿易への救済手段として、セーフガード（SG）、アンチ・ダンピング関税（AD）、相殺関税（CVD）の3つの措置が挙げられる。日中間で最も象徴的な貿易摩擦は、日本政府による対中農産物3品目セーフガード（緊急輸入制限）の臨時措置と中国の報復措置と言えよう。2001年に日本政府は、中国のネギ、生シイタケ、畳表イグサの農産品3品目に対するSGの暫定措置を発動した。これに対して中国政府は、日本製の自動車、携帯電話、クーラーの工業品3品目に対する特別関税（100％）という対抗措置を発動した。日中両国で交渉を重ねた結果、2001年12月21日に覚書を交わし、日本政府は、農産品3品目に係るSG確定措置を実施しないこと、中国政府は日本からの輸出工業品3品目に対する特別関税の追加

徴収措置を撤廃すること、農産物貿易協議会を組織して民間関係者で協議することで決着した。

今回の騒動により、一時的に双方の消費者が比較優位に基づいた対象輸入品を購入することができなくなり、より高い国産品を購入せざるを得なくなった。また、輸入により打撃を受けたとされる日本の農業（野菜産地）とは直接に関係しない輸出工業製品の業界にも犠牲を強いたというコスト問題が発生した。この貿易摩擦の直接的な要因は、中国の廉価な農産物の輸入が日本国内の農家に大きな打撃を与えたことにあるとされている。しかし、日本の少子・高齢化に伴う専業農業人口の減少や後継者難、自給率の低下などを背景に、中国の東部沿海地域を日本向け野菜の生産・輸出基地とすべく「開発輸入」（逆輸入）を行っていた日本の関係者（商社、スーパー、稲苗メーカーなど）と日本国内の野菜生産者との利害対立問題こそ、根本的な原因だと思われる。このような日本の直接投資企業による開発輸入は、農産物だけでなく、製造業にまで及んでおり、日中貿易の不均衡をもたらした原因の一つにもなった。1990年代に日本の対中投資が本格化して以降、中国からの逆輸入は急増していた。青木（2005）によると、中国からの繊維品輸入のうちほぼ全量（93.4％）は直接投資関連の「逆輸入」である。

2001年に中国と日本の間でSGを巡る通商摩擦は、中国のWTO加盟前の出来事であった。そのため、WTOで認めないSGに対する報復措置を中国に適用できなかったのも摩擦を引き起こした要因である。

一方、WTO協定上認められた不公正貿易への救済手段として中国はADを積極的に活用してきた。1995年以降2016年6月末までに中国によるAD調査のうち、日本産品が対象に含まれる案件は43件であり、うち32件についてクロの最終決定が出されてAD措置が発動され、そのうち19件については現在もAD課税が継続している。中国のAD調査には、AD協定及に照らして、損害及び因果関係の認定、手続面の問題点も多いとして、日本はAD委員会において適正な調査の実施を中国に対して要請し、また、個別のAD調査手続きにおいても公聴

会に出席して意見書を提出したりしている。例えば、日本製高性能ステンレス継目無鋼管に対する中国のAD措置を巡る紛争が起きて、2012年に日本はWTO紛争解決手続に付託し、中国によるADの運用（特に損害及び因果関係の認定）の問題点を争っていた。結局2015年に公表された上級委報告書により日本の主張が認められた（経済産業省［2017］pp.26-27）。

5-2 投資環境の変化と摩擦
知的財産権侵害

もう一つの経済摩擦は、例えば知的財産権侵害に起因する投資摩擦である。中国では、進出外国企業への商標・意匠・特許侵害等の知的財産権に係わる問題が多発しており、日本企業はとりわけ多くの被害を受けている。日本貿易振興機構（ジェトロ）による模倣品の市場調査（2013）では、日本企業が多く進出している上海市、江蘇省および浙江省における代表的な卸売市場に模倣品を販売している店舗が少なくないことが明らかにされた。例えば、上海市にある「上海北京東路賽格電子市場」では、調査対象の30店舗のうち、日系ブランドの模倣品を販売している店舗は11軒で、全体の37％を占めるという。

日本企業の製品を対象とする模倣や商標の不正登録がある一方、日本企業等外国企業を対象に特許権侵害で訴えられるケースも起きている。例えば、2001年に日本富士化水工業株式会社が中国企業の武漢晶源環境工程有限公司の特許権を侵害したとして訴えられ、2009年には5061万2400元（約7億6000万円）の損害賠償の支払いが命じられた（河野［2013］）。

さらに、冒認出願について、外国において発明・考案された特許・実用新案や創作された意匠が、中国において、発明者、創作者以外の者によって出願、登録されてしまうことや、企業の商標やキャラクターが第三者によって出願、登録されてしまうことなど事例が多数あることが、日本企業から報告されている（経済産業省［2017］pp.54-55）。

独禁法適用の強化

2008年から独占禁止法（独禁法）が施行された。近年、日本企業がこの独禁法に基づくカルテルや支配的地位濫用に関する調査や取り締まりを受け、多額の課徴金を課されたことは、日中関係が冷え込んでいる中、高い関心や様々な憶測を呼んでいる。

中国の独占禁止法当局は、2014年8月20日に住友電気工業や矢崎総業、日本精工など、日本の自動車部品メーカー12社を独禁法違反があったと認定し、9月18日に「行政処罰決定書」（中国国家発展改革委員会）を公表した（図表12）。処罰の理由は、価格カルテルを結ぶなど業界ぐるみで自動車部品の価格をつり上げる不正行為があったためとし、12社のうち10社に対して合計12億3540万元（約220億円）の罰金支払いを命じた。中国では、2008年の独禁法施行以来、過去最大規模の摘発となった。「行政処罰決定書」では、日本企業8社の自動車部品メーカーは2000年1月から2010年2月まで、4社のベアリングメーカーは2000年から2011年6月まで製品の価格情報を交換したり、不正な価格協定を結んだりしていたと、処罰の理由を説明している（中国『環球時報』

図表12　中国の独禁法違反認定と制裁を受けた日本企業

企業名	制裁金(万元)	減免率(%)
日立オートモティブ	0	全額免除
不二越	0	全額免除
デンソー	15056	60
日本精工	17492	60
住友電気工業	29040	40
矢崎総業	24108	40
NTN	11916	40
古河電気工業	3456	40
ジェイテクト	10936	20
三菱電機	4488	20
ミツバ	4072	20
愛三工業	2976	20
合計	123540	-

（資料）中国『環球時報』(2014年9月19日)より整理、作成。

2014年9月19日）。

　日中関係の緊張を背景に、独禁法適用の強化は日本企業を狙った政治的報復ではないかなどと言われている。実は今回の独占禁止法の適用は日系企業のみならず、IT（米マイクロソフト）や粉ミルク、食品などの欧米企業も対象となっている。また、国内産業の保護などを目的とした「外資たたき」に過ぎず、外資の中国ビジネスに悪影響が及ぶのではないかとも懸念されている。しかし、最近、中国国内では外資だけでなく、ローカルの蒸留酒「白酒」製造大手の貴州茅台酒廠集団（貴州省）と宜賓五糧液社（四川省）の違反行為も摘発されている。

　2014年8月には、独禁法違反の調査を受けているトヨタ自動車とホンダは、中国で提供する補修用部品の一部を値下げすると発表した。欧米企業でも、例えばベンツ、クライスラーは自動車部品価格とメンテナンス価格を引き下げ、ジャガー、ランドローバーは完成車の値下げを実施し、中国の独占禁止法当局による調査に対応する動きが見られた。中国当局は摘発をさらに強化していく姿勢を見せる日中本企業においては、社内調査や自主申告など積極的な対応が急がれる。さらに、中長期的課題として、中国でも日米欧と同じような法令順守体制を築くことが必要である。もともと、中国の独禁法の運用強化は国内産業を育成するための外資叩きではないかという疑念をもたれているが、それには理由がある。最近の独禁法調査、摘発の対象産業は、中国の国際競争力が弱いITや自動車産業などに集中している。また、独禁法の運用、執行面では当局の裁量が大きいと指摘されている（『日本経済新聞』2014年8月21日）。特に、日中間の政治的対立の中で、日本企業を対象とした独禁法の適用について「チャイナ・リスク」として捉える向きさえある。独禁法の運営強化により公正な競争環境が期待される一方、運営、執行の透明性、公正性が強く求められる。

むすび

　本章で見てきたように、戦後民間から始まった日中貿易は、1980年代までの日中の経済関係を担っていたが、1990年以降日本の対中直接投資、2000年以降中国の対日直接投資も活発化になり、ようやく貿易と投資は車の両輪として日中の経済関係を支えるようにった。

　日中の経済関係は、両国の比較優位構造から基本的に補完関係にあるが、長期的にその比較優位構造の変化により、競合する分野が増えている。競合する分野でも、中国の国際競争力の向上によるものもあれば、日本企業の対中投資の拡大に伴う日中間の産業内貿易、国際分業の深化によるところが大きい。

　日中の経済関係が緊密化するにつれて、経済摩擦も生じている。貿易摩擦については、2001年の中国農産品3品目に係わる貿易摩擦を巡る日中間の協議、調整の結果、一層の対立激化と政治問題化は避けられたが、貿易不均衡の抜本的解決には至っていない。ほかにも、食品安全問題をはじめ様々な摩擦が生じている。中国の外国投資環境についても従来の「超国民待遇」の外資政策が見直され、近年の独禁法の運用に見られるように、洋の東西を問わず中国市場における企業を対象に、規制と義務が強化されるようになっている。

　今後、さらに日中の経済関係の緊密化を図るために、知的財産権問題や対中投資環境の改善が求められる一方、中国でも日米欧と同じような法令順守意識を持つことが必要である。同時に、日中経済の構造的変化に起因する不可避な経済摩擦に対応できる貿易投資に関する制度的枠組を構築することが日中両国のいずれにとっても重要な課題である。

　最後に、本章で取り上げていなかった中国企業による日本への直接投資については、日本の対中投資に比べてまだ少ないが、近年において拡大している（2014年、前年比約4.3倍の5億9500万ドル）。中国企業の海外進出が盛んになるなか、技術やノウハウの習得という面では日本が魅力な投資先の一つになり

うる。日中の相互貿易だけでなく、相互投資が活発になれば、両国の経済関係は一層緊密していくであろう。

第5章　中国とアメリカの経済関係

はじめに

　戦後の米中関係の歴史的な転換プロセスにおいて2人の巨人がいた。1972年に中国を電撃的に訪問したニクソン米大統領と北京の中南海で彼を待ち受けた毛沢東中国共産党主席である。そこで2人が米中の和解を世界に告げた。しかし、その歴史的な転換を待っていたかのように、この2人は相次いで世界の舞台から去った。1974年8月8日にニクソンはウォーターゲート事件の責任をとる形でワシントンのホワイトハウスからテレビで全米の国民に大統領を辞任することを表明し、翌日の9日に正式に辞任、その2年後の1976年9月9日に毛沢東は中南海の自宅で激動の生涯を終えた。

　米中和解前の両国の経済関係は、戦後冷戦構造、特に1950年の朝鮮戦争勃発により途絶していた。アメリカは中国との経済的取引どころか、中国封じ込めの一環として、中国と第3国の経済取引にまで介入、阻害していたほどであった。1972年のニクソン訪中を契機に、両国の経済関係はようやく開始された。1970年代において米中貿易が徐々に増加していき、1990年代に入ると、急速に拡大し、構造変化も見られるようになった。両国間の資本進出について、1970年代から1990年まではアメリカが政府借款と米企業の直接投資の両方から対中進出を加速させるのが基本的な特徴であった。一方、中国資本による対米直接投資やアメリカ国債購入などの対米進出は2000年代に入ってから始まった。今までアメリカの対中投資が圧倒的に多かったが、2012年から中国の対米投資は上回るようなり、米中逆転した（中国側の統計）。今や米中の貿易投資について、中国とアメリカは、相互に第1位の貿易相手国となっており、アメリカが

中国にとって第2位の対外直接投資先（第1位の香港は中国特別行政区のため、アメリカは事実上第1位）であり、第4位の直接投資国（第1位の香港を除けば第3位）である（いずれも2016年時点）。また、アメリカ国債の保有において中国は他国を抑え首位の国となっている（2017年7月時点）。

米中両国の経済関係が緊密化する一方、当然ながら経済摩擦と対立も常に存在している。例えば、米中貿易の不均衡（アメリカの対中赤字）と人民元為替問題（人民元安）、中国の世界貿易機関（WTO）協定上の「市場経済国」（自由な市場で経済運営が行われる国）の承認を巡る米中の攻防などである。近年における米中摩擦の特徴は、貿易保護政策を強化しようとする自由貿易の盟主を自称していたアメリカと自由貿易ルールの順守を求める非市場経済国の中国という皮肉な対立となっていることである。最近の例を挙げると、トランプ米大統領は鉄鋼製品、アルミニウム製品に関税を課すことによる輸入制限を発動し、貿易戦争を仕掛けたことに対して、最大の標的と言われる中国は反発を強め、対抗措置を取り応戦している。

本章では、このような国際関係の下、かつての「敵対国」ではなくなったが、「同盟国」でもなく、政治や経済の分野では共通利益が多い一方、対立する「溝」も存在する、米中関係を見ていく。以下、第1節では、米中の国際関係を概観する。第2節では、貿易投資を中心に、両国経済の依存関係を明らかにする。第3節では、アメリカの対中貿易不均衡、対米投資規制を取り上げて米中の経済摩擦の実態と要因を論じる。第4節では、米中経済の将来を展望する。

1　米中の国際関係

1-1 国交正常化

中国敵視政策

第二次世界大戦が終わった1945年に、毛沢東は、「戦後の情勢として、アメ

リカは反ソ、蒋介石が反共の立場を取ることは必然の趨勢である。そのため、我々はソ連を必要とすると同時にソ連も我々を必要とする」と述べた（1945年5月中共七期党大会）。1949年の中華人民共和国建国後、1950年代を通して中国の外交政策は「ソ連一辺倒」であった。そのソ連に依存する対ソ連一辺倒は、アメリカ対決一辺倒（反米一辺倒）と表裏一体のものであった。

中国の国共内戦期（1945年～1949年）から毛沢東率いる共産党軍と戦っていた蒋介石の国民党軍を支援していたアメリカは、1949年の中華人民共和国建国以後も敗戦を喫し台湾へ逃げ込んだ国民党政権を合法的な政府として承認し、中国大陸側の共産党政権を敵視する政策を採り続けていた。1950年代の米中対立がもっとも端的に現れたのは、朝鮮戦争での直接的な軍事対決であった。中国軍（中国人民志願軍＝人民解放軍）は朝鮮戦争（1950年6月～1953年7月）に介入し、アメリカをはじめとするいわゆる国連軍と朝鮮半島で死闘を繰り広げた。そして、朝鮮半島の戦場以外でもアメリカ主導の中国封じ込め、制裁政策が実行されていた。

1960年代にベトナム戦争（1955年～1975年）が勃発すると中国は、アメリカと戦う北ベトナム（共産党勢力）を支援した。同時に、ソ連との決裂、対立から、中国の外交政策は従来の「ソ連一辺倒」から「二つの拳」（反米と反ソ）へと転換せざるを得ず、アメリカとソ連との二正面作戦を強いられた。特に、1969年にはソ連との国境紛争により、中ソの全面戦争や核戦争の可能性という重大な危機に瀕していた。一方、冷戦構造下でアメリカは、超大国のソ連と世界の覇権を巡る対決を強めるなか、ベトナム戦争で長期化、拡大化、泥沼化に陥り、それによる国内財政への圧迫が強まり、反戦運動も勢いを増した。

「小球転動大球」

ソ連との全面戦争、核戦争の危機を回避したい中国と、ソ連への対抗強化、泥沼化したベトナム戦争を収拾したいアメリカ、という米中の戦略的な思惑が見事に一致した。そのなかで、一つの出来事が米中接近へと両国の指導者の背中を押した。1971年春に開かれた第31回世界卓球選手権大会（愛知県名古屋市

で開催）で、中国選手のバスに間違えて乗り込んだ「敵国」アメリカ人選手に、中国卓球界の名将、荘則棟が握手を求め、言葉をかけ、土産も手渡した。中国政府はこの純粋にプライベートな一瞬の触れ合いを、米中関係を打開する千載一遇の好機と捉え、アメリカの卓球選手を中国へ招聘した。そして、1971年4月10日にアメリカの卓球選手団が中国大陸に足を踏み入れた。北京首都体育館で行われた米中の卓球親善試合やアメリカ選手一行の中国観光巡りが内外のメディアに連日大々的に報じられ、それが両国の対立する国民感情を大きく改善させた。

　米中和解の機運の高まりを受けて、アメリカのニクソン大統領は、1971年7月9日～11日にキッシンジャー大統領特別補佐官を秘密裏に中国に派遣し、関係改善の糸口を模索した。キッシンジャーと中国の周恩来首相が会談した結果、7月15日にニクソン大統領が翌年の1972年5月までに北京を訪問すると電撃発表し、世界をアッと驚かせた（ニクソンショック）。1972年2月21日に、ニクソンは、アメリカの大統領として初めて中国を訪問し、毛沢東や周恩来と首脳会談を行った。28日に発表された「第一次米中共同声明」（上海コミュニケ）において、アメリカは平和五原則に基づいて、中華人民共和国を承認した。米中の卓球選手による偶発的な出来事が、両国接近の直接的な契機となったことから、それ以後、繰り広げられた一連の米中関係改善の動きは「ピンポン外交」と呼ばれている。ピンポン外交は、米中だけでなく、日中関係、ひいては冷戦時代に大きな転換をもたらし、まさに「小球転動大球」（小さな卓球ボールが大きな地球を動かした）となった。

国交正常化

　1974年7月にウォーターゲート事件で下院司法委員会が大統領弾劾訴追を議決したことを受けて、ニクソンは、8月8日に辞任を表明し、翌日辞任した。一方、中国は米中和解の流れに乗り、対西側外交を展開していき、日本、西欧諸国と国交を相次いで樹立した。しかし、内政では、まだ文革大混乱期（1966年～1976年）にあり、晩年の毛沢東は、多くの病を患い体力が衰えたうえに、

1973年9月に失敗に終わった毛の後継者で「最も親密な戦友」、林彪のクーデター、1976年1月に右腕であった周恩来首相、7月に朱徳全人代常務委員会委員長（国会議長に相当）の相次ぐ死、夏に未曾有の唐山大地震などの悪夢に相次いで襲われて精神的にも疲弊したあげく、9月9日に逝去した。

1972年に始まった米中和解のプロセスは、その6年後の1979年に米中国交正常化として実現された。国交正常化に関する米中共同声明（1978年12月15日、「第二次米中共同声明」）で、アメリカは「台湾は中国の一部である」（「一つの中国」原則）という中国の立場を改めて確認すると同時に、中国はアメリカと台湾の商業的・文化的・そのほかの非公式の交流を認めた。こうして、米中両国は、朝鮮戦争以来の険悪な対抗関係から、ソ連を共通の敵とする戦略的な協力関係へと転換した。台湾問題について、アメリカは、1979年に中国大陸側の中華人民共和国と国交を樹立し、台湾側と断交したが、アメリカ内法として『台湾関係法』を制定して、台湾との実務的な非公式関係を続けることになった。

1-2 国交正常後の米中関係
米中関係の進展と動揺

1979年の米中国交正常化から1989年の天安門事件までは米中関係が安定していた10年間であった。この時期の特徴は、首脳同士の個人的な信頼関係が構築されたことにある。1979年1月28日から2月6日の間、鄧小平常務副総理・党副主席（当時）が建国後初めて、指導者としてアメリカへ公式訪問したのを皮切りに、米中のハイレベルの相互訪問と対話が活発になった。1970年代半ばに中国連絡事務所長（特命全権公使）を務めた経験を持つジョージ・H・W・ブッシュ（George Herbert Walker Bush）が、1985年10月に副大統領として中国を訪問した。この年、成都に中国で4カ所目となるアメリカ領事館が置かれることになった。

しかし、1980年代末から1990年代初めにかけて東欧の民主化、ソ連崩壊など

の世界的地殻変動に米中関係は翻弄された。世界の民主化の潮流に乗り、中国で1989年に天安門事件が勃発すると、アメリカは中国批判を繰り返し経済制裁も発動した。だが、天安門事件により暗転した米中関係の緊張は長く続かなかった。中国に対する関与政策の継続がアメリカの長期的な国益に資するものとして、ブッシュ大統領はアジア重視の戦略を提唱し、在任中議会の反対を押し切り、対中最恵国待遇の対中供与を更新した。クリントン新政権は、アメリカの対アジア重視という戦略に基づいて対中政策を形成した。クリントン政権の下で中国の人権問題、核実験、パキスタンやイランへのミサイルや同部品の輸出をめぐり、中国と対立したが、中国市場に着目し、対中最恵国待遇の対中供与を更新するなど、中国への関与政策を続け、1990年代後半には米中関係が改善した。1997年10月末に江沢民主席が中国の首脳として、天安門事件以来初の公式訪米をした。米中首脳会談後の共同声明で両国の「建設的で戦略的なパートナーシップ」を謳い、会談を通じて三つのノー（台湾独立を認めない、「二つの中国」を作らない、台湾の国連加盟を認めない）を明文化した。1998年6月にクリントンは米大統領として天安門事件後初めて訪中した。その前後に同盟国である日本や韓国に立ち寄ることはなく、対中重視姿勢を演出した。

　1999年5月にコソボ紛争においてNATOの一員であった米軍機がベオグラードの中国大使館を「誤爆」したことで米中間は険悪になったものの、事件後アメリカ政府はさまざまなルートを通じて謝罪を繰り返したうえで、翌年の2000年5月に下院議会は、中国に通常貿易関係（NTR:最恵国待遇）を恒久的に付与するための法案を賛成多数で可決、9月までに成立させ、「誤爆」に対しても十分な「賠償」を支払った。法案審議前の5月初めに、フォード、カーター、ブッシュといった中国の指導者と強い個人的な信頼関係を持つ大統領経験者が対中NTR恒久化の付与を求める書簡を議会に送付したと報じられている。世界貿易機関（WTO協定）では、加盟国が相互にNTRを恒久的に付与することを義務付けているため、中国へのNTRが米下院議会で可決されたことは、中国のWTO加盟を大きく進展させるものであった。中国政府は「米中両国の健全で

安定的な発展に大きく貢献するもの」として満足感を示した。

米中戦略・経済対話

21世紀は、世界にとっても、米中関係にとっても波乱の幕開けとなった。2001年1月20日に第41代アメリカ大統領ジョージ・H・W・ブッシュを父に持つジョージ・W・ブッシュ（George Walker Bush）が、第43代大統領に就任した。就任後わずか8カ月後の9月11日に同時多発テロ（9・11テロ）がアメリカを襲った。9・11テロにより世界的に威信を傷付けられたアメリカは、「テロとの戦い」を掲げ、アフガニスタン戦争、イラク戦争などを主導していった。しかし、アメリカの「テロとの戦い」は、一国主義のアプローチを伴うものであり、それが世界、特にイスラム教徒の人々の目に傲慢や独善と映り、アメリカへの反感が高まった。さらに、2008年のリーマンショックの発生と、それが世界経済に与えた大きなダメージは、アメリカのグローバル・リーダーシップとしての威信を失墜させた。一方、1990年代に台頭した中国は、2001年にWTO加盟を果たし、1971年の国連の議席回復による国際社会復帰に続き、世界経済の枠組みにも復帰した。2002年11月に中国共産党総書記に就任した胡錦濤執行部は、2008年に北京五輪、2010年に上海万博の開催を成功させるなど、安定した政権運営を行った。2000年代最初の10年には全盛期を迎え世界的な新興大国の地位を固めた。

　政権発足直後のブッシュ大統領は、米中関係を、クリントン時代の「戦略的パートナーシップ」から「戦略的競争相手」（Strategic Competitor）へと変更し、さらに米中関係の重要度を欧州やアジアの同盟国との関係より下げて、中国の大国化をけん制しようとする強硬姿勢を見せた。2001年4月に南シナ海で起きたアメリカ海軍偵察機と中国人民解放軍機との接触事故で米中関係は極度に緊張し、両国の世論も互いに厳しさを増した。しかし9月にアメリカで9・11テロが発生すると、テロの脅威を重大なものと受け止め、世界規模の対テロ戦争には中国の協力が不可欠だと理解するようになり、対中協調路線へと舵を切った。他方、新疆、チベットの独立過激派によるテロに悩まされている中国

は、9・11テロ直後、アメリカが掲げる「テロとの戦い」を全面的に支持すると表明すると同時に、国内における独立過激派の摘発を強化した。その「テロとの戦い」は米中の内外問題へ対処するための大義名分となり、両国関係の再構築の契機ともなった。同年10月19日に上海APEC第9回非公式首脳会議でブッシュ大統領は、米中関係を「建設的パートナーシップ」へと上方修正した。江沢民主席は、双方による「ハイレベルの戦略的対話メカニズム」や「中長期的な反テロ協力メカニズム」を提案し、それに応じた。

2000年代には、国際政治、世界経済におけるアメリカへの信頼低下と、中国のプレゼンスの高まりという大転換を背景に、アメリカの対中政策は、協調、協力へと変化した。2006年9月20日に米中双方は、両国がともに関心を持つ二国間、及び世界的規模の戦略的な経済問題を中心に議論するための「戦略・経済対話メカニズムの始動に関する米中共同声明」を発表した。同年12月14日から15日にかけて「中国の発展経路と中国経済の発展戦略」をテーマとする第1回米中戦略・経済対話（U.S.-China Strategic and Economic Dialogue: S&ED）が行われ、中国の持続可能な成長、都市と農村の均衡発展、貿易・投資の促進、エネルギー、環境と持続可能な発展について議論された。米中戦略・経済対話の枠組みには次の意図があると指摘されている。第1に、1年に2回行うという高い頻度から相互の意思疎通と理解を深める、第2に、米中間の経済問題（貿易摩擦や知的財産権の保護など）にとどまらず、世界経済全体に関する重要課題についても、戦略経済対話の枠組みで議論する、第3に既存のものにはない大局的、長期的な性格の協議枠組みになることを示すためであった（佐野［2011］pp.29-30）。2000年代は米中関係の逆転とまでは言えないにしても大転換の10年であったと言えよう。

米中関係の新時代

中国とアメリカは、ともに国連安全保障理事会の常任理事国であり、国際政治、安全保障などの面で大きな影響力を持っている。また、2010年には中国のGDPが日本を抜いてアメリカに次ぐ世界第2位になったことで、中国は世界経

済の面でも群を抜いて強力な大国となっている。国際政治経済における新しい変化を背景に、アメリカ戦略国際問題研究所のズビグニュー・ブレジンスキー（Zbigniew Kazimierz Brzezinski）と、ピーターソン国際経済研究所に籍を置くフレッド・バーグステン（C. Fred Bergsten）がアメリカと中国による「G2」（Government of Two, Group of Twoとも言う）体制の構築を提唱し、世界から大きな注目を集めている。2009年に彼らは世界経済で第1位のアメリカと第2位になると見通した中国が国際システムにおけるさまざまな課題を解決するために提携すべきだと主張している。フレッド・バーグステンは日本経済新聞のインタビュー（2010年6月6日付け）で「米中で世界を主導するG2体制という考え方を提唱した理由は極めて単純だ。今日の世界では米中の合意なしに物事は決まらない。多角的通商交渉（ドーハ・ラウンド）も、気候変動も、通貨システムもそうだ」と答えている。G2体制論は、2009年1月に発足したオバマ政権初期の対中政策に強く反映されていた。オバマ政権は、G2体制論には言及しなかったものの、「米中関係は21世紀の形を決める」（2009年7月米中戦略・経済対話の第1回会合）と述べたり、中国と気候変動や自由貿易、イランの核開発問題など多くの課題で協力していくことで合意したりするなど、協調姿勢を見せていた。

　一方、中国政府は、G2体制論を公式には受け入れていないが、自ら米中を対等な関係とする「新型大国関係」を提案している。「新型大国関係」とは、米中両国が政治体制や安全保障上の立場の相違を相互に尊重し、経済分野を中心に相互利益を最大化するという新しいタイプの関係のことを指すもので、2013年に中国の習近平国家主席がアメリカのオバマ大統領との首脳会談で提起した概念である。そして、2015年5月に北京を訪れたアメリカのケリー国務長官との会談で、「広い太平洋は二つの大国を収容できる空間がある」と述べている。

　2016年11月にアメリカのトランプが大統領に当選後、中国の不公平な貿易政策、為替問題を非難したり、台湾問題に対するアメリカの公式な立場の見直し

を言及、蔡英文の電話を受けるなど中国に揺さぶりをかけたりすることで、米中の対立が懸念された。しかし、就任後のトランプ大統領は、大方の予想に反して、中国と積極的に協力する姿勢を示した。トランプ大統領からの秋波に即座に応えて、2017年4月に習近平主席がアメリカを訪問した。フロリダ州の別荘で開かれた米中首脳会談において習近平主席は、米中関係について次のように述べた（『人民日報』2017年4月8日付け）。

①新たに構築する外交安全対話、全面経済対話、法執行・サイバー安全対話、社会・人文対話の4つのハイレベルな対話協力メカニズムを十分に用いなければならない。

②協力のケーキを大きくし、重点的な協力リストを制定し、早期の成果を多く勝ち取らなければならない。二国間投資協定交渉を推進し、双方向の貿易と投資の健全的発展を進め、インフラ建設、エネルギーなどの領域で実務協力を探究、展開する。

③敏感な問題を適切に処理し、建設的に対立を管理コントロールしなければならない。

④重大な国際問題と地域問題で意思疎通と協調を強化し、共同で関連地域のホットイシューの適切な処理と解決を進め、国を跨いだ犯罪の取り締まりなどグローバルな挑戦での協力を展開し、国連、G20、APECなどの多国間メカニズムでの意思疎通と協調を強化し、共同で世界の平和、安定、繁栄を守る。

これは習近平主席が提唱する「新型大国関係」の構想にほかならない。

2017年11月にトランプ大統領が中国を訪問した際、米中首脳会談後の共同記者会見においても、習近平主席は「発展モデルに関する考え方の違いを尊重すべき」、「米中両大国は国際社会の発展と維持に大きな責任を負っている」などと述べ、「新型大国関係」を改めて強調した。

米中関係、及び米中と世界との関係について、G2体制と「新型大国関係」は新しい概念であるがゆえに、世界で注目されているが、まだ受け入れられていない。当事国のアメリカでさえオバマ政権初期にG2を反映する政策が見られた

が、その後対中政策を転換させた。習近平主席の「新型大国関係」についてアメリカは公の場で明確に同調していないものの、公然と否定もしていない。世界の政治経済の現実に目を向ければ、地域紛争、朝鮮半島の非核化、地球環境など多くの課題について、安定した米中関係がなければ、そして米中による協力、関与なしには解決できないことは事実である。つまり、「新型大国関係」が形成されつつあるのである。

　アメリカのオバマ大統領は在任期間中、中国に対していわゆる融和的関与政策を採っていたが、トランプ大統領は、「偉大なアメリカの復活（Make America Great Again）」を国家目標として訴え、それを実現するために「アメリカ・ファースト（America First）」の政策を実行している。中国は、国家目標として「中華民族の偉大な復興」という「中国の夢」を掲げ、欧米が中心になって築いてきた国際秩序に代わる、新しい国際的枠組みを構築しようとしている。凋落し続ける既存の超大国と、復興を図ろうとするかつての超大国との対立の構図が鮮明になっており、外交、経済、安全保障・軍事などの分野で、両国の摩擦や衝突も予想されている。

　2018年1月19日に、アメリカの国防総省が「2018アメリカ国防戦略報告」概要を発表した。中国やロシアとの競争を中核に据え、両国の覇権主義を非難していることに関して、中国は反発している。その理由として、中国は平和発展の道を歩んできており、防御的な国防政策を採り、軍事拡張を行なわず、勢力範囲を追求しないこと、中国軍は積極的に国際的な責任と義務を請け負っており、その努力と貢献は、国際社会から高く評価されていること、世界覇権を追求しないこと、南シナ海で（人工）島礁を平和発展のために建設する活動を行ない、必要な防衛施設を配備しているのは、あくまでも中国の主権の範囲内でのことなどを挙げている。

2　米中の経済関係

2-1 貿易
規模拡大

　米中の経済関係を支える柱の一つは貿易である。米中貿易における両国の通関統計を見ると、双方の通関統計に差異が見られる[1]。以下では、議論を単純化するため、中国側の統計を中心とするがアメリカ側の統計との比較もあることを断わっておきたい。まず、1949年に新中国が建国した直後の対米貿易を見てみよう。中国の経済貿易部（現商務部）の貿易統計（国際収支ベース）によると、1950年の米中貿易額は約2億4000万ドルで、うちアメリカへの輸出額は1億ドル弱、輸入額は1億4000万ドル強であった。朝鮮戦争勃発以降米中の貿易は途絶したが、1972年のニクソン訪中を契機とする米中和解とともに再開された。1972年の貿易額は1288万ドルとなり、なかでも331万ドルの対米輸入額は、ニクソン米大統領訪中の様子を中継するための衛星地上局の設備であった。その翌年の1973年には、対米貿易は2億6000万ドルと前年に比べて20倍に拡大した（馬・孫［1993］p.2156）。

　1979年に米中国交正常化が実現すると、同年7月に「米中貿易関係協定」（1980年2月発効）が締結され、その後、「米中工業技術合作協定」、「米中紡績品協定」、「米中海運協定」、「米中二重課税防止協定」が相次いで締結された。米中の国交正常化と経済協定の締結を背景に、米中貿易が本格化していった。特に1990年代に入ると、対米貿易は急速に増加し、2000年代を通して拡大し続け、2017年には5835億ドルと、1990年（118億ドル）に比べて約50倍の規模へと飛躍的に増加した（図表1）。さらに輸出入別を見ると、1990年から2017年までの間に輸出は52億ドルから4295億ドルへと83倍、輸入は66億ド

---

[1] 大橋は、米中の採用している取引条件（FOB：本船渡し、FAS：船側渡し価格、CIF:運賃・保険料込み価格、CV:課税価格）、統計範囲（プエルトリコや米領バージン諸島を含むか否か）、通関時期、原産国、為替レートの差異といった技術的な問題点のほか、香港経由の米中貿易の扱い方、中国の対外貿易における貿易財の過少申告を指摘している（大橋［2016］p.74）。

から1539億ドルへと23倍、それぞれ拡大した。なお、同期間における拡大率を見ると、輸出が輸入を圧倒しており、中国の対米貿易は輸出によってけん引されていることが分かる。

図表1　中国貿易における対米貿易の割合の推移

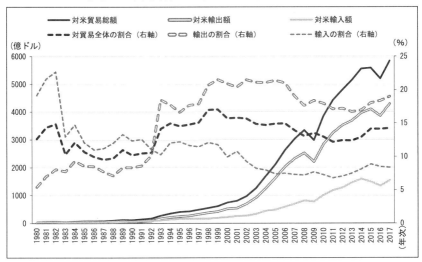

（資料）中国国家統計局[各年版]『中国統計年鑑』より整理、作成。ただし、1972年〜1980年は貿易会社ベース（経済貿易部統計）、1981年以後は通関ベース（税関統計）である。

　中国の貿易全体に占める対米貿易の割合は、1990年には10.2％であったが、1998年から1999年までの期間に17.0％にまで上昇した。1997年のアジア金融危機の影響で対アジア諸国の貿易が減少したため、対米貿易の存在感が高まったのである。2017年には対米貿易の割合は14.1％になっているが、1990年代初頃に比べて長期的に上昇している。さらに中国の輸出に占める対米輸出の割合は、1993年以降一貫して貿易全体に占める対米貿易の割合を上回っている。特に1998年から2006年までの間、対米輸出の割合は20％を超えていた。その要因は、アメリカ内においてクリントン政権下で活発であったIT投資や旺盛な住宅需要によって支えられる好景気にあった。しかし、2007年のサブプライム住宅

ローン危機(サブプライムローンの不良債権化)、2008年のリーマンショックなどでアメリカ経済が混乱すると、対米輸出はその影響を受けて輸出の割合が2013年に16.7%へと低下したが、2017年には19.0%に回復している。

先ほど見たような輸出と輸入の拡大率の格差に起因して、中国の対米輸出超過、すなわち貿易収支の対米黒字が発生している。1990年代初期頃まで対米赤字であった貿易収支は、1993年に黒字へと転じ、その後、黒字額が拡大した。2017年時点で対米黒字の規模は黒字が恒常化した1993年に比べて44倍の2756億ドルになっている。

以上のような通関統計に見られるモノの貿易以外にも、米中のサービス産業によるサービスの貿易が様々な形態によって行われている。特に、アメリカのサービス産業はアメリカの国内経済に占める比重が高い産業であり、対中貿易における有力な輸出産業ともなっている。中国側の統計によると、2006年から2016年までのアメリカの対中サービス輸出は144億元から869億元へと5倍に拡大している。2016年にはアメリカの対中サービス黒字規模は2006年の40倍の557億ドルに達している。例えば、海外旅行では、2016年の中国人訪米旅行者の一人当たり消費額は他国の訪米旅行者の平均をはるかに超える1万3000ドル

図表2　アメリカの対中サービス輸出(2016年)

旅行	1人当たり消費額 (万ドル)	旅行支出額 (万ドル)	1日当たり旅行収入 (万ドル)
	1.3	3522000	9700
教育	在米中国人留学生数 (万人)	留学生1人当たり消費 (万ドル)	消費額 (万ドル)
	35.3	4.5	159
映画	輸入配給量 (本)	映画館収入額 (万ドル)	
	51	50000	
商標権	中国へ譲渡 件(2002-16年累積)	中国で登録、使用 件(2002-16年累積)	
	54000	36716	

(資料)中国商務部[2017]より整理、作成。

であり、同年の総支出額は352億2200万ドルに達している（図表2）。ほかに、教育（中国人留学生の受け入れ）、文化・娯楽（図書、映画など）、商標権（ライセンス）などの分野で対中輸出超過となっている（中国商務部［2017］pp.25-26）。

構造変化

米中は発展段階と要素賦存が異なるため、経済構造において高い補完性がある。中国は労働面に、アメリカは土地、資本、技術の面においてそれぞれ比較優位を持っている。この比較優位構造の特徴が貿易構造に反映されている。

まず、モノの貿易について見ると、1970年代から1980年代初めまで中国はアメリカから主に農産物（例えば、穀物、綿花など）、木材、パルプ、化学繊維、化学肥料などを輸入し、特に農産物が対米輸入額の半分以上を占めていた。その後、付加価値の高い工業製品の対米輸入が拡大して、1990年代初め頃には、機械類（一般機械、運送機械など）が最大の対米輸入品となった。ほかにコンピューター、木材、パルプ、化学肥料などが輸入された。この時期には機械類と化学品類で対米輸入の60～70％を占めていた。一方、中国はアメリカに対して、主に労働集約的製品を中心に、アパレル、石油とその製品、運動器具、電気機器などを輸出していた（郭［1999］p.831）。

アメリカ側の通関統計によると、2016年におけるアメリカへの電器機器と音響機器の中国からの輸入は対中輸入額全体の27％、アメリカの同品目の対世界輸入全体の40％を占めている。また、機械器具と部品の中国からの輸入は対中輸入全体の21％、同品目の対世界輸入全体の30％を占めている。

次に、対米サービス貿易については、2016年には1181億ドルで、中国のサービス貿易全体の18％を占めており、アメリカは中国にとって第2位のサービス貿易相手国となっている。2016年には、中国はアメリカと1189件、96億4000万ドル規模の技術輸入契約を締結し、それは中国の技術輸入額全体の31.4％を占めている。他方、中国はアメリカと1337件、37億5000万ドル規模の技術輸出契約を締結し、それは中国の技術輸出額全体の16.0％を占めている（中国商務部

［2017］p.35）。

　基本的に、米中の比較優位を反映しアメリカは中国に資本財と中間財、及びサービスを、中国はアメリカに最終消費財と完成品を輸出するという補完関係が形成されている。グローバル・バリュー・チェーン（Global Value Chain: GVC）においてアメリカは生産工程の最初の段階である研究開発・設計・企画などを行うのに対して、中国は素材・部品生産ないし最終段階の組み立てを行っている。GVCにおける水平分業と垂直分業の深化に伴い、アメリカの高付加価値の研究開発・設計・企画分野と中国の低コストの素材・部品生産、組み立て分野の補完関係はますます強まっている。例えば、アップル社のiPhoneは、研究開発をアメリカで行い、組み立ての80％を中国で行っている（商務部［2017］p.19）。経済の補完関係が高まるにつれて、米中は相互依存・相互利益の共同体になりつつある。

　2016年には、中国とアメリカは、相互に第1位の貿易相手国となっており、アメリカは中国にとって第1位の輸出相手国、第4位の輸入相手国であり、中国はアメリカにとって第3位の輸出相手国、第1位の輸入相手国である（図表3）。中国とアメリカ、それぞれの貿易相手国・地域別の貿易収支を見ると、

図表3　中国とアメリカの財貿易の主要相手国・地域（2016年）

（単位：10億ドル、％）

	相手国・地域	輸出入合計		輸出		輸入		貿易収支
		金額	割合	金額	割合	金額	割合	金額
中国	アメリカ	519.5	14.1	385.3	18.4	134.4	8.5	250.7
	香港	304.6	8.2	287.7	13.7	16.8	1.1	270.9
	日本	274.8	7.5	129.3	6.2	145.5	9.2	-16.3
	韓国	252.6	6.9	93.7	4.5	158.9	10.0	-65.2
	台湾	179.6	4.9	40.4	1.9	139.2	8.8	-98.8
	世界	3685.6	100.0	2098.2	100.0	1587.4	100.0	510.7
アメリカ	中国	578.6	15.9	115.8	8.0	462.8	21.1	-347.0
	カナダ	544.9	15.0	266.8	18.3	278.1	12.7	-11.3
	メキシコ	525.1	14.4	231.0	15.9	294.2	13.4	-63.2
	日本	195.5	5.4	63.3	4.4	132.2	6.0	-68.9
	ドイツ	163.6	4.5	49.4	3.4	114.2	5.2	-64.8
	世界	3643.6	100.0	1454.6	100.0	2188.9	100.0	-734.3

（資料）関[2017]により作成。

アメリカの貿易赤字額が突出している。アメリカ側の通関統計によると、2016年時点でアメリカの7343億ドルの貿易赤字のうち対中赤字額がその約5割を占める3470億ドルである。一方中国の通関統計でも中国の対外黒字の約5割は対米黒字である。

2-2 投資
アメリカ資本の対中進出

アメリカによる中国への資金協力は、日中戦争時代（1937年～1945年）に遡る。1937年から1941年にかけて、西側諸国の中で最大の支援を行ったアメリカは中国（中華民国政府）に合計で1億7000万ドルの借款を供与した[2]。アメリカの対華支援の背景には米政財界の共通した戦後中国市場重視の姿勢があった（石井［2000］p.75）。戦後の米中相互敵視、経済関係の断絶期を経て、1979年の米中国交正常化以降、中国は政府借款と企業直接投資の両方からアメリカ資本の対中進出を受け入れた。政府借款については、1987年に直接投資の2億6000万ドルを上回る2億7000万ドルに達した（中国国家統計局［1988］）。1996年にはアメリカの政府借款の受け入れ額は最高の16億を記録した（図表4）。

しかしながら政府借款を圧倒するペースで拡大したのが、米企業による対中直接投資である。中国が受け入れたアメリカの直接投資（実際実行ベース）は、1980年代を通して拡大し、天安門事件（1989年）によるギクシャクした状態を経て、1992年の鄧小平「南巡講話」と改革開放の再出発以降本格化した。2000年にはアメリカは香港に次ぐ第2位の対中投資大国になった（第3章図表11を参照）。アメリカの対中投資は2002年の54億ドルをピークに減少しはじめ、2000年代後半から年間平均20億ドル台で推移したが、2016年には前年比47.9％増の38億3000万ドルにまで回復した。

---

[2] Young［1965］より石井が一部転載（石井［2000］p.74）。

図表4　中国におけるアメリカ資本の受け入れの推移

(資料)中国国家統計局[各年版]『中国統計年鑑』より作成。ただし、2017年は商務部の発表による。

アメリカの対中投資は、製造業に集中している。2000年代半ば頃対中投資のうち6割が製造業であった。具体的には、食品、アパレル、繊維、金属、石油、電子、通信、化学工業などである。ほかに、農業、医薬、不動産、保険及び金融サービスなどにも進出している。

中国資本の対米進出

中国の対米直接投資は、2000年代に入って徐々に増加し、特に2008年のリーマンショック後世界金融危機が発生すると、中国企業の対米直接投資は急激に拡大した。2005年に2億3000万ドルだった対米直接投資は、2016年には73倍に増加した170億ドルに達した（図表5）。2016年にはアメリカの対中直接投資（2016年38億3000万ドル）を圧倒している。

経済開発協力機構（OECD）によると、2015年末時点における中国企業の対米投資残高（ストック）は148億ドルと2010年に比べ約4.5倍の規模に拡大した。これは、中国のOECD加盟国に対する投資の平均2.6倍を大きく上回るペー

図表5　中国の対米投資額と海外投資における構成

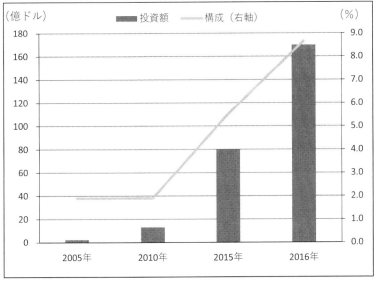

（資料）中国商務部[各年版]「中国対外直接投資統計公報」、中国国家統計局[2017]『中国統計年鑑』より整理、作成。

スである[3]。2016年には、中国の対米投資は169億8000万ドルと前年の2倍に膨張し、アメリカは中国にとって香港を除くと最大の投資先の国となった。中国の対外投資先の上位国・地域には香港、英領バージン諸島、ケイマン諸島などがあるが、それらの地域に投資した資金の一部はアメリカへ投資されることがある。そのため、中国企業による対米投資の実態は統計数字以上の規模になる可能性が高い。2016年末から中国政府は対外投資に対する管理を強化し、いわゆる「非合理的な」対外投資を規制したことから企業の対米投資も影響を受けた。

中国企業による対米投資の最も大きな分野は、不動産・サービス業である

---

[3] OECD, International Direct Investment Statistics Yearbook.

（図表6）。次に情報通信、エネルギーである。投資の形態はM&A（合併と買収）であり、M&Aによる投資額は対米投資額（いずれも累計額）全体の9割を超えている。

また、中国によるアメリカ国債保有の拡大が注目されている。前述のように、中国の対米貿易収支は、1993年に黒字化に転じた後、黒字規模が拡大して

図表6　中国企業の対米直接投資額と構成（2000年～2016年第4四半期までの累計）

(単位：上段100万ドル、下段%)

	合計		M&A型投資		green field投資	
	件数	投資額	件数	投資額	件数	投資額
農業・食料	34	7408	23	7380	11	29
自動車	128	4033	44	3202	84	831
航空	16	736	10	565	6	171
素材	85	2491	15	603	70	1888
消費財・サービス	111	6632	27	6072	84	559
エレクトロニクス	65	4928	25	4839	40	89
エネルギー	110	10553	40	10076	70	477
エンターテイメント	44	8796	27	8693	17	103
金融・ビジネスサービス	81	5825	41	5701	40	123
医療・バイオ	115	3913	72	3672	43	241
情報通信（ICT）	214	14175	93	13255	121	920
産業用機器	86	1026	26	670	60	356
不動産・サービス(Hospitality)	171	29510	130	27276	41	2235
運輸・インフラ	100	9450	9	8870	91	579
	1360	109476	582	100874	778	8601
農業・食料	2.5	6.8	4.0	7.3	1.4	0.3
自動車	9.4	3.7	7.6	3.2	10.8	9.7
航空	1.2	0.7	1.7	0.6	0.8	2.0
素材	6.3	2.3	2.6	0.6	9.0	22.0
消費財・サービス	8.2	6.1	4.6	6.0	10.8	6.5
エレクトロニクス	4.8	4.5	4.3	4.8	5.1	1.0
エネルギー	8.1	9.6	6.9	10.0	9.0	5.5
エンターテイメント	3.2	8.0	4.6	8.6	2.2	1.2
金融・ビジネスサービス	6.0	5.3	7.0	5.7	5.1	1.4
医療・バイオ	8.5	3.6	12.4	3.6	5.5	2.8
情報通信（ICT）	15.7	12.9	16.0	13.1	15.6	10.7
産業用機器	6.3	0.9	4.5	0.7	7.7	4.1
不動産・サービス(Hospitality)	12.6	27.0	22.3	27.0	5.3	26.0
運輸・インフラ	7.4	8.6	1.5	8.8	11.7	6.7
	100.0	100.0	100.0	100.0	100.0	100.0

（資料）Rhodium Group "china-investment-monitor"（増田［2017］）による転載。
（注）上段は投資件数と投資額、下段は構成比をそれぞれ示す。

第5章　中国とアメリカの経済関係

いる。アメリカの貿易赤字によって国内から流出したカネを得た貿易黒字国の中国は、アメリカ株やアメリカ国債へ投資することでアメリカへマネーを還流させている。2000年（6月時点）に、中国は675億ドルのアメリカ国債を保有していた（図表7）。それはアメリカ国債の外国保有総額の5%にもならなかった。その後、中国は2000年代を通して右肩上がりで保有額を増やし、リーマンショックが起こった2008年には7274億ドル（12月時点）に達して日本の6260億ドルを抜いて世界第1位のアメリカ国債保有国となった。しかし、これまで拡大し続けてきた中国の保有額は、2013年以降低下傾向を辿っている。その背景として、中国の対外投資の多様化や金融当局による資金流出を防ぐための通貨・人民元市場への為替介入（ドル売り・元買い）があったと見られる。2017年6月時点で、中国のアメリカ国債保有は前年比8％減の1兆1465億ドルになったが、それでも外国が保有するアメリカ国債総額の18.6%を占め、依然としてアメリカ国債保有の第1位を維持している（図表8）。

図表7　中国のアメリカ国債保有額と伸び率の推移（6月時点）

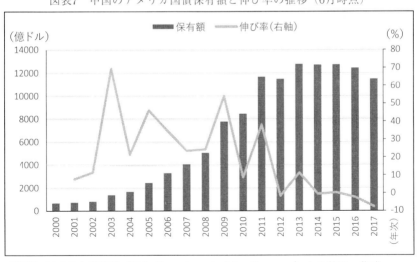

（資料）アメリカ財務省（U.S. Department of the Treasury）より整理、作成。

図表8 アメリカ国債の国・地域別保有残高（海外引き受け分、2017年6月時点）

(単位：億ドル、%)

	残高	構成
中国	11465	18.6
日本	10900	17.7
アイルランド	3025	4.9
ブラジル	2697	4.4
ケイマン諸島	2540	4.1
スイス	2445	4.0
英国	2373	3.8
ルクセンブルグ	2117	3.4
香港	2026	3.3
台湾	1844	3.0
その他	20281	32.9
合計	61713	100.0

（資料）アメリカ財務省（U.S. Department of the Treasury）より整理、作成。

2-3 貿易投資と米中の経済発展

貿易

　貿易投資を通じた米中の経済関係の緊密化は両国の経済発展に大きく寄与している。モノの貿易について見ると、アメリカは中国にとって第1位の輸出相手国であり、2016年にはアメリカへのモノの輸出額だけでも3851億ドルに達し、中国のGDPの3.4%を占めている。中国の通関統計によると、2016年には、中国の電機製品の対米輸出額は、2369億ドルに達しており、アメリカは中国にとって海外で最大の電機市場となっている。他方、アメリカも米中貿易から大きな利益を得ている。アメリカの通関統計によると、中国のWTO加盟後である2001年から2016年までのアメリカの対中輸出は、192億ドルから1156億ドルへと15年間で6倍に拡大した。これは同期間におけるアメリカの対世界輸出全体の平均である2倍（2001年7291億ドル、2016年14546億ドル）を大きく上回っている。中国はアメリカにとって最重要な貿易相手国、特に農産物とハイテク製品の市場となっている。中国商務部によると、中国はアメリカの大豆と航空

機の最大の市場で、綿花、自動車、集積電子回路の第2位の市場である（中国商務部［2017］ p.22）。また、近年においてアメリカは、シェールオイルの生産拡大で世界一の原油産出国になっているが、その第1位の輸出相手国が中国である。

投資

また、投資について見ると、近年中国の対米投資は加速している。米中貿易において対米輸出超過となった中国は貿易黒字の一部でアメリカへの投資を行っている。他方、アメリカ企業も対中投資を行い、その収益で対中輸入超過（貿易赤字）の一部を補填する形となっている。

アメリカの対中投資と中国の対米投資について、2011年までは前者が圧倒的に多かったが、2012年から逆転し、中国の対米投資がアメリカの対中投資を上回るようになったことは前述したとおりである。中国の対米投資企業は自社の利潤最大化を追求するとともに、投資先にも大きな利益をもたらしている。中国商業部によると、在米中国企業は、アメリカに製造業を中心とした14万人の雇用をもたらしている（中国商務部［2017］p.28）。他方、対中投資をしているアメリカ企業自身も大きな収益を上げている。中国商務部によると、2015年における在中アメリカ企業の営業収入は約5170億ドル、利益額は360億ドルを超えており、ほとんどの在中アメリカ企業が好業績を挙げている（中国商務部［2017］p.27）。もちろん、アメリカ企業の対中投資が中国の経済成長に必要な資本のほか、技術、経営ノウハウを提供していることは言うまでもない。

3 米中の経済摩擦

3-1 WTO加盟を巡る米中摩擦
加盟前の攻防

中国は1980年代の半ばごろからWTOの前身であるGATTへの復帰交渉を開始したが、1995年にGATTからWTOへの移行に伴い、WTO加盟に切り替えて交渉を続けた。WTO加盟協定の基本原則の一つは、いずれかの国に与える最も有利な待遇を、ほかのすべての加盟国に対して与えなければならないという最恵国待遇原則（Most Favoured Nation Treatment: MFN）である。中国はWTO加盟のためMFN問題について加盟国のアメリカ（GATTの創設国でもある）との困難な二国間交渉をしなければならなかった。アメリカは、中国へのMFN付与を1年ごとに更新してきたが、1989年に勃発した天安門事件を契機に、中国の人権問題を強く意識するようになった。また、1996年に台湾海峡危機[4]が発生すると、台湾の安全保障問題も浮上した。このように1990年代に中国へのMFN付与の更新を巡って人権や台湾などの政治的理由でアメリカと中国は対立と妥協を繰り返し、中国のWTO加盟交渉を大きく遅らせていた。

そもそも、WTOやMFNは自由貿易を追求するための通商体制であるが、アメリカは人権問題の改善、台湾問題などを付与の条件とし、MFNを審議、更新したことから、WTO加盟に支障が生じ、それに対して中国は激しく反発した。クリントン政権は、アメリカ経済のため中国との貿易関係を重視しMFNの更新を主張する声が政権内部で高まったことを受けて、MFN更新を中国の人権状況と切り放すという方針を打ち出した。そして、2000年5月24日に中国に対する恒久的通常貿易関係（Permanent Normal Trade Status: PNTR）を付与する「2000年合衆国・中国関係法案」が下院本会議で可決された。

---

[4] 1996年3月,台湾初の選挙（いわゆる「総統選挙」）に圧力を加えるため、中国が台湾海峡沖でミサイル軍事演習を行ったのに対して、アメリカはインディペンデンス等空母2隻を派遣したことで、緊張が高まった。

1980年代末から2000年代初めまで、アメリカのブッシュ（父）、クリントン、ブッシュ（子）の三つの政権時代におけるアメリカの対中MFN更新に対する議会の対応について、軽部が次の特徴を指摘している。第1に、任期が2年と短い下院が、選挙区の利害を超えて結集しやすい対中 MFN を実績作りに利用した側面があったことが考えられる。一部の議員を除けば,議会が対中MFN更新の是非を議論するのは、人権重視を強調するための象徴的な行為だった。第2に,MFN 更新を討議する議会の政治的目的は時間とともに変質していった。天安門事件直後の議会は中国の人権状況に対して深刻な懸念を抱いていたが,天安門事件から時間が経過するほど、MFNの更新は中国の人権状況改善を求めるより、アメリカの国内政治の「事情」で議論された。第3に、安全保障上の問題が生じたときは、米中関係の重要アジェンダに関するコンセンサスが大統領と議会の間で形成されてきた（軽部［2005］p.67-68）。

加盟後の「市場経済国」認定問題

　中国は2001年にWTOに加盟した際、当初15年間は「非市場経済国」として扱われることを受け入れたが、この措置は2016年12月11日にすでに失効したはずである。しかし、アメリカ、欧州連合（EU）、日本などはダンピング防止関税に関する規則で依然としてこの扱いを継続しているため、中国政府は反発を強めている[5]。WTO協定によると、非市場経済国の場合、ダンピング・マージンを算定する際に当該国の国内価格は比較可能な価格とみなされず、「代替国の国内価格」が恣意的に適用される。そのため、非市場経済国に対するアンチダンピング税（AD税）については、ダンピング・マージンが高目に設定されることになる。

　中国は2016年12月以降、自動的に市場経済国に移行すると主張しているが、日米欧は認定の可否をそれぞれ判断するとしている。オバマ前政権時代、アメ

---

[5] WTO 2016 NEWS ITEMS, "China files WTO complaint against US, EU over price comparison methodologies"（https://www.wto.org/english/news_e/news16_e/ds515_516rfc_12dec16_e.htm. 2017年8月30日アクセス）。

リカはEUと足並みをそろえて市場経済国と認めない方針を表明した。アメリカが中国に対してWTO制度上の市場経済国認定に反対する最大の理由は、中国政府の優遇措置に支えられた鉄鋼メーカーなどの廉価な輸入品による不当な安値競争（ダンピング）に歯止めがきかなくなる恐れがあるからである。アメリカによる対中AD提訴件数は、1990年代以降多発し、1994年には14件と最多となった。その後いったん減少したものの、2000年以降再び多発するようになっている（陳［2008］p.21）。中国を市場経済国と認定すれば、AD税を発動しにくく、中国製品のダンピングに対する抑止力がなくなり、国内経済に悪影響が及ぶと懸念されている。

　中国は自国を市場経済国と認めなかったEUとアメリカを2016年12月にWTOに提訴した。しかし、2017年にEUは引き続き、市場経済国不承認を表明した。アメリカのトランプ政権もEUと中国の紛争で第三者（代替国）として承認しない見解をWTOに通知した。アメリカの不承認について、中国政府（商務部）は、「アメリカ政府のやり方はWTOのルールを無視するもので、『代替国』と『市場経済国』を一緒にして混乱させようとしており、中国は強い不満と断固たる反対を表明する」と述べた。さらに、「WTOは市場経済国の判定基準を設けていない。アメリカは中国とEUとの紛争における当事者でもない。『中国のWTO加盟議定書』第15条のダンピングをめぐる『代替国』の規定は2016年12月11日に失効しており、すべてのWTO加盟国はこの日以降、中国に対するダンピング調査や採決で『代替国』措置を用いてはならない」と反発している[6]。

　オバマ前政権に続き、トランプ政権が改めて市場経済国の認定を見送ったことで、米中の貿易摩擦が一段と激しくなる恐れがある。大橋は「国家資本主義」と呼ばれ、国有企業を通じて政府による恣意的な市場経済への介入が行われている中国を、市場経済国と呼べるのか。国有企業による鉄鋼製品のダンピ

---

[6]　人民網（http://j.people.com.cn/n3/2017/1204/c94476-9300368.html, 2018年3月14日アクセス）。

ングが疑われているのに、市場経済が健全に機能しているといえるのかと疑問を呈している（大橋［2016］pp.83-85）。

3-2 貿易不均衡と人民元為替

中国商業部の報告書では、アメリカ側から見た問題点として米中貿易不均衡、人民元為替、生産過剰（生産能力過剰）、市場開放、知的財産権が挙げられている。ここでは米中貿易不均衡、人民元為替を取り上げて見よう。

中国の対米貿易収支は、1993年に黒字化に転じ、特に2001年のWTO加盟後、黒字額が拡大し、2017年時点で対米黒字の規模は2756億ドルになっていることは前述（第2節）のとおりである。中国の対米黒字は、すなわちアメリカが対中赤字の状態であることを示している。アメリカ側の通関統計によると、2017年の対中貿易赤字は前年比8.1％増の3752億となった（2018年2月6日アメリカ商務省発表）。これは2001年の赤字規模830億ドルに比べて4.5倍に拡大し

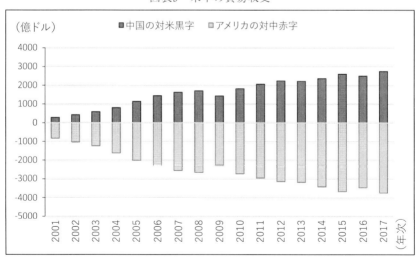

図表9　米中の貿易収支

（資料）中国国家統計局、アメリカ商務省の貿易統計より整理、作成。

ている(図表9)。アメリカの対中赤字がアメリカの赤字全体の約半分を占めていることから、米中の大きな摩擦要因となっている。例えば、アメリカのトランプ大統領は、就任前の大統領選挙で中国の対米黒字を繰り返し非難していた。就任後トランプ大統領は過激な中国批判を控えているが、2017年3月31日に中国を主要な対象国とする「貿易赤字の原因調査」を命じる大統領令を出した。

米有力シンクタンク、エコノミック・ポリシー・インスティテュート(Economic Policy Institute: EPI)によると、中国に対する大幅な貿易赤字により、2001年から2015年までの間にアメリカで340万人の雇用が失われたとされている。EPIによると、中国からの輸入品への強い依存や中国の不公平な貿易慣行などがアメリカの製造業の空洞化につながっている。貿易赤字で失われた雇用のうち、4分の3を製造業が占めた(『日本経済新聞』2017年2月1日)。

以上において、アメリカが問題としているのはモノの貿易である。中国の商務省報告では、モノの貿易についても、米中の統計制度の相違、中継貿易、再輸出などが原因でアメリカ側は対中赤字を過大評価していると指摘されている。例えば、アメリカ側の統計は2008年から2014年までのモノの貿易を平均19％過大評価しているという米中共同研究で明らかにされた例を挙げている。しかも、米中間ではモノの貿易だけではなく、サービス貿易も行われている。2016年には中国の対米サービス貿易における赤字は557億ドルに達し、それは中国のサービス貿易における赤字全体の23.1％を占めている(中国商務部[2017] pp.42-43)。

米中貿易における不均衡の原因について、アメリカは為替操作による人民元安とその過小評価された人民元を盾にした中国製品の不正廉売にあると主張している。これに対して、中国商務部の報告書では、米中貿易不均衡は、基本的に両国の産業構造、産業競争力、国際分業に基づいた結果であり、人為的要素によるものではないとし、アメリカの貿易赤字は、実はアメリカがほかの国の貯蓄で自国における生産を超えた消費需要をカバーしていることによ

るとしている。この点はマクロ経済における三面等価の理論から説明できる（章末補論を参照）。また、GVC（グローバル・バリュー・チェーン）では貿易黒字が中国側に表われても、利益（付加価値）はアメリカにあるため、結局相互利益となっている。そして、アメリカの雇用（失業）問題の原因は、対中赤字ではなく、科学技術の進歩、産業構造の高度化にあるとされている（中国商務部［2017］pp.43-45）。ジョンソン（Robert C. Johnson）は米中の貿易収支の赤字・黒字に過剰な反応をすべきではないと述べている。その理由は、実際付加価値輸出額をもとにすれば、アメリカの対中赤字は2割以上縮小するからである。例えば、アメリカは中国に対して大幅な貿易赤字であっても、実は中国がほかの国の中間財を加工してアメリカに輸出しているだけなのである（Johnson［2014］pp.125-131）。

3-3 ハイテク製品輸出規制、対米投資規制

他方、中国商務部の報告書では、中国側にとっての問題点として、前述の市場経済国認定問題のほか、対中輸出制限、対米投資企業への不公平的な待遇、DAの乱用が挙げられている。

米中貿易における不均衡の原因について、中国は、アメリカがハイテク製品の対中輸出を制限しているため対中輸出が増えないと批判している。アメリカでは、国家の安全保障を理由に、軍事転用可能な民生品、ソフトウェア及び技術の輸出を規制している。中国経済の急成長と米中関係の緊密化に伴い、中国においてアメリカ製品の市場シェアは拡大するものの、アメリカの安全保障にかかわる製品や情報の漏洩を懸念し、逆にハイテク製品の対中輸出規制を強化している。中国商務部報告書によると、中国のハイテク製品輸入に占めるアメリカの割合は、2001年に16.7％であったが、2016年には8.2％へと低下した。対中ハイテク製品の輸出制限は冷戦時代の思考に基づくものであり、対中貿易不均衡（赤字）の是正のためにもならないと批判している（中国商務部［2017］pp.57-58）。

また、アメリカでは外国企業によるアメリカ企業の買収に対して安全保障の視点から審査が行われている。近年において、中国企業による対米投資、特にアメリカ企業の買収案件についてアメリカは国家安全保障への影響から警戒が強まっている。中国企業の対米進出の拡大とともに、アメリカ外国投資委員会（Committee on Foreign Investment in the United States: CFIUS）による買収案件の審査が強化されている（中国商務部［2017］p.58）。アメリカが受け入れた外国投資において中国は1％未満しか占めていないが、CFIUSが審査した買収案件において中国企業は2012 年から2014年まで、累計68件と3年連続で最多であった（図表10）。

図表10　CFIUS の主要国別審査件数

	2005年	2013年	2014年
中国	23	21	24
英国	17	7	21
カナダ	13	12	15
日本	9	18	10
フランス	8	7	6
オランダ	9	1	8
そのほか	35	31	63
合計	114	97	147

（資料）アメリカ財務省資料によりジェトロが作成。

　投資企業への審査強化の背景には、中国企業による対米投資の急増に対し、アメリカ内では次のような戸惑いと懸念があると指摘されている（増田［2017］pp.50-51）。
　第1は、中国資本の急激な流入によるアメリカの安全保障上の懸念と警戒感の広がりである。なかでも、議会からのCFIUSによる審査の強化を求める意見が多数ある。
　第2は買収された企業に対する中国政府の影響への懸念である。国有企業ばかりでなく民有企業に対しても、軍、党や政府からの介入の懸念がある。
　第3は、国家安全保障に対する範囲の広がりである。例えば、農業・食料分

野においても供給や研究開発への影響が懸念されている。VIPが宿泊するホテル等の買収も、盗聴に対する懸念など、「情報セキュリティ」から不安視する意見がある。

トランプ政権でも安全保障の観点からCFIUSの審査範囲の拡大や監視強化を求める声が閣僚からあがっており、今後一層の厳格化に傾く可能性がある（日本貿易振興機構［2017］p.8）。

3-4 米中貿易戦争に発展か
アメリカによる鉄鋼・アルミ関税

トランプ米大統領は、中国などの不当廉売の影響で国内の供給力が落ち、武器製造や防衛技術の維持が難しくなっているとの安全保障上の理由から、2018年3月1日に鉄鋼に25％、アルミに10％の関税を課す方針を表明した。WTO協定では、一方的な輸入制限を禁じているが、安全保障が理由であれば例外扱いできる。トランプ大統領の方針表明の前に公開された米商務省の「通商拡大法232条報告書」（2月16日）でも、「鉄鋼とアルミニウムの過度な輸入がアメリカの関連産業の衰退とアメリカ経済の悪化につながり、アメリカの安全保障を脅かす恐れがある」としている。

アメリカが鉄鋼・アルミの輸入制限方針を示した最大の理由は、中国による鉄鋼の過剰生産問題にほかならない。中国の鉄鋼の過剰生産と安値での輸出の急増を背景に、鉄鋼をめぐる米中摩擦が生じている。この問題は、オバマ米政権に遡る。中国が過剰に生産した鉄鋼をアメリカに安値で輸出し、アメリカの鉄鋼メーカーに損害を与えたことを問題視して、アメリカ政府は中国による鉄鋼のダンピング（不当廉売）に対する対抗措置を強めていた。2016年6月に米商務省は、中国などの国・地域から輸入される耐食鋼、冷延鋼板がダンピングされているとして、AD税を課すことを決定したが、なかでも中国の関税率は耐食鋼が209％、冷延鋼板が265％と最も高い。

これまで中国製品にはAD税を課しているが、それは特定の国からの限ら

た製品に課すだけで、第三国を迂回した輸入品には効果が限られるため、アメリカは中国に限定せず、多くの国を対象に輸入制限措置を実施するものとしている。

　また、2018年3月22日にトランプ大統領は、中国からの輸入品に600億ドル（約6兆4000億円）相当の追加関税や中国企業によるアメリカ内の投資を制限する制裁を発表した。さらにアメリカ政府は、アメリカ企業への技術移転の強要はWTOのルールに違反しているとして、WTOに提訴する構えを見せている。

中国による報復措置

　一方、中国は、米鉄鋼産業の危機の原因は中国ではないと反発している。鉄鋼の過剰生産は世界経済の低迷のためだとし、経営難に陥ったアメリカの鉄鋼メーカーを保護するため、AD税を乱用しているとアメリカを批判している。アメリカとの貿易戦争について恐れていないと表明するとともに、「必要な措置」による報復の準備があるとして対決姿勢を強めている。中国は、まずアメリカからの輸入品128項目に2018年4月2日から最高25％の高い関税をかけると発表した。中国はアメリカから輸入する果物やワイン、シームレス（継ぎ目なし）鋼管など120項目に15％、豚肉など8項目に25％の税率を上乗せした。高関税の対象になるアメリカ産128項目の2017年における総額は約30億ドル（約3100億円）にのぼるとされる[7]。さらに中国政府は2018年4月4日に、アメリカが対中制裁の品目案を公表したことへの報復措置として、大豆や自動車など106品目のアメリカ製品に25％の追加関税を課すと発表した。中国が報復対象としたアメリカ産品の2017年の輸入額は約500億ドル（約5兆3000億円）となる。

近年における摩擦激化の背景

　世界第1、第2位の経済大国による貿易戦争への懸念が一段と高まっている。

---

[7] 朝日新聞デジタル（https://headlines.yahoo.co.jp/hl?a=20180402-00000035-asahi-soci）

米中貿易摩擦の背景には、中国による鉄鋼の過剰生産問題があることは前述したとおりである。また、アメリカでは中国企業による知的財産権の侵害に対して大きな不満が存在している。中国が外国企業による買収に関する規制で技術移転を強要するなど「不当」な行為が幅広く行われ、アメリカ企業にとって不公平な条件を適用したり、戦略的分野に投資するようしむけたり、サイバー攻撃を後押しあるいは実施したりしていると指摘されている。

米中摩擦の背景には将来の技術覇権を巡る争いもある。米通商代表部（USTR）が選んだ対中制裁品は工業製品が多い。産業機械、航空機、船舶、鉄道、電気自動車、医薬品など対象は多岐にわたるが、USTRは「（中国の産業政策）「中国製造2025」に基づいて品目を特定した」と説明している。「中国製造2025」は産業を高度化し、2049年までに世界一の製造強国になることを目標に掲げた戦略である。ナバロ米通商製造政策局長は「『将来の新興産業はすべて中国が独占する』と世界に宣言しているようなものだ」と批判している。産業ロボットや航空宇宙など10の産業が重点分野に選ばれているが、制裁案はこれを狙い撃ちしている（『日本経済新聞』2018年4月4日）。

しかし、米中貿易摩擦が激化した理由は経済分野だけではない。なぜトランプ大統領がそれほどまでに貿易戦争に意欲的なのかについて、リチャード・カッツ（Richard Katz）は11月に中間選挙を控える中、トランプ大統領は、貿易戦争が自らの支持基盤を固めるだけでなく、接戦州における支持者を増やすうえでも重要だと考えていると指摘している。実際、先の大統領選では、貿易戦争をブチ上げることによって、これまで民主党に投票するのがつねであった中西部の「ラストベルト」と呼ばれる5州で勝利し、大統領に就任している[8]。

勝者なき戦い

米中経済摩擦が激化した場合、両国ともに大きな損害を被ることになる。まず、輸入された中国製品への関税はアメリカの消費者に対するコストに上昇を

---

[8] 東洋経済オンライン（https://headlines.yahoo.co.jp/article?a=20180401-00214825-toyo-bus_all&p: 2018年4月6日アクセス）

もたらす。また、中国による報復措置が発動された場合、米経済の主要部門である農業や航空産業などが打撃を受ける。本章の第2節で見たように、2016年には、中国はアメリカにとって第3位の輸出相手国、第一位の輸入相手国である。中国はアメリカの大豆と航空機の最大の市場であり、綿花、自動車、集積電子回路では第2位の市場である。米農務省によれば、アメリカの農家における今年の所得は2006年以降の最低水準に低下する見通しである。既に一部の農家が廃業に追いやられ、種子・化学品・農機具メーカーの利益が圧迫されている（Jesse Newman, Jacob Bunge and Benjamin Parkin［2018］）。米農業連合会（AFBF）を率いるジッピー・デュバルは「アメリカの農業にとって、これ以上あり得ないほど悪いタイミングだ」と述べた（Jesse Newman, Jacob Bunge and Benjamin Parkin［2018］）。アメリカや他国で豊作が数年続いたこととアメリカ政府の貿易拡大政策を背景に、農産物の輸出は拡大している。その輸出はここ数十年でアメリカの農家の経済を変容させた。収量の高い種子や大規模な家畜生産、物流網の効率化への投資により、アメリカの農家はトウモロコシから鶏肉に至る食品の主な供給源になった。養豚農家は、豚肉の輸出拡大を見越して、頭数を増やしたり、食肉加工会社は巨大な加工工場を建設したりしてきた。中国によるアメリカ農産物への制限策は、特に豚肉生産者に打撃を与える[9]。

　大豆は中国の対米報復制裁で最大の「武器」と見られている。対中輸出が落ち込めばアイオワ州など、トランプ大統領を支持する農業生産の盛んな州を直撃するためである。アメリカの昨年の中国向け大豆輸出は120億ドル相当で、対中農産物輸出では最大の品目となっている。しかし、中国の対米報復制裁は中国自身も被害を受ける可能性がある。例えば、大豆はアメリカに代わる輸出国を見つけたり、ほかの農産物に置き換えたりすることが難しく、中国企業にも痛みを強いることになりうる。キャピタル・エコノミクスのアジア首席エコ

---

[9] Trump announces tariffs on $60bn in Chinese imports, 22 March 2018
 （http://www.bbc.com/news/business-43494001, 2018年3月31日アクセス）

ノミストであるマーク・ウィリアムズは「アメリカを除くと、世界には中国の需要を満たすのに十分な大豆はない」と指摘している。「中国が輸入への依存度を引き下げる場合、いくつか選択肢はあるが、国内でコスト増を回避しながらアメリカの農家に打撃を与える特効薬などない」とされている[10]。つまり、米中貿易戦争が勃発すると両者に痛みが生じる。摩擦の激化を避けるため両国は水面下で交渉も進めている。

むすび

　以上、米中関係を見てきた。1972年のニクソン訪中を契機に、米中の国際関係が敵対から正常化へと転換するとともに、貿易投資を通じて経済関係も緊密化してきた。他方、米中の経済摩擦は激しさを増している。近年における米中関係の動向について、日本国際問題研究所（JIIA）が研究レポート（以下、JIIAレポートと略す）を公表している。JIIAレポートでは米中のパワー均衡の変化について次のように指摘している。中国の相対的台頭とアメリカの相対的衰退が同時発生したことは、米中関係にそれまで厳然として存在していたパワーの「非対称性」を急速に減少させた。理論的に言えば、こうした趨勢が行きつく一方の極は、完全なる均衡と協調、すなわち「G2」であり、もう一方の極は、完全なる対立、すなわちパワー・トランジッション論が想定する軍事的衝突である（日本国際問題研究所［2016］p.1）。しかし、後者の想定は非現実的であり、現時点では考えにくいものであろう。

　最後に、第4章で見た日中関係を米中関係と関連付けて再び触れてみたい。米中関係は日中関係と共通する面もあれば、異なる面もある。例えば、日中関係は世界の多くの二国間関係と同じように、基本的に当事国すなわち中国と日本にとっての関係でしかない。一方、米中関係は二国間の関係であると共に、

---

[10] ロイター通信（2018年4月5日）
　　（https://jp.reuters.com/article/us-china-soy-idJPKCN1HB39A; 2018年4月7日アクセス）

多くの場合、地域または世界全体にわたる関係でもある。例えば、地域・世界安全保障、対テロ戦争、世界の貿易投資、グローバル経済、気候変動など、世界、地球規模の問題を巡る米中の協調または対立は、地域または世界に大きな影響を与えている。日本にとっての米中関係について、JIIAレポートは次のように指摘している。

対中戦略を共有する努力は対米同盟マネージメントの根幹をなすと考えるべきである。対中政策に関するアメリカとの意思疎通は、政策担当者間はもちろん、中国専門家間のみならず、問題領域ごとの専門家間にまで拡大して実施すべきである。なお、その場合中国専門家と問題領域専門家は別々に交流するのでなく、共存する形で交流することが望ましい。また、中国の自己認識には大きな変化が生じており、アメリカとの力関係は常に再確認するべきものと考えている。現在日本が直面しているのは、アメリカとの力関係において、かつてのように自国の劣位を自明としていた中国ではないということである。中国が、対米関係を中心に、自国の力をどのように認識しているのかを常に観察しておくべきである。グローバルガバナンスにより対応すべきグローバルな問題領域に関しては、米中の利益共有が可能な場合があることを認識しておくべきである。日本もその利益を共有できる場合は、積極的にその輪に入りグローバルガバナンスの強化に貢献するべきである[11]。

経済分野でも米中関係の変動は、日本に大きな影響を与える。米中貿易摩擦は貿易戦争へと発展することが懸念されている。米中貿易戦争になると、日本経済への影響は甚大である。第一生命経済研究所の永浜利広首席エコノミストは「米中欧が関税を引き上げた場合で2.1％、米中だけでも1.4％程度、日本のGDPが押し下げられる」と試算する[12]。「市場という力」によるパワーゲームのなかで、アメリカや中国のような国内市場が大きい国ほど関税引き上げや輸

---

[11] 日本国際問題研究所［2015］(pp.300-301)を本章の趣旨に基づいて整理。
[12] 産経新聞（2018年4月4日）
（https://headlines.yahoo.co.jp/hl?a=20180405-00000014-san-bus_all, 2018年4月6日アクセス）。

入差し止めといった一方的制裁は威力を発揮する。日本はそのような力を持てないが、日本と似た立場にある豪州、欧州などと連携し、自由貿易の原則を順守するよう国際的世論の形成において大きな役割が期待される。

【補論】

国際マクロ経済学では、国際資本移動について次のように説明している。

マクロ経済における三面等価の原則を式で表すと、

所得(Y)［生産面からみたGDP］

=消費(C)+貯蓄(S)+租税(T)［分配面からみたGDP］

=消費(C)+投資(I)+政府支出(G)+輸出(EX)−輸入(IM)［支出面からみたGDP］(1)

である。式(1)を経常収支について整理すると、

$$EX-IM［経常収支］=(S-I)［ISバランス］+(T-G)［財政収支］ \quad (2)$$

となる。なぜなら、分配=支出のため、すなわち、

$$C+S+T=C+I+G+EX-IM \quad (3)$$

$$EX-IM=C+S+T-(C+I+G)$$

$$=(S-I)+(T-G) \quad (4)$$

いま、財政収支が均衡すると仮定すると、

$$EX-IM［経常収支］=S-I［貯蓄-投資］ \quad (5)$$

つまり、経常収支が黒字であれば、貯蓄は投資を上回り、その差は海外直接投資が行われ、逆に、経常収支が赤字であれば、貯蓄は投資を下回り、その差は対内直接投資（外国直接投資）で埋め合わせる、ことになる。

例えば、日本の海外直接投資の背景には、貿易黒字、国内貯蓄過剰、中国の外国直接投資の受入（対内投資）の背景には、貿易赤字、国内貯蓄不足（投資過剰）がそれぞれある。その一方、米国の貿易赤字の原因は、国内の投資過剰（貯蓄不足）にあり、貿易相手国を批判する際に標的とする為替レートは元凶ではない。

第6章　中国ビジネスにおける日米企業

はじめに

　第4章と第5章では、日中経済、米中経済をそれぞれマクロ的視点から見た。そこでは日本とアメリカによる対中直接投資を概観した。本章では、中国と日米との経済関係について、海外直接投資の担い手である企業に焦点を当てて、ミクロ的視点から考察する。本章の目的は、日米による対中投資の実態、要因、日米企業の対中投資行動における共通点と相違点を明らかにすることにある。そのために、日本貿易振興機構（ジェトロ）による「日本企業の海外事業展開に関するアンケート調査」（以下、ジェトロ調査と略す）と在上海米国商工会議所（AmCham Shanghai : The American Chamber of Commerce in Shanghai）による中国のアメリカ系企業の実態調査（China Business Report 2013-2014, 以下、米国商工会議所レポートと略す）に基づいて考察を行う。

　ジェトロ調査は、日本貿易振興機構が日本企業の海外経済活動の動向を把握するために、海外直接投資の動向とその国内経済に与える影響について調査することを目的としたものである。同調査は2002年度から毎年度行われている。調査項目は、年度により変更があるものの、基本的には企業の貿易、海外投資への取り組み、進出先のビジネス環境、ビジネス展開、今後の有望市場と課題など多岐にわたる。同調査は海外で経済活動を行う日本企業全体を対象とするが、進出先である中国については詳細な調査が行われている。調査の対象企業は、当初ジェトロ・メンバーズ（会員制度への加入企業）とされたが、2011年よりジェトロ会員企業（ジェトロ・メンバーズ）のほか、海外ビジネスに関心が高い日本企業（本社）やジェトロのサービスを利用している企業にまで広

がっている。同調査の有効回収率は3割前後であるが、近年上昇傾向が見られる（2004年度28.7％、2010年度32.5％、2014年度全体35.4％、ジェトロ・メンバーズ38.7％）。

一方、米国商工会議所レポートは、中国におけるアメリカ企業のビジネス環境、対中直接投資の実態を調査するものである。同調査は2000年より毎年実施しており、調査内容は中国での経営業績、営業戦略、経営目標、ビジネス環境などである。

本章では、このような日米企業を調査対象とした時系列データとクロスセクションデータを集計しパネルデータを作成したうえで、これらのデータを用いて中国ビジネスにおける日米企業を概観することとする[1]。また、日本の企業とアメリカの企業に対する調査はそれぞれの目的、方法、内容などが異なるため、それらを比較することは容易ではないが、二つの調査の中で近い項目を取り上げて中国ビジネスにおける日米企業の共通点と相違点を探ってみたい。以下、第1節と第2節では、中国ビジネスにおける日本企業とアメリカ企業をそれぞれ概観する。第3節では、中国のビジネス環境、今後のビジネス展開について日米企業の認識とその対応などを取り上げて日米企業の共通点と相違点を整理する。最後に、日本企業の撤退率を踏まえて、中国ビジネスにおける外国投資企業の対中投資に見られる変化の要因を述べる。

---

[1] 調査の対象期間（年間）について、ジェトロ調査では年度（会計年度4月1日から翌年3月31日まで）、アメリカ商工会議所レポートでは年（暦年1月1日から12月31日）となっている。以下では一律に年と表記することとする。

第6章　中国ビジネスにおける日米企業

1　日本企業の中国ビジネス

1-1 海外活動の所在地
輸出先と輸入先

　日本企業は、中国を相手に積極的に貿易を展開している。ジェトロの調査で2017年に輸出を行っていると回答した企業2310社の輸出先は、中国が59％（1366社）で最も多く、以下、台湾（52％、1208社）、アメリカ（47％、1095社）の順である（図表1）。輸入を行っている企業1705社の輸入先は、中国が66％（1132社）で最も多く、以下韓国（29％、489社）、台湾（29％、488社）、アメリカ（26.2％、446社）と続いている。

図表1　日本企業の海外活動の所在地（2017年、上位10カ国・地域）

（単位：％、複数回答）

順位	輸出先の所在		輸入先の所在		海外拠点の所在地	
1	中国	59.1	中国	66.4	中国	56.8
2	台湾	52.3	韓国	28.7	タイ	34.6
3	米国	47.4	台湾	28.6	米国	30.9
4	タイ	44.9	米国	26.2	ベトナム	25.2
5	香港	44.1	西欧	25.1	台湾	21.3
6	韓国	43.5	タイ	22.6	シンガポール	20.0
7	シンガポール	39.4	ベトナム	19.5	インドネシア	19.3
8	ベトナム	35.9	香港	12.7	香港	18.9
9	西欧	35.0	インドネシア	12.7	韓国	17.5
10	マレーシア	33.7	インド	11.5	西欧	17.1

（資料）ジェトロ調査による（以下、日本企業については、特に明記しない限り、ジェトロ調査[各年版]によるもの）。
（注）西欧は英国を除く。対象年は日本について会計年度(4月1日から翌年3月31日まで)である(以下同じ)。

海外拠点

　海外拠点の有無について、ジェトロが2017年に行った調査によると、回答企業（3195社）のうち、海外に拠点があると回答した割合は47.0％（1501社）である（ジェトロ［2018a］p.7）。海外に拠点を持つ企業の拠点所在地は、中国

が56.8％で最も多く、以下タイ34.6％、アメリカ30.9％と続く。

次に、日本企業（1501社）の海外拠点を国・地域別、機能別で見ると、2017年に中国は各機能の海外拠点で「地域統括」（アメリカが1位）を除けば、すべて1位を占めている。なかでも中国に「販売拠点」を持つ企業は565社、「生産拠点」が495社、「研究開発拠点」が87社である（図表2）。

図表2　日本企業の国・地域別、機能別の海外拠点の所在（2017年、上位5カ国・地域）
（単位：社、複数回答）

順位	販売		生産		研究開発		地域統括		その他	
1	中国	565	中国	495	中国	87	米国	86	中国	109
2	米国	366	タイ	326	米国	64	中国	79	タイ	76
3	タイ	358	ベトナム	178	タイ	38	シンガポール	62	ベトナム	75
4	台湾	251	米国	150	西欧	32	西欧	51	米国	63
5	シンガポール	236	インドネシア	127	ベトナム	20	タイ	41	香港	55

（注）西欧は英国を除く。

図表3　日本企業が海外で拡大する主要国・地域
（単位：％、複数回答）

	2011年	2015年	2017年
中国	67.9(1)	53.7(1)	49.4(1)
ベトナム	20.3(6)	32.4(4)	37.5(2)
タイ	27.9(2)	41.7(2)	36.7(3)
米国	21.1(4)	33.7(3)	29.0(4)
インドネシア	24.7(3)	31.8(5)	24.8(5)

（注）各国・地域で一つ以上の機能を拡大する企業数の比率。
　　　一つの国・地域で複数の機能を拡大する場合でも１社としてカウント。
　　　括弧内は順位を示す。
　　　2017年の西欧は英国を除く。

そして、「現在、海外に拠点があり、今後さらに海外進出の拡大を図る」と回答した日本企業のうち、拡大を図る国・地域の中で中国の割合は2015年の53.7％から2017年の49.4％に低下したが、依然として1位を維持している（図表3）。

日本企業が中国で拡大しようとする機能は、販売、生産（汎用品、高付加価値品）、地域統括、研究開発（現地市場仕様、新製品）、物流の順である（図表4）。さらに「今後3年間（2017年を含む）に海外で拡大する機能」を上位3カ国・地域について見ると、中国はこれらの機能の割合において2000年代後半

より低下しているものもあるが、2017年時点ですべての機能で1位を占めている。

図表4　日本企が今後（調査実施年も含め今後3カ年）海外
で機能別拡大する主要国・地域（上位3カ国・地域）

(単位：％、複数回答)

		2013年			2017年		
販売		中国	タイ	インドネシア	中国	タイ	ベトナム
		45.7	33.9	26.5	40.4	27.9	26.8
生産	汎用品	中国	タイ	インドネシア	中国	ベトナム	タイ
		18.3	13.9	9.2	15.6	11.2	9.8
	高付加価値品	中国	タイ	ベトナム	中国	タイ	ベトナム
		14.8	11.1	5.5	14.6	7.8	7.2
研究開発	新製品開発	中国	タイ、アメリカ		中国	アメリカ	ベトナム
		5.3	2.1		7.8	3.9	3.7
	現地市場仕様	中国	タイ	アメリカ	中国	タイ	アメリカ
		9.7	4.8	3.1	9.1	5.4	5.1
地域統括		シンガポール	中国	アメリカ	中国	シンガポール	タイ
		4.1	3.3	2.6	3.7	3.5	3.1
物流		-	-	-	中国	タイ	ベトナム
					6.3	4.4	3.7

1-2 国内外の拠点・機能の再編

移管元と移管先

　国内外の拠点・機能の再編を「過去2～3年の間に行った」あるいは「今後2～3年以内に行う予定である」と回答した日本企業の内、2017年に移管元として中国を挙げた回答は移管件数全体の21.0％を占め、日本（37.1％）に次ぐ2位であった（図表5）。2006年以降日本からの移転という回答割合は低下し、逆に中国からの移転という回答が増加しているが、2016年には最高の36.0％にまで達した。他方、拠点・機能の移管先の国・地域として中国を1位に挙げた回答割合は、2006年の49.4％から低下し続けており、2017年には14.3％になった。地域としてのASEANは2010年に中国を上回り、2017年には中国より約17ポイント高い31.0％となっている。

図表5　日本企業の国内外拠点・機能の移管元・移管先
(単位：％)

		2006年	2010年	2013年	2014年	2016年	2017年
移管元	日本	67.9	50.9	50.4	49.1	30.8	37.1
	中国	8.6	16.4	26.3	27.8	36.0	21.0
	ASEAN	7.8	11.6	8.7	8.0	11.4	11.9
	その他	12.3	17.7	10.0	8.3	15.9	13.6
移管先	中国	49.4	32.8	21.2	17.7	13.8	14.3
	タイ	11.1	13.4	16.5	16.2	9.4	8.0
	ベトナム	7.8	11.2	11.8	13.5	13.5	12.2
	ASEAN	30.0	33.6	46.2	36.9	36.9	31.0
	日本	2.9	6.0	9.6	14.6	14.6	7.4
	その他	14.4	19.8	18.5	23.4	23.4	28.8

再編パターン

　日本企業の再編パターンについて、ジェトロによると、日本企業の国内外拠点の再編は日本、中国、ASEANが軸となっている（ジェトロ［2018a］p.38）。また、時系列に見ると、2006年には日本からの拠点・機能の再編先として、中国という回答が1位の37.4％、ASEANが2位の19.8％であった（図表6）。その後、中国への移転が低下し、ASEANへの移転が進んだ結果、2013年には中国を逆転し、2017年にはASEANという回答は中国の6.1％を大きく上回る16.8％となった。日本からASEANへの再編が行われた業種は、商社・卸売（13％）、鉄鋼・非鉄金属・金属製品（9％）、化学、その他の製造業

図表6　日本企業による日本・中国・ASEAN間の移管パターン
(単位：％、複数回答)

移管元	移管先	2006年	2010年	2013年	2014年	2016年	2017年
日本	中国	37.4	22	15.3	12	6.8	6.1
	ASEAN	19.8	19	24.2	22.7	12.9	16.8
中国	ASEAN	4.5	8.2	13.7	16.2	15.3	6.7
	日本	0.4	1.3	4.7	4.6	8.5	4.2
	中国	1.6	3.4	4.2	3.5	5.2	6.2
ASEAN	日本	0.8	0.4	1.8	1.1	2.6	1.2
	中国	2.5	3.4	0.3	0.4	0.4	0.6
	ASEAN	4.1	3.4	6.2	5.8	7	5.9

（8％）であり、中国への再編が行われた業種は、商社・卸売（19％）、化学（12％）、自動車・自動車部品・その他輸送機器（12％）である（ジェトロ［2018］p.43）。

次いで中国からの拠点・機能の再編は、ASEANを中心に進められてきたが、2016年以降再編の動きは鈍化した。一方、日本への再編、また中国の国内拠点間の再編が活発になっている。例えば、中国から日本への再編は2006年の0.4％から2016年の8.5％へ、中国から中国へ（国内拠点間）の再編は2006年の1.6％から2017年の6.2％へと上昇した。ジェトロの調査によると、中国からASEANへの再編は、商社・卸売（15％）、石油・石炭製品・プラスチック製品・ゴム製品、鉄鋼・非鉄金属・金属製品（13％）、日本への再編は飲食料品（21％）、中国の国内間の再編は商社・卸売（23％）、繊維・織物・アパレル（11.6％）を中心にそれぞれ行われている（ジェトロ［2018a］p.43）。

1-3 今後の中国ビジネスの展開と課題
既存ビジネスの拡充、新規について

ジェトロの調査では、2017年に中国に対する今後（3年程度）のビジネス展開（貿易、業務委託技術提携直接投資）について、「既存ビジネスの拡充、新規ビジネスを検討する」と回答した企業の割合は48.3％、「既存のビジネス規模を維持する」と回答した企業は15.5％で、中国ビジネスの拡充、新規を検討する企業と維持する企業は63.8％に達している（図表7）。業種別に見ると、「既存ビジネスの拡充、新規ビジネスを検討する」と回答した企業の割合は製造業が51.％で、非製造業の48.8％を上回っている。製造業のないで、特に情報通信機械器具/電子部品・デバイスは70.9％、医療品・化粧品は60.7％と高い。

一方、中国に対する今後のビジネス展開について「まだ分からない」と回答した企業は32％で、なかで非製造業は36.2％で製造業の29.0％を上回っていることが特徴である。非製造業の日本企業には中国ビジネスに対する様子見の傾向があるといえよう。

図表7 今後の中国でのビジネス展開（2017年、業種別）

(単位：%、複数回答)

	既存ビジネスの拡充、新規ビジネスを検討する	うち、従来通り既存ビジネスの拡充、新規ビジネスを検討する	既存のビジネス規模を維持する	既存ビジネスの縮小、撤退を検討する	まだ、分からない
飲食料品	40.1	37.3	9.8	3.0	47.1
繊維・織物/アパレル	56.6	48.2	13.3	3.6	26.5
木材・木製品/家具・建材/紙・パルプ	39.5	27.9	4.7	7.0	48.8
化学	72.0	57.3	13.4	4.9	9.8
医療品・化粧品	66.7	65.2	10.6	4.5	18.2
石油・石炭製品/プラスチック製品/ゴム製品	59.0	51.3	15.4	6.4	19.2
窯業・土石	61.3	48.4	12.9	3.2	22.6
鉄鋼/非鉄金属/金属製品	41.8	38.3	25.5	5.0	27.7
一般機械	51.5	45.5	28.4	3.0	17.2
電気機械	50.6	42.9	19.5	6.5	23.4
情報通信機械器具/電子部品・デバイス	70.9	60.0	3.6	3.6	21.8
自動車/自動車部品/その他輸送機器	47.7	71.9	22.1	2.3	27.9
精密機械	51.0	45.1	31.4	2.0	15.7
その他の製造業	56.5	53.0	15.5	3.0	25.0
製造業計	51.1	45.3	16.1	3.8	29.0
商社・卸売	51.7	45.5	16.1	4.9	27.3
小売	44.2	38.4	10.5	5.8	39.5
建設	17.9	17.9	23.2	5.4	53.6
運輸	42.6	38.9	16.7	1.9	38.9
金融・保険	26.3	26.3	36.8	-	36.8
通信・情報・ソフトウェア	34.8	33.3	10.6	4.5	50.0
専門サービス	42.6	36.2	8.5	6.4	42.6
その他の非製造業	36.9	31.9	6.4	3.5	53.2
非製造業計	44.5	39.5	14.8	4.5	36.2
合　計	48.3	42.9	15.5	4.1	32.0

(注)①網掛けは各業種で回答比率が最大の項目。
　　②母数は「今後ともビジネス展開は行わない」「無回答」と回答した企業を除いた企業数。

しかし、「既存ビジネスを縮小、撤退する」という企業はわずか4.1%にすぎないから、いわゆる「脱中国」は一部の企業にとどまり、それも一段落したと言える。ほかに、外国企業が中国から撤退しようとする際、雇用、清算、法務などを巡るトラブルに見舞われるケースがある。例えば、2016年秋に、ソニーが広州のカメラ部品の工場売却を決めたことでストライキが起きた。このよう

第6章　中国ビジネスにおける日米企業

に中国ビジネスの縮小や撤退が事実上困難なため、結果として一部の日本企業は中国での事業を継続せざるを得ない可能性もある。

「既存ビジネスの拡充、新規ビジネスを検討する」と回答した企業の割合は、規模別に見ると、大企業が2013年の58.4％から2017年の62.5％へと増加、「既存ビジネスの縮小、撤廃を検討する」企業は前年の3.9％から1.5％に縮小した（図表8）。これに対して、中小企業では「既存ビジネスを拡充、新規ビジネスを検討する」という回答は2016年に45.0％、2017年に44.6％と横ばいで、中小企業の中国ビジネスに対する相対的な慎重姿勢が浮き彫りになっている。さらに、業種別について見ると、2017年に「既存ビジネスの拡充・新規ビジネスを検討する」と回答した企業の割合は、化学が72.0％、情報通信機器具・電子部品・デバイスが70.0％と製造業で断トツに高い（前掲図表7）。その一方で、「既存ビジネスの縮小、撤退を検討する」と回答した企業は、木材・木製品／家具・建材／紙・パルプが7.0％、電気機械が6.5％で、石油・石炭製

図表8　日本企業の今後における中国でのビジネス展開（企業規模別、時系列）

(単位：％)

企業規模別	項目	2013年	2014年	2015年	2016年	2017年
大企業	既存ビジネスの拡充、新規ビジネスを検討する	58.4	56.9	56.7	60.5	62.5
	既存のビジネス規模を維持する	23.3	22.3	23	19.6	17.9
	既存ビジネスの縮小、撤退を検討する	3.9	4.2	3.1	4.4	1.5
	まだ分からない	14.5	16.6	17.3	15.5	18.1
中小企業	既存ビジネスの拡充、新規ビジネスを検討する	38.7	43.4	42.4	45.0	44.6
	既存のビジネス規模を維持する	25.1	19.5	20.8	15.1	14.9
	既存ビジネスの縮小、撤退を検討する	9.3	7.6	7.3	5.2	4.8
	まだ分からない	26.8	29.4	29.4	34.6	35.6

品／プラスチック製品／ゴム製品が6.4％と製造業で高い。

中国ビジネスの拡充・維持理由

今後中国でビジネスを拡大、維持する理由として、ジェトロの調査で最も多かったのが「市場規模、成長性など販売面でビジネス拡大を期待できる」（72.9％）であり、「中国人の所得向上に伴うニーズの変化」（31.4％）、「すでに事業が確立し軌道に乗っているから」（25.2％）がそれに続いている（ジェトロ［2018］p.48）。

中国の魅力・長所については、「市場規模・成長性」が最も高い回答率（89.8％）であり、2013年に行った前回の回答率（85.8％）と比べ、4ポイント上昇した（図表9）。次いで「取引先（納入先）企業の集積」（27.4％）、「関連産業の集積（現地調達が容易）」（21.8％）が続き、いずれも2013年より上昇している。ほかに、「安定した政治・社会情勢」という回答は、2013年には0.8％（14位）であったが、2017年には3.9％（10位）に上昇した。

中国ビジネスの課題

中国ビジネスの課題については全項目で指摘率が低下傾向にある。2012年と2017年を比べると、特に「政情リスクや社会情勢・治安に問題あり（政情・社会情勢・治安）」は64.8％から36.8％へ、「法制度が未整備、運用に問題あり（法制度・運用）」は45.1％から22.0％へ、「労務上の問題あり」は34.1％から13.4％になっており、大きく改善している（図表10）。

第6章 中国ビジネスにおける日米企業

図表9 日本企業にとって中国の魅力・長所

(単位：%、複数回答)

項目	順位	2017年	順位	2013年
市場規模・成長性	1	89.8	1	85.8
取引先（納入先）企業の集積	2	27.4	2	27.3
関連産業の集積（現地調達が容易）	3	21.8	3	19.1
人件費の安さ、豊富な労働力	4	13.6	4	16.9
インフラの整備	5	12.8	5	13.6
言語・コミュニケーション上の障害の少なさ	6	10.1	6	7.5
従業員の質の高さ	7	9.0	7	5.4
現地企業・大学等の高い技術力	8	6.1		-
駐在員の生活環境が優れている	9	4.2	8	4.5
安定した政治・社会情勢	10	3.9	14	0.8
土地・事務所スペースが豊富、地価・賃料の安さ	11	3.2	9	2.9
従業員の定着率の高さ	12	2.7	10	1.2
各種手続き等が迅速	13	2.1	13	0.8
親日的な国民感情	14	1.6		-
税制面でのインセンティブ	15	1.3	11	1.0
その他	16	0.9	12	1.0
投資奨励制度の充実	17	0.6	15	0.6

図表10 日本企業にとって中国ビジネス環境の課題（ビジネス・リスク）

(単位：%)

	2012年	2013年	2014年	2015年	2017年
人件費が高い、上昇している	49.5	50.8	48.8	50.7	46.6
知的財産権の保護に問題あり	53.1	51.3	52.6	49	40.5
政情リスクや社会情勢・治安に問題あり	64.6	59.8	49.8	45.8	36.8
代金回収上のリスク・問題あり	45.6	40.3	41.4	41.8	35.8
行政手続きの煩雑さ	-	-	34.6	35.1	29.7
法制度が未整備、運用に問題あり	45.1	44.5	41.9	39.8	22
税制・税務手続きの煩雑さ	23.2	18.9	25	24	19.6
自然災害リスクまたは環境汚染に問題あり	4.8	27.2	21.1	22.9	18.4
為替リスクが高い	12.3	20.5	20.5	23.4	15.8
米トランプ新政権の政策変更によるリスク・問題あり	-	-	-	-	13.8
労務上の問題あり	34.1	22.3	22.7	20.9	13.4
労働力の不足・適切な人材の採用難	-	14.3	14.4	13.9	12.7
土地・事務所スペースの不足、地価・賃料の上昇	-	9.5	10.6	11.7	9.6
特段のリスク・問題を認識していない	2.8	1.6	6	6.2	6.6
インフラ（電力、運輸、通信等）が未整備	11.6	9.9	9.5	10.9	3.8
関連産業が集積・発展していない	3.3	1.9	3	3.2	1.4
英国のEU離脱決定によるリスク・問題あり	-	-	-	-	1.2

2 アメリカ企業の中国ビジネス

2-1 経営業績と対中投資
経営業績

アメリカ企業は、中国で良好なパフォーマンスを見せている。アメリカ商工会議所レポートによると、営業利益（profitable）を上げたと回答した企業の割合は、2016年に77％となっている。これは前年比6ポイント増であり、2011年（78％）以来の高水準である（図表11）。特に製造業では、2016年に収益を上げた企業は83％に達している（AmCham Shanghai［2017］p.28）。製造業のうち、非消費財の電子（22社）、製薬・医療器材・生命科学（17社）はすべて収益を上げており、ほかに、化学の92％（27社）、自動車の88％（33社）、小売・消費財の85％（29社）が利益を上げている。一方、農業・食品、物流・運輸・倉庫備蓄・卸売りのうち25％の企業は減損（losses）となっている。

利潤率が上昇した（margins improve）と回答したアメリカ企業の割合を見ると2008年には33％だったが2010年には最高となる61％へと拡大した。その

図表11　アメリカ企業の中国ビジネスにおける財務業績
(単位：％)

年次	営業利益	利潤率上昇
2008	70	33
2009	65	44
2010	79	66
2011	78	51
2012	73	48
2013	74	47
2014	73	48
2015	71	48
2016	77	56

（資料）米国商工会議所レポート（各年版）による（以下、アメリカ企業について、特に明記しない限り米国商工会議所レポートによるもの）。

後、2010年代前半には減少し40％台で推移したが、2016年には56％まで回復している。その背景には製造業の再編、「新常態」（ニューフォーマル）下における企業の新しい経営手法の開発、商品の価格安定化への追求などがあったと見られる（AmCham Shanghai［2017］p.30）。

対中投資

アメリカ企業は中国での収入と利益が増加したにもかかわらず、対中投資には慎重である（AmCham Shanghai［2017］p.31）。対中投資が増加したアメリカ企業は、2010年に72％を占めたが、2016年には55.0％へと低下した。一方、投資が減少した企業は同期間に2％から7％まで上昇している（図表12）。投資が増加した企業のうち、特に16-50％増加した企業の割合が大きく低下しており、投資増加企業の割合が低下した大きな原因の一つとなっている。また、現状維持の企業が2010年の26％から2016年の40％へと大きく上昇した。今後の投資計画については、投資を増加させるという企業の割合が低下した。これも

図表12　アメリカ企業の対中投資の実績と計画

(単位：％)

	年次	増加				現状維持	減少
		50％以上	16－50％	1－15％	増加計		
実績	2010	5.5	26.7	39.9	72.1	25.9	2.2
	2011	8.9	24.2	39.2	72.3	25.3	2.5
	2012	7.3	26.3	40.3	73.9	25.5	0.9
	2013	10.1	21.1	34.4	65.6	31.5	3.0
	2014	6.1	19.6	38.5	64.2	31.7	4.2
	2015	4.0	23.0	56.0	83.0	0.0	17.0
	2016	4.0	16.0	35.0	55.0	40.0	7.0
	2017	-	-	-	-	-	-
計画	2010	8.5	32.3	39.0	79.8	18.0	2.1
	2011	6.4	30.5	39.7	76.6	21.3	2.1
	2012	8.4	29.0	37.1	74.5	23.7	2.2
	2013	6.5	23.2	35.9	65.6	29.7	4.7
	2014	5.4	21.3	40.6	67.3	28.3	4.4
	2015	5.0	21.0	41.0	67.0	28.0	4.0
	2016	4.0	16.0	61.0	81.0	0.0	19.0
	2017	5.0	18.0	40.0	63.0	34.0	4.0

16-50％増加の企業の割合が低下したことによる。

　海外投資先として中国がトップ3に入ると回答したアメリカ企業の割合は50％台を維持し、2015年には59％にまで拡大するなど、アメリカ企業よる中国重視の姿勢を窺わせた（図表13）。しかし、2017年に中国を第1位とした企業は、2015年から5ポイント低下の24％となった。さらに業種別に見ると、小売業では中国を1位としたアメリカ企業の割合が2015年の42％から2017年の29％へと大きく減少した。ほかの分野でも同じ低下傾向が見られる。一方、2017年に海外投資先の一つとした企業の割合は40％であり、2010年の23％、2015年の34％から持続的に上昇している。つまり、アメリカ企業にとって中国は魅力が薄れていると言える。

　中国を多くの投資先の一つと回答したアメリカ企業の割合が上昇したのは経

図表13　アメリカ企業にとって海外投資先としての中国

（単位：％）

	2008年	2010年	2015年	2017年
第1位	17.9	20.6	29.0	24.0
うち、製造業	-	-	22.0	20.0
サービス業	-	-	35.0	27.0
小売	-	-	42.0	29.0
第2位または第3位	-	-	30.0	31.0
トップ3	52.9	50.6	59.0	55.0
投資先の一つ	18.8	23.0	34.0	40.0
重要でない	10.2	5.8	7.0	9.0

図表14　アメリカ企業の中国収益増加率と世界収益増加率の比較

（単位：％）

年次	11％以上高い	1－10％高い	同じ	1－10％低い	11％以上低い
2010	42.1	31.2	18.8	4.2	3.6
2011	35.7	30.6	23.0	6.9	3.8
2012	30.2	29.4	25.4	12.3	2.7
2013	21.6	33.1	30.5	10.4	4.4
2014	23.0	32.0	28.0	13.0	4.0
2015	17.0	30.0	31.0	15.0	7.0
2016	20.0	30.0	23.0	12.0	15.0

営業績が変化したからである。中国市場の収益増加率は世界全体での増加率より11％以上高いとした企業は、2016年に20.0％で、前年に比べて上昇したが、2010年に比べて半減している（図表14）。逆に中国市場の収益増加率が世界全体での増加率より低下したと回答した企業（「1-10％低下」と「11％以上低下」との合計）は2010年（同7.8％）の約2倍の14.8％に上っている。

　以上見てきたように、アメリカ企業の収益は近年一時的に減少したものの、2016年には回復している。また、アメリカの海外収益全体に占める中国ビジネスの割合が安定していることから、中国はアメリカ企業にとって重要な収益源泉国であることに変わりはない。

2-2 ビジネス環境の変化
法規制と政府の政策

　中国で活動する多くの外資企業がそうであるように、アメリカ企業は長年に亘り中国の法規制（regulatory）に悩まされている。法規制の透明性について、2017年に60％のアメリカ企業が不透明と感じており、なかでも経営との関連について25％の企業が「不透明・影響有り」としている（図表15）。最近の例を挙げると、2016年に中国で突如、資本の移動が規制されたことが挙げられる。外資企業は投資環境の不確実性を改めて思い知らされた。アメリカ商工会議所レポートでは、33％のアメリカ企業が、対中投資に伴う海外への送金（所得移転）に影響があることを明らかにしている（AmCham Shanghai［2017］p.37）。しかし、規制の不透明さなどが存在するものの、改善の兆しが見られる。例えば、2017年には「不透明・影響あり」とした企業の割合が2015年に比べて低下している。一方、「透明」とした企業の割合は、2017年に40％に達し、それは2015年（28％）から12ポイント上昇、2011年（20％）からは倍増となっている。

　また、政府の政策における国内企業と外資企業への扱いについて、「自国企業寄り」（非常に自国企業寄りと「やや自国企業寄り」の合計）としたアメ

リカ企業は55％に達し、これは2015年（59％）よりやや改善したが、2011年（46％）に比べて10ポイントの悪化となっており、外資企業に対する政策の公平さは大きな課題である。

図表15　アメリカ企業にとって中国の法規制と政策の問題点
(単位：％)

		2011年	2012年	2013年	2014年	2015年	2017年
法規制	不透明・影響有り	29	30	26	33	36	25
	不透明・影響無し	49	48	54	53	36	35
	透明	21	22	20	14	28	40
政府の政策	非常に自国企業寄り	18	18	17	16	21	17
	やや自国企業寄り	28	36	37	37	38	38
	内外企業平等	35	29	31	27	28	33
	やや外資企業寄り	13	15	11	14	9	9
	非常に外資企業寄り	6	3	5	6	4	2

（注）2016年データなし。

経営上の阻害要因

アメリカ商工会議所レポートによると、中国ビジネスにおける経営上の阻害要因（operational challenges）として、アメリカ企業が一番に挙げているのが「コストの上昇（rising costs）」である。コストの上昇が経営を「阻害している」とした企業の割合（「著しく阻害している」、「やや阻害している」）は、2013年の89％から2017年の93％へと上昇しており、コストの上昇による企

図表16　アメリカ企業にとって中国ビジネスの阻害要因（2016年）
(単位：％)

	阻害する			阻害せず
	著しく阻害	やや阻害	合計	
コスト上昇	36(43)	57(46)	93(89)	7(11)
現地との競争	31(26)	51(47)	82(73)	16(27)
人的資源の制約	22(31)	56(51)	78(82)	22(18)
行政体制の非効率	10	59	69	30
ネット規制	22	43	65	35
知的財産権の侵害	15(14)	47(42)	62(56)	38(44)
腐敗・詐欺	11(19)	48(50)	59(69)	41(31)
現地の研究開発とイノベーション不足	12	45	57	44

（注）カッコ内は、2013年の関連項目の調査結果を示す。

業経営への圧迫は一層強まっている（図表16）。

　次に、「現地との競争（domestic competition）」が経営を「阻害している」とした企業は同期間で73％から82％に上昇している。アメリカ企業にとっての現地での競争相手について、2015年には中国の民間企業としているのが78％、現地のほかの外資企業としているのが80％であった。2017年について見ると、前者は79％と微増し、後者は64％と大幅に低下している。その結果、両者は逆転し、中国の民間企業が、アメリカ企業の主要な競争相手となっていることが分かる（AmCham Shanghai［2017］ p.38）。

　三番目の阻害要因は、「人材と能力の欠如（Lack of talent and capabilities）」である。しかし、この項目に関する割合は2013年の82％から2017年の78％へと低下していることから、企業経営への制約が改善されたと見られる。以上で見たように、「コストの上昇」、「現地との競争」、「人材と能力の欠如」はアメリカ企業の中国ビジネスにおける三つの大きな課題と言える。

2-3 経営戦略と今後の見通し
経営戦略

　中国のビジネス環境に応じてアメリカ企業が採る経営戦略について見て見ると、中国市場のニーズに応えるため中国で現地生産またはサービスを提供するアメリカ企業の割合は、2017年に51％となっている（図表17）。これは最高だった2014年（67％）から大きく低下したが、半数以上のアメリカ企業は、依然として中国を製品の最終消費地及びグローバル生産の部品調達地としているようである。また、中国以外の海外市場（アメリカと米中以外の海外市場）のニーズに応えるため中国で現地生産またはサービスを提供するアメリカ企業の割合は、2007年に40％を超えたが、2017年には21％に低下した。アメリカ企業にとって、製品とサービスの輸出生産地としての中国の役割は低下したと言える。

図表17 アメリカ企業の中国ビジネスにおける経営戦略

(単位:%)

年次	中国市場のニーズに応えるため生産またはサービスを提供する	アメリカ市場のニーズに応えるため生産またはサービスを提供する	米中以外の市場に応えるため生産またはサービスを提供する	中国に製品を輸入する	そのほか
2006	51.0	24.0	12.0	9.0	4.0
2007	42.1	22.7	19.8	9.6	5.7
2008	39.4	21.2	20.8	12.0	6.7
2009	58.9	16.3	13.5	8.8	2.5
2010	55.3	23.3	6.2	12.1	3.1
2011	58.3	21.9	8.8	7.4	3.5
2012	59.5	16.8	7.0	12.0	4.8
2013	59.1	20.2	3.6	10.1	7.1
2014	67.0	13.0	5.0	10.0	5.0
2015	56.0	14.0	8.0	9.0	14.0
2017	51.0	12.0	9.0	10.0	18.0

(注) 2016年データなし。

対中進出の見通し

中国に進出しているアメリカ企業は、今後(2017年から5年程度)の中国ビジネスの見通しについて、80%の企業が楽観的、あるいはやや楽観的に見ているが、90%を超えた2000年代に比べてその割合は減っている(図表18)。中国ビジネスを悲観的に見ている企業は2000年代前半には0〜2%に過ぎなかったが、2014年以降6%に上昇している。

図表18 アメリカ企業の中国における今後(5カ年程度)の見通し

(単位:%)

年次	楽観とやや楽観			中立	悲観
	楽観	やや楽観	合計		
2000	45.0	46.0	91.0	8.0	1.0
2005	49.0	43.0	92.0	6.0	2.0
2010	63.3	26.9	90.2	6.2	3.6
2015	40.0	40.0	80.0	15.0	6.0
2017	39.0	41.0	80.0	13.0	6.0

(注) 2016年データなし。

3　日米企業の中国ビジネスの比較

3-1 ビジネス環境について
コストの上昇

　日米の企業は、ともにコストの上昇を生産、経営活動に影響を与える最大の要因としている。日本企業は中国におけるビジネス環境の課題等として、「人件費が高い、上昇している」を2012年から2017年まで1位（40％台～50％）に挙げている。また、コストの上昇は日本企業が中国から撤退する最大の理由にもなっている。ジェトロの調査によると、2015年に「生産コスト・人件費が上昇してきたため」という理由で中国から撤退する企業は33.3％と高い割合となった（ジェトロ［2016a］p.43）。一方、アメリカ企業も中国ビジネスのリスクとして、政治よりも経済に不安を感じることが多い。アメリカ企業が中国ビジネスにおける経営上の阻害要因として、1位に挙げているのが「コストの上昇」である。いずれにせよ、日米企業はともに生産経営コスト（人件費）の上昇を一番の問題としている。その背景には近年における中国の持続的な賃金上昇がある。生産・経営コストの上昇は日米企業の対中投資意欲を減退させる要因となっている。

知的財産権の侵害

　日本企業は、中国のビジネス環境において、「知的財産権の保護に問題があり」と指摘している。その指摘率（回答率）は2012年から低下してきたが、2017年においても中国のビジネス環境における2番目の課題になるほど依然として大きく問題視されている。日本の特許庁による模倣被害実態調査では、2016年度において産業財産権を保有する日本企業が受けた模倣被害の状況を模倣品の製造国（地域）、経由国（地域）及び販売提供国（地域）に分けて見ると、製造国が中国（香港を含む。以下同じ。）である企業数（全体推計）は3315社、経由国が中国である企業数（全体推計）は2066社、販売提供国が中国である企業数（全体推計）は2623社であり、いずれも中国が最多であったこと

が明らかにされた（特許庁［2017］）。

　一方、知的財産権の侵害は米中貿易戦争の火種となるほど大きな問題である。2016年についての調査で「知的財産権の侵害」が経営にとって阻害要因と答えたアメリカ企業の割合は、2013年の56％を上回る62％に上り、長期にわたり懸案となっている知的財産権の問題は依然として中国ビジネスを行うアメリカ企業の妨げとなっている。2018年3月22日にトランプ米大統領は中国からの輸入品への追加関税や中国企業によるアメリカ内の投資制限を発表し、さらにアメリカ政府はアメリカ企業への技術移転を強要する中国をWTOに提訴する構えを見せている（第5章第3節）。その理由として、USTR（米通商代表部）は中国の外資規制により米企業が現地進出の時に技術移転を強要される例があることから知的財産権の侵害があったと断定しているからである。

　しかし、知的財産権の問題はアメリカのトランプ政権にとって米中貿易戦争をも辞さない大問題であるが、アメリカ企業にとってはこの問題より、ほかの阻害要因のほうが大きい。また、日本企業ほど深刻に受け止めていないようである。例えば、中国ビジネスにおける知的財産権の侵害は、日本企業にとって、コストの上昇に次ぐ2番目の大問題であるのに対して、アメリカ企業にとっては6番目の阻害要因となっている。

現地との競争

　アメリカ企業にとって、コストの上昇に次ぐ2番目の大問題は、現地との競争である。現地との競争がますます激化しているだけではなく、競争の主要な相手が現地におけるほかの外資企業から中国の民間企業に変わってきている。一方、中国ビジネスを行う日系企業も、ジェトロによる別の調査では、経営上の問題として競合相手の台頭（コスト面で競合）を上位に挙げて、しかも回答企業の割合は2016年の44.0％（3位）から55.0％（4位）に大きく上昇している（ジェトロ［2017b］p.35）。

政治・社会情勢

　2012に日本企業は、中国におけるビジネス環境の課題（リスク）として

「政情リスクや社会情勢・治安に問題があり」を1位（指摘率64.6％）に挙げた。2010年の尖閣衝突事件以降、特に2012年の日本政府による尖閣国有化直後に中国各地で発生した大規模な抗議デモによって中国に進出している日本企業の一部が被害を受けたため、日中関係の緊張は日本企業に大きな懸念を持たせた。それ以降日中関係は次第に安定化しつつあり、2012年に発足した習近平執行部による安定した政権運営を背景に、2017年に政情リスクや社会情勢・治安についての問題指摘率は36.8％と2012年に比べて大きく低下し、中国の魅力・長所として「安定した政治・社会情勢」という回答は、2013年の0.8％（14位）から2017年の3.9％（10位）へと上昇した。しかし、政情リスクや社会情勢・治安の問題への指摘は低下したとはいえ、2017年時点で中国におけるビジネス環境の3番目の課題となっており、日本企業の懸念を完全に払しょくしたわけではない。日中関係は、引き続き日本企業ならではのビジネスリスクとなろう。

法律や規制の整備と運用

日本企業は、「法律や規制の整備、運用」のリスクを2004年には1位（指摘率67.6％）としていたが、2013年には4位（同44.5％）、2017年には6位（同20.0％）と順位を下げている。しかし、2013年に中国ビジネスの縮小・撤退を検討する理由として、「法律や規制が整備されておらず、運用も不安定だから」を3位（回答率32.7％）に挙げており、法律や規制の整備、運用への不信感が根強く残っていることが分かる。

中国政府は、外資系企業の投資環境を改善するため、投資の利便性の向上や関連する法律・法規の健全化と整備、法の執行と監督の強化などに関する措置を講じてきた。また、2013年以降上海をはじめ、天津市、福建省、広東省に、自由貿易試験区が相次いで設置され、ネガティブリスト方式、人民元の自由化、金利の市場化等の試験的な実施やサービス業の開放拡大、外資企業の設立や運営に関わる法制度の変更などが行われている。政府の努力は一定の成果を挙げたが、なお多くの問題が残っている。2015年に日本企業をはじめ外国企業

が独占禁止法に基づくカルテルや支配的地位濫用に関する調査や取り締まりを受け、多額の課徴金を課されたが、独禁法の運用、執行面では当局の裁量が大きいなど様々な議論を呼んでいる。特に、日中間の政治的対立の中で、日本企業を対象とした独禁法の適用を「チャイナ・リスク」として捉える向きもある（第4章5節）。

アメリカ企業も同様に、法律や規制の不備・不十分な点を問題視している。「腐敗・詐欺」（69.3％）、「市場の未成熟」（62.1％）を中国ビジネスの阻害要因として挙げている。

また、日本企業は、「労働力の不足・適切な人材の採用難」（2017年12.7％）を中国におけるビジネス環境の諸課題で12番目に挙げているが、「人的資源の制約」（2016年78％）を経営の3番目の阻害要因として挙げているアメリカ企業と比べるとそれほど大きく問題視していないように見える。

3-2 今後の中国でのビジネス展開について
既存ビジネス

日米企業は今後（向こう3年間）の中国をどう見ているのだろうか。日本企業の約半分は、既存ビジネスの拡充や新規ビジネスを検討している。特に、規模別に見ると大企業、業種別では化学、情報通信機器器具・電子部品・デバイスは中国ビジネスへの意欲が高い。一方、アメリカ企業の大半も今後（向こう5年間）の中国ビジネスについて楽観的に見ている。アメリカ企業の半数以上は中国を「第1位」または「トップ3」の海外投資先としている。

日米企業の多くが中国ビジネスを前向きに見ているのは、「世界の工場」から「世界の消費大国」への変貌に伴い中国に構造変化が起きているためである。2010年に中国の経済規模は名目GDPで日本を抜き、アメリカに次ぐ世界第2位の大国になったが、その後もさらに拡大し続け、2017年には日本（4兆8721億ドル）の約2.5倍に相当する12兆146億となっている。購買力平価ベースGDPでは、中国は2014年にアメリカを逆転し、2017年にはアメリカ（18兆6245億ド

第6章　中国ビジネスにおける日米企業

ル）の1.2倍以上となる21兆4510億ドルに達している[2]。

　「世界の消費大国」としての中国の魅力は、巨大さだけでなく、消費構造の高度化にもある。対財消費シェアの低下と対サービス消費シェアの上昇は、都市世帯と農村世帯のそれぞれにおいて長期的に見られる傾向である。例えば、1990年から2015年にかけて一人当たり消費額に占める食料品のシェアは都市世帯で54.2％から34.8％、農村世帯で58.8％から33.1％へと低下、衣料品のシェアは都市世帯で13.4％から9.5％、農村世帯で7.8％から6.0％へと低下している。これに対して、交通通信のシェアは都市で3.2％から16.2％、農村で1.4％から12.6％、医療保健のシェアは都市で2.0％から6.4％、農村が3.3％から9.2％へと上昇している（滕［2017］pp.186-187）。

　World Economic Forumは、国際競争力指数（GCI）に基づいて、各国の競争力ランキングを公表している。GCIとは、各国の制度、インフラストラクチュア、マクロ経済環境、健康及び初等教育、高等教育及び職業訓練、市場の効率性、雇用市場の効率性、金融市場の成熟、テクノロジーの応用力、市場の規模、ビジネスの成熟度、イノベーション力の12の指標に基づいて算出したものである。World Economic Forum（2017）によると、2017年の世界競争ランキングでは、中国が第27位にランクインされ、BRICS（新興市場国:ロシア38位、インド40位、南アフリカ共和国61位、ブラジル80位）で大きく先行している[3]。

　しかし、日米両企業において、中国ビジネスへの懐疑が台頭している。中国ビジネスについて、日本の大企業は6割が積極的な姿勢を堅持しているのに対して、中小企業は相対的に慎重になっている。日本の企業間で中国ビジネスへの温度差が生じる要因は、大企業のほうが中小企業よりも経営体力があるうえ、中国にすでに多大な投資を行っているという投資の不可逆性（Irreversible）のため、容易に他国・地域へ移管出来ないという事情がある。

---

[2] IMF‐World Economic Outlook Databases。
[3] World Economic Forum, The Global Competitiveness Report 2012018
　（https://www.weforum.org/reports/the-global-competitiveness-report-2012018）

一方、アメリカ企業は中国ビジネスを楽観的、あるいはやや楽観的に見ている企業の割合が低下し、悲観的に見ている企業が2014年以降上昇している。また、今後中国を上位の投資先として挙げた日米企業の割合はともに低下している。日米に中国ビジネスを懐疑的に見ている一部の企業が存在する背景として、2010年以降における中国経済の構造的要因（例えば人件費の上昇、成長率の低下など）がある。しかし、日米企業の多くがすでに中国への進出を果たしていることも一因である。本章の1節で見たとおり、日本企業の海外拠点の約6割が中国にある。

　企業の機能・経営戦略において、日本企業が今後中国で拡大しようとする生産、販売、物流、地域統括、研究開発といった諸機能を国・地域別に見ると、2017年時点で中国はすべての機能で1位を占めている。他方、アメリカ企業は、中国を製品の最終消費地及びグローバル生産の部品調達地として、中国市場のニーズに応じた現地生産または原材料調達という機能を強化している。計画追加投資の分野を見ても、販売・営業・市場開拓の割合は諸分野で最高（2017年47％）である。

　投資移転

　カントリーリスクは、外国へ投資を行う企業にとって大きなチャレンジである。中国ビジネスのリスクに対する対応は日本企業とアメリカ企業の間で異なる。

　日本企業で国内外の拠点・機能の再編を「過去2〜3年の間に行った」あるいは「今後2〜3年以内に行う予定である」を合わせたものを国別に見ると、日本に次ぐ2位の中国からの移転の割合が上昇する（2016年36％）一方、拠点・機能の移管先の国・地域で1位の中国は、割合が低下している。2010年以降ASEAN地域は日本企業の最大の移管先となっている（2017年31％）。日本企業は、これまでリスクヘッジのため中国を1位の移管先としていたが、今後ASEAN地域を中心にしようとしている。日本企業が移管先を中国からASEAN地域に変えた理由として、これらの地域と安定した政治関係を持っているほ

か、事業コスト、インフラなども挙げられる。例えば、タイは、インフラ整備、日本企業や日本人が多いこと、裕福な中間層の増加、事業コストが安いことなどで注目されている。事業コストについて見ると、タイの製造業の一般工員の月額賃金は366ドル、非製造業の一般工員の月額賃金は669ドルであり、中国の人件費の7割程度である。ベトナムについても人件費と日本への利子送金課税が中国に比べて安いため、企業の移管先として有力視されている。

一方、約8割のアメリカ企業は2016年に中国への投資計画について「変更ない」と回答している。中国への投資計画のほかの国・地域への変更は2割ほどあるが、東南アジア地域への変更はわずか1割未満である（2016年8.6％）（AmCham Shanghai［2017］p.33, p.51）。

むすび

1990年代以降日本企業は何度も対中投資ブームを引き起こした。近年における日本企業の対中投資の低迷は、尖閣を巡る日中関係の悪化に一因があることは否定できないが、それよりも、中国経済の構造調整、人件費の上昇、円安などの経済的要因のほうが大きく影響しているものと思われる。これらの経済的要因はアメリカ企業の中国ビジネスにも同じ影響を与えている。また、これまで対中投資が旺盛だった時期の反動で、日米企業の対中新規進出の一服感も低迷の背景にある。

2010年代に入ると、中国経済の成長が鈍化するとともに、外国投資企業の中国離れが起きていると言われる。例えば、近年、日本では脱中国が声高に叫ばれており、日本企業は中国から大挙して撤退しているとも言われている。しかし、日本企業の動向を見ると分かるように、対中進出ブーム期でさえ撤退企業が存在している。例えば、撤退企業数は、尖閣事件までの2007年に87社を記録した後、むしろ安定して推移している。撤退企業数を撤退企業と年度末現地法人の合計数で割って撤退率を求めてみると、2007年には3.5％と最も高かった

が、2010年以降は2％前後となっている。撤退率を見ると必ずしも高いとは言えない。しかも撤退率が高い要因は、中国ビジネスを見る限り撤退・被合併により現地法人数が大幅に上昇したのではなく、新規に進出した現地法人数が減少したことにある。2013年に新規に進出した企業法人数は120社にとどまり、直近のピーク期である2011年（246社）の半分にとどまっている（滕・王［2015］p.338）

　企業の新規進出と撤退の要因は、製品・投資のライフサイクルの理論で説明できる。バーノン（Raymond Vernon）は、プロダクト・サイクルを「導入期」、「成長期」、「成熟期」、「衰退期」に分けて諸段階における生産要素の投入度を考慮し、製品生産における最適立地を論じている（Vernon. R.,［1966］p.199）。このバーノンのプロダクト・サイクル理論を企業の海外投資行動（進出と撤退）にも当てはめることができよう。ある新興国の市場（emerging markets）へ進出が始まる「導入期」には、中小企業より大企業のほうが多い。それは、情報入手やリスク負担面などで大手企業が中小企業に比べて強いからである。次に、その国へ進出する企業が多くなる「成長期」には、大企業とともに、部品を提供する多くの中小企業が進出する。この時期は、進出の諸要因を十分に検討せずに、いわゆるブームのように進出が集中する場合もあるであろう。その後その国は市場（現地・輸出）、インフラ（制度・施設・技術）が整備される「成熟期」に、生産・流通などのコストが上昇した影響を受けて海外企業の進出は横ばいか、減少に転じる。結局リスク要因が一層顕在化する「衰退期」には、外国企業がその国から撤退し、ほかの国へ進出することを始める。

　今中国では、労働集約的製品市場、一部の資本・技術集約的製品市場が過当競争の状態にある。また、人件費の高騰に伴う製品コストの上昇により中国の労働集約的産業に進出している外国企業は日本も含めて苦しい状況に置かれている。そのため、一部の外国企業は中国から撤退したり、または中国の東部沿海地域から内陸へ移転したりしている。この動向は、中国経済のプロダクト・

第 6 章　中国ビジネスにおける日米企業

サイクル的変化に伴う外国企業の対中投資のライフサイクルの変化にほかならない。

　衰退産業・旧製品が退場するとともに、成長産業・新製品が登場する。いつまでも投資ブームは続かないが、利益が存在するかぎり、資本は必ず向かい、新しいブームを再び引き起す。中国商務部によると、2017年上半期（1月～6月）の対中外国直接投資（実行ベース）が前年同期比5.4％減となるなか、日本は0.6％増の17 億3,000 万ドルで、2016年通年の7位から4位へと上昇した。また、日本側の国際収支統計（業種別・地域別直接投資）では、2017年第1 四半期の対中直接投資は前年同期比33.8％増の2,830億円と2桁増となった。2016年通年の3.2％減からプラスに転じた（ジェトロ［2018c］pp.2-5）。今後中国の経済成長と産業構造の高度化によって新しいビジネスチャンスが生まれ、外国企業が新しい分野で対中投資ブームを再び引き起こす可能性は十分にある。

第7章　世界へと向かう中国

はじめに

　中国は凄まじい勢いで世界に進出している。内面的に問題があるにせよ、モノ、マネー、ヒトの純然たる量では中国の貿易額と海外旅行者は今や世界第1位、中国による対外直接投資は世界第2位を誇っている。1978年の改革開放以後、閉鎖経済から開放経済への大転換に伴い、モノ、マネー、ヒトの国際的大移動が起きた。改革開放から1990年代までの国際移動は、モノについて輸出と輸入という双方向で行われたが、マネーとヒトについては外国企業による対中直接投資と外国人旅行者による中国旅行（インバウンド）を中心に、一方的で受動的な展開をしていた点が大きな特徴だと言えよう。

　ところが2000年代に入ると中国企業の対外直接投資、国民の海外旅行（アウトバウンド）が盛んになり、マネーとヒトの国際移動はそれまでの一方向なものから双方向で行われるようになり、従来の受動的な国際化から能動的な国際化へと変貌しつつある。特に2001年のWTO加盟を契機に、中国経済と世界経済との相互依存関係が一層深まり、中国企業が海外へと打って出ていくケースが目立つようになるなど、チャイナマネーは世界を席巻している。一方、海外旅行も2000年以降本格化し、国際観光市場におけるキャッチフレーズがかつての「中国旅行（China Tourism）」（チャイナツーリズム：外国人による中国旅行）から「中国人旅行者（Chinese Tourist）」（チャイニーズツーリスト：中国人による海外旅行）に変わったほどである。

　本章の目的は、中国経済の国際化を世界進出という側面から捉え、企業の対外直接投資と国民の海外旅行を取り上げて考察することにある。以下、第1節

では、中国の海外進出の背景を論じる。第2節では、企業の対外直接投資の実態と動機を明らかにする。第3節では、国際旅行について外事接待中心から観光産業化への政策転換、インバウンドからアウトバウンドへの構造変化、及び最近における国民の海外旅行の動向を明らかにする。第4節では世界に進出する中国の成果と課題とは何かを整理する。最後に、本章のむすびを述べる。

1　世界進出のマクロ的背景

1-1 国内経済
企業・個人の所得向上

中国は、1978年の改革開放から2010年までの33年間における経済成長率が年間平均10％を記録し、2000年代の10年間にわたる全盛期を経て世界第2の経済大国に駆け上った。経済成長に伴い産業構造が高度化することで、経済発展を遂げた。経済発展の過程において企業も大きく成長している。米フォーチュン社のFortune Global 500（FG500）のランキングによると、1995年に3社しかランクインしていなかった中国企業は、2012年には74社と、日本の68社を上回り世界第2位となり、2016年には103社で世界第1位のアメリカの134社に迫っている[1]。

一方、国民の所得水準を見ると、一人当たりGDPは、2001年に1000ドル、2010年に4000ドル、2015年には8000ドルを相次いで突破している。旅行需要と国民の所得水準あるいは余暇時間の間には強い相関関係があると言われる。一般的に、一人当たりの所得が300ドルから400ドルまでは国内旅行への需要、1000ドルに達すると海外旅行への需要、さらに3000ドル以上に上昇するとより遠方の海外旅行に対する需要が高まるとされている。中国の一人当たりGDPを見る限り、国民の海外旅行需要は十分にあると思われる。世帯所得水準を見

---

[1] http://fortune.com/fortune500/. 2017年8月18日アクセス

ても1978年から2015年の間に実質14倍以上に向上し、さらに消費構造は衣食中心から高付加価値の財・サービスへの追求に変わっている（滕［2017］p.100, pp.178-180, pp.185-186）。

経済発展における企業の成長、国民所得の向上と消費構造の変化は、企業の対外投資と国民の海外旅行の経済的基盤となっている。

有効需要不足の時代

1990年代後半になると、計画経済時代に慢性的な供給不足であった中国経済が、ついに供給過剰、有効需要不足、稼働率低下に悩まされるようになった。1992年の鄧小平による「南巡講話」をきっかけに改革開放が再出発し、天安門事件（1989年）後の沈滞ムードの反動で、投資ブーム、経済過熱化が生じたことで供給過剰構造が形成された（滕［2017］pp.92-93）。山積する在庫に喘いでいる中国にさらに追い打ちをかけたのが1997年に勃発したアジア金融危機である。金融危機で外国の対中投資（対内投資）と中国の輸出は減速し、それにより、供給過剰問題が一層深刻さを増した。他方、1990年代には体制改革が加速し、特に国有企業の合理化で失業者が大量に発生し、都市部登録失業者数は、1.5倍に増加した。改革による大量失業という「痛み」は、当然ながら国民の消費マインドを低下させた。1990年代の最終消費率（GDPに占める最終支出の比率）は、平均58.9％で、1980年代の平均である63.6％を下回った（滕［2017］pp.228-229, pp.183-184）。

コスト競争力の低下

1990年代末頃から中国は、「世界の工場」と呼ばれるようになった。圧倒的なコスト競争力を誇る製造業を支えたのは安価で豊富な労働力である。しかし、農村人口の減少と生産年齢人口（15〜64歳の人口）の伸び悩みで中国の労働力は減少傾向にある。まず、農村人口について見ると、改革開放後農村では生産性向上で発生した農業余剰労働が都市部へ流入し、農村出稼ぎ労働者（農民工）として製造業をはじめ産業経済を支えてきた。農業分野（伝統的部門）から余剰労働力が工業分野（近代的部門）へ流出するという無制限労働供給が

最終的に限界に達する状態は「ルイス転換点」と呼ばれる。都市人口の増加により都市化が進展するとともに、総人口に占める農村人口の割合は、1980年の80％から、2003年には59.5％へと6割以下に低下し、2016年には42.7％となっている。中国の農村では依然として過剰労働力が存在するものの、転換点に近づいているのは間違いない。次に、中国の人口統計から、生産年齢人口の伸び率を見ると、1990年代においては平均1.3％であったが、2011年から2015年までの期間は平均0.2％と伸び悩んでいる。

　農村人口と生産年齢人口の減少による労働の供給制約を背景に、1990年から2015年までの製造業における実質賃金は約9倍に上昇し、特に2005年から2015年までの平均年間実質上昇率は10％を超えている（滕［2017］pp.171-172）。中国国内における人件費の上昇は、コスト競争力を武器としてきた企業の経営を圧迫している。

資源・エネルギー不足

　経済成長に伴い、国内では資源・エネルギーの需給逼迫が次第に表面化した。1980年代後半、沿海地域発展戦略が打ち出されたが、それは原材料・エネルギーを海外市場で調達し、国内で加工、組み立てをして輸出するといった、いわゆる「両頭在外」の政策である。当時資本・技術不足を補うために、外国の資本と技術を導入する手法が採用された。1990年代以後、資源・エネルギーの需給逼迫がさらに深刻化し、1985年にエネルギーの総需要を921万トン（標準石炭1トン＝石油0.7トン換算、以下同じ）上回った総供給は1990年には総需要を2565万トン下回った。1993年から石油純輸入国に転じ、2009年には石油輸入量が国内生産量を上回るようになった。また、同じ2009年にはエネルギーの自給率を維持するうえで最も頼りとなる石炭も純輸入国に転じた（中国国家統計局［各年版］）。

　2009年1月に政府（国土資源部）は、「全国鉱産資源規画（2008～2015年）」を公表し、2020年には、45品目の鉱物品のうち、19品目が不足状態に陥り、主要鉱物品の輸入依存率も、石油が60％（現在50％）、鉄鉱石が40％前後へと上

昇することに対して危機感を募らせている。重要な鉱物資源について国内での採鉱、採掘、開発に力を入れると同時に、外国の資本・技術の導入と、海外進出により外国における鉱物資源の共同開発を積極的に進めるとしている[2]。

1-2 対外経済
国際協力の枠組みの活用

中国は、国際協力の枠組みを活用しながら、貿易、直接投資、対外援助を組み合わせた包括的な対外経済協力を推進したが、その動向は2000年代に入ると、より顕著になった。多国間に関する国際地域協力については、例えば2000年に発足した中国とアフリカの中国・アフリカ協力フォーラム（Forum on China-Africa Cooperation: FOCAC）が3年ごとに持ち回りで開催されており、中国とアフリカ諸国間の外交、安全保障、貿易、投資などの関係を調整、促進する機能を担っている。直近のFOCACは、2015年12月に南アフリカのヨハネスブルグで第6回会議が開催され、中国はアフリカに対して、今後3年間（2016〜2018年）で600億ドル（約7.4兆円）の支援を表明するとともに、産業、金融、環境、貿易投資、貧困撲滅など10分野にわたる支援計画（十大協力計画）を公表した。

2001年に上海で設立された中国と中央アジア諸国による「上海協力機構」では、加盟国が抱える共通課題のほかに、国内における資源、エネルギー問題を背景に、石油、天然ガスが豊富なロシア、中央アジアとの関係強化を図ろうとする戦略的な意図が働いている。

また、2010年1月に発効した東南アジア諸国連合（ASEAN）・中国FTA（ACFTA）では、国際分業を巡り、中国企業による域内投資を展開すると同時にASEAN諸国・地域の企業による対中投資を呼び込むための環境が整えられた。2017年にフィリピンのマニラで開かれた「中国ASEAN観光合作年」開

---

[2] 中国国土資源部HP（http://www.mlr.gov.cn/xwdt/zytz/200901/t20090107_113776.htm、2017年8月20日アクセス）

幕式では、中国の李克強首相が中国とASEANの協力関係における旅行分野の重要性を強調し、旅行を通して各分野の協力関係を強化する姿勢を示した。

近年において中国主導の最も包括的な国際経済協力の枠組みは、「一帯一路（Belt and Road）」構想であろう。2013年に中国の共産党総書記、習近平（国家主席）は「シルクロード経済地帯と21世紀海上シルクロードの共同建設推進のビジョンと行動」の構想を提起した。同ビジョンで唱えたシルクロード経済地帯（中国語で「絲綢之路経済帯」）と21世紀海上シルクロード（同「21世紀海上絲綢之路」）にちなんで、「一帯一路」と呼ばれている。中国は「一帯一路」沿線国・地域を中心に国際経済協力の枠組みを一層強化することで、中国資本の海外進出を支援、加速させることとなった。

貿易不均衡

1990年代に中国の経常収支が黒字化に転換すると、貿易黒字の規模が拡大し続け、また成長期待から巨額の投資マネーが中国に流入したため、人民元の上昇圧力と過剰流動性が高まった。人民元への換金による急激な元高が輸出産業へダメージを与えるという事態を回避するため、政府は元売り・ドル買いという為替介入政策を続けた。輸出産業の価格競争力を維持するため取った為替介入政策により、人民元相場を1ドル＝8.28元前後（1997年8.2898元、2004年8.2768元）と実勢より低く抑えた結果、外貨準備高は2001年以降2桁の伸びを続け、2006年2月末には日本を抜いて世界最大の外準保有国になり、2014年には3兆9000億ドルと、第2位の日本（1兆2600億ドル）の3倍になっている。

世界最大の外準保有国になった中国は、対外投資企業に対して潤沢な資金を提供することが可能となると、審査と認可についても寛容な態度を取り始めた。政府による対外投資管理モデルの改革では、従来の「許可制」から「ネガチェック制」への転換、対外投資企業管理のルール化と簡素化、許認可権の分権などが行われた（商務部研究院［2010］pp.5-6）。一方、国民個人の持ち出し外貨枠制限を緩和し、2003年6月に持ち出し外貨枠を2000米ドルから5000米ドルに増額した。海外旅行は、国内旅行に比べて、高額な出費を伴う金銭消費

型の旅行であると同時に、計画から完了まで長い時間を要する時間消費型の旅行でもある。家族計画に大きな影響を与える個人海外旅行は、政府の金銭面での規制緩和により大きく影響を受けることになる。

　他方では、貿易不均衡や外貨準備高は、国際的な批判を招いている。2000年に日本に代わって中国が米国の最大の貿易赤字相手国となってから、米国は日本への怒りの矛先を中国へ向けるようになり、人民元の引き上げを強く要求するようになった。中国は世界最大のAD対象国となっており、WTOの統計によると、1995年から2014年までの中国のAD被発動件数の合計は759件で2位の韓国（213件）の約3.6倍もの数となっている。そもそも2001年に中国がWTOに加盟した際、加盟議定書で15年間はダンピング調査などで不利な条件を課される非市場経済国として扱われるため、AD調査、提訴された場合、企業は大きな負担、不利益を強いられる。2016年12月11日に非市場経済国としての扱いはすでに失効したはずであるが、アメリカや欧州連盟（EU）などはダンピング防止関税に関する規則で依然としてこの扱いを継続している。

　世界一の外貨準備高による潤沢な海外進出資金、近い将来の人民元高期待は、企業の海外進出の要因となっている。また、ADの頻発に関して、皮肉にも非市場経済国による高目のAD税なども企業の対外投資による摩擦回避への金銭的インセンティブとなっている。他方、政府が国民の海外旅行規制を緩和させたのは、大量の中国人旅行者を海外へ送り出し、有り余る外貨を使わせ、貿易不均衡や外貨準備資産のリスクヘッジを図ろうとする思惑が見え隠れしている。

2　企業の対外直接投資の展開

2-1 国家海外進出戦略

　中国企業の対外投資は社会主義計画経済時代でも見られたが、しかしそれは中国の対外援助活動を請け負い、政府の外交、対外経済政策を体現するもので

あり、企業の経営意思決定に基づいた経済的投資行動ではなかった（第1章3節を参照）。企業の経済活動としての対外直接投資が始まったのは1978年の改革開放以降である。対外開放という政策転換を受けて、企業による海外投資会社の設立が改革方針を示す「経済改革に関する15項目」に盛り込まれた。しかし、当時、企業の対外直接投資が制度的に容認されたものの、運営面において対外投資が可能な企業は貿易経営権を持つ対外貿易公司、政府直轄の経済技術合作公司に限られ、海外進出案件に対する審査プロセスが不透明なうえ申請要件が厳しく、許可権が国務院に一元化されていた。対外開放後、1990年代までの資本が不足している経済状況のなか、経済発展は外国資本の導入を中心に行われ、企業の対外投資は厳しい制限を受けていたのである。

　1990年代半ば以降、中国経済が供給不足から有効需要不足の時代に突入するにつれて、政府は企業の海外進出を積極的に進め始めた。1997年9月に中国共産党第15回大会が開かれ、そこで国内と国外という二つの市場と資源を活用すべきだと唱えられ、資本の海外進出が提起された。同年12月24日に「全国外資工作会議」が開かれ、「走出去」（ゾウチュチィ：Go Global）というスローガンが公式に打ち出された。

　2000年代に入ると、政府は海外進出を国家戦略として打ち出した。2001年から第十次五カ年計画（2001～2005年）が実行されるが、同計画期には、対外経済協力として対外請負事業と対外労務協力及び海外加工貿易の展開、製品・サービス・技術の輸出、国内において不足する資源・エネルギーの海外調達の支援、海外での研究開発拠点の設立の奨励、企業の国際的経営の展開を支援する体制を強化するとされた。また、政府の役割として、海外投資に対する支援・サポート体制の強化、改善、及び金融、保険、為替、税制、人材、法律、情報サービス、出入国管理などの面での海外進出のための環境の整備、海外進出企業の経営管理体制、ガバナンス体制の確立、対外投資活動の監督、管理体制の強化などが規定された。第十次五カ年計画では、企業の海外進出が国家戦略として明確に位置付けられ、企業の対外投資活動が制度化されたのである。

その後、第十一次五カ年計画期（2006～2010年）には、多国籍企業の育成、進出先との経済協力による資源開発などに力を入れるとされた。そして、2009年には「対外投資管理方法」が公表、施行され、対外投資案件の許認可権の一部のみ（例えば、国交のない国・地域への投資、1億ドル以上の大型案件など）を商務部に留保し、そのほかの8割以上を地方に移譲すると決定された。

第十二次五カ年計画期（2011～2015年）では、「現地の民生改善に資するプロジェクト協力を積極的に展開し、海外進出企業と対外協力事業は、社会的責任を履行し、現地の人々の福祉を増進しなければならない」との方針が改めて示されている。これを受けて、2012年に商務部は「第十二次五カ年計画期における対外経済協力と発展の主要課題及び重点活動」を発表し、進出先への配慮を強調した。進出先との関係重視の背景には、対外投資の拡大とともに進出先の地域社会、自然環境、社会福祉などを巡るトラブルが発生するようになったことがある。また、同五カ年計画期中の2013年に打ち出された「一帯一路」構想は、中国資本の海外進出戦略と表裏一体をなしている。同構想では「共商、共建、共享」（共に話し合い、共に発展し、共に分かち合う）の原則を掲げて、沿線国・地域のインフラ建設、貿易投資、金融支援、人的・文化的交流など多岐にわたる国際協力事業を展開している。その背景には従来の中国資本の海外進出に対して、現地の雇用対策や自然環境への配慮が欠如しているなどの批判があったからと見られる。

2-2 対外直接投資の展開

対外開放の進展に伴い、企業の対外直接投資は、制度的に認められるようになったものの、厳しい審査と許認可制度の下で事実上制限されていた。1990年代において企業の対外投資額は平均年間20億ドル余り（以下、明記しない限り、ネットベースのフロー）の規模にとどまっていた（図表1）。

2000年代に入って政府が資本の海外進出を国家戦略として打ち出すと、企業の対外直接投資も本格化する。2002年に国際基準に基づいた対外直接投資統計

図表1　中国の対内投資と対外投資の推移

（資料）2001年まで野村資本市場研究所、2002年以降は、商務部・国家統計局・国家外為管理局[2016]「2015年中国対外直接投資統計公報」より作成。

（注）対外直接投資について、2005年まで非金融部門のみ、2006年以降金融部門を含む。対内投資は2008年まで国家統計局データ（金融部門を含まない）、2009年以降は商務部データ（金融部門を含む）。

が確立、公表されるようになり、同年には公式データとして27億ドルが計上されている。2006～2010年（第十一次五カ年計画期）における累積対外投資額は2289億2000万ドルであったが、2011～2015年（第十二次五カ年計画期）になると、その2.4倍の5390億9000万ドルにまで拡大した。世界の対外投資に占める中国の割合は2011年に4.8%であったが2015年には9.9%（中国商務部　[2016] p.4）に達した。

2-3 投資構造

中国企業が海外のどこの、どの分野に、そして、どのような形態で投資されているかを見てみたい。

投資先の国・地域

中国企業の対外投資は基本的にアジアを中心に行われている。中国の対外投

資統計によると、2016年にはアジア向けの投資は1302億7000万ドルで全体の66.4％を占めている。アジアに次いで中南米（ラテンアメリカ）が272億3000万ドルと、全体の8.6％を占め、北米は203億5000万ドルで全体の7.4％を占めている（中国商務部［2016］）。

中国の対外投資を国・地域別に見ると、香港とタックス・ヘイブン地へ集中していることが分かる（図表2）。2016年には、香港が中国本土による対外直接投資先の第1位で、対外投資全体に占める割合は58.2％である。また中南米の

図表2　対外投資先別の投資額と構造（上位10カ国・地域）

(単位：億ドル、％)

順位	国・地域	2005年		国・地域	2010年	
		投資額	構成		投資額	構成
1	ケイマン諸島	51.6	42.1	香港	385.1	56.0
2	香港	34.2	27.9	英領ヴァージン諸島	61.2	8.9
3	英領ヴァージン諸島	12.3	10.0	ケイマン諸島	35.0	5.1
4	韓国	5.9	4.8	オーストラリア	17.0	2.5
5	米国	2.3	1.9	米国	13.1	1.9
6	ロシア	2.0	1.6	カナダ	11.4	1.7
7	オーストラリア	1.9	1.6	シンガポール	11.2	1.6
8	ドイツ	1.2	1.0	タイ	7.0	1.0
9	スーダン	1.0	0.8	ロシア	5.7	0.8
10	カザフスタン	1.0	0.8	ドイツ	4.1	0.6
	10カ国・地域計	113.4	92.5	10カ国・地域計	550.7	80.0
	対外投資計	122.6	100.0	対外投資計	688.1	100.0

順位	国・地域	2015年		国・地域	2016年			
		投資額	構成		投資額	構成	資産残高	構成
1	香港	897.9	61.6	香港	1142.3	58.2	7807.4	57.5
2	シンガポール	104.5	7.2	米国	169.8	8.7	605.8	4.5
3	ケイマン諸島	102.1	7.0	ケイマン諸島	135.2	6.9	1042.1	7.7
4	米国	80.3	5.5	英領ヴァージン諸島	122.9	6.3	887.7	6.5
5	オーストラリア	34.0	2.3	オーストラリア	41.9	2.1	333.5	2.5
6	ロシア	29.6	2.0	シンガポール	31.7	1.6	334.5	2.5
7	英領ヴァージン諸島	18.5	1.3	カナダ	28.7	1.5	127.3	0.9
8	イギリス	18.5	1.3	ドイツ	23.8	1.2	78.4	0.6
9	カナダ	15.6	1.1	フランス	15.0	0.8	51.2	0.4
10	インドネシア	14.5	1.0	イギリス	14.8	0.7	176.1	1.3
	10カ国・地域計	1315.6	90.3	10カ国・地域計	1726.2	88.0	11443.9	84.3
	対外投資計	1456.7	100.0	対外投資計	1961.5	100.0	13573.9	100.0

(資料) 中国商務部[各年版]「中国対外直接投資統計公報」、中国国家統計局[2017]『中国統計年鑑』より整理、作成。

ケイマン諸島は2005年に1位の42.1％を占めたものの、その後順位が低下したが、一貫して3位を維持するほどの有力な対外投資先となっている。イギリス領ヴァージン諸島は2010年には2位の8.9％、2016年には4位の6.5％を占めている。ケイマン諸島やイギリス領ヴァージン諸島はタックス・ヘイブン地として知られており、これらの地域へ集中的に投資するのは、税制や法人設立手続における優位性等の恩恵を享受すると同時に、そこから中国本土へ再投資すると外国からの対中投資とみなされ、中国国内における様々な対外資優遇政策を受けられるという二重のメリットが存在しているからである。2016年には、アメリカへの投資は169億8000万ドルと前年比で2.1倍増加し、対外投資全体の8.7％を占め、香港に次ぐ第2位になっている。対アメリカ投資の拡大要因は、中国企業がアメリカの製造、情報通信（IT）・コンピュータサービス・ソフトウェア、不動産といった3分野への進出を加速していることにある。2016年には、中国企業による製造、IT・コンピュータサービス・ソフトウェアへの投資は、それぞれ前年比49.6％と15.9％増加し、不動産への投資は前年の12.7倍に拡大した（商務部［2017］p.111）

次に、対外投資は「一帯一路」沿線国・地域へ集中しているのが新しい特徴である。2015年の「一帯一路」構想圏の国・地域への投資は、前年比38.6％増の189億3000万ドルで、対外投資全体の13％を占め、対外資産残高は前年比30.9％増の1156億8000万ドルで対外資産残高全体の10.5％を占めている（中国商務部［2016］p.14）。例えば、シンガポールに対する投資額は104億5000万ドルで、対外投資全体で2位となる7.2％、「一帯一路」関係国・地域で最高の55％を占めている。またロシアに対する投資が前年比4.7倍の29億6000万ドルと急速に拡大し、「一帯一路」関係国・地域全体の16％を占めている（中国商務部［2016］pp.92-93）。

投資業種

進出業種別については、次の特徴が見られる。まず、2016年にはリース・ビジネスサービスが最も高い33.5％となっている。次いで製造業14.8％、卸・小

売10.7%（その他を除く）と続いている（図表3）。リース・ビジネスサービス、製造業向けの直接投資は、それぞれ世界の直接投資全体の35.7%、2.9%を占めている（中国商務部［2016］pp.10-11）。中でも製造業向けの投資が急増し、2016年におけるその投資額は290億5000万ドルで、2010年の46億6000万ドルに比べて6.2倍に拡大し、増加率は同期間におけるリース・ビジネスサービスの2.2倍を大きく上回っている。

図表3　主要業種の投資額と構成

(単位：億ドル、%)

		2003年	2004年	2009年	2010年	2015年	2016年
金額	採鉱	13.8	18.0	133.4	57.1	112.5	19.3
	製造業	6.2	7.6	22.4	46.6	199.9	290.5
	情報通信（IT）、コンピュータサービス、ソフトウェア	0.1	0.3	2.8	5.1	68.2	186.7
	卸売・小売	3.6	8.0	61.4	67.3	192.2	208.9
	ホテル・レストラン	0.0	0.0	0.7	2.2	7.2	16.2
	金融	-	-	87.3	86.3	242.5	149.2
	不動産	-	0.1	9.4	16.1	77.9	152.5
	リース・ビジネスサービス	2.8	7.5	204.7	302.8	362.6	657.8
	その他	2.2	13.5	43.1	104.6	193.8	280.4
	合計	28.7	55.0	565.3	688.1	1456.7	1961.5
構成	採鉱	48.08	32.74	23.60	8.31	7.72	0.98
	製造業	21.76	13.74	3.96	6.78	13.72	14.81
	情報通信（IT）、コンピュータサービス、ソフトウェア	0.31	0.55	0.49	0.74	4.68	9.52
	卸売・小売	12.46	14.55	10.85	9.78	13.19	10.65
	ホテル・レストラン	0.03	0.04	0.13	0.32	0.50	0.83
	金融	-	-	15.45	12.54	16.64	7.61
	不動産	-	0.15	1.66	2.34	5.35	7.77
	リース・ビジネスサービス	9.72	13.63	36.22	44.01	24.89	33.54
	その他	7.65	24.59	7.63	15.20	13.30	14.30
	合計	100.00	100.00	100.00	100.00	100.00	100.00

(資料) 中国商務部[各年版]『中国対外投資合作発展報告』により整理、作成。

一方、交通運輸、倉庫・郵便、鉱業は2013年から大きく減少している。なかでも鉱業は、国内における資源・エネルギーの需給逼迫と政府の資源投資企業への支援を背景に、2000年代を通して企業による対外投資の主力分野であった

が、近年において減少したのは、国際市場の資源・エネルギー価格変動の景況によるものと見られる。石油、石炭、天然ガスの価格は2000年代において上昇し続けていたが、近年下落している。国際市場における資源・エネルギー価格の下落は、資源国へ投資する中国企業の売上減、資産の減損、純利益の大幅減をもたらしている。そのため、企業による資源への開発投資額も減少しているものと思われる。

　資産残高を見ると、2015年にはやはりリース・ビジネスサービスが37.3％と最も高く、次いで金融は14.5％、採掘業は13.0％、卸・小売が11.1％と続いている。

投資主体と投資形態

　投資主体を所有形態別に見ると、金融を除く非金融類への直接投資において、2000年頃、国有企業は80％以上という圧倒的なシェアを持っていたが、2016年には32％へと低下している（図表4）。また、対外投資企業の所属を中

図表4　対外投資の主体別・方式別構成の推移

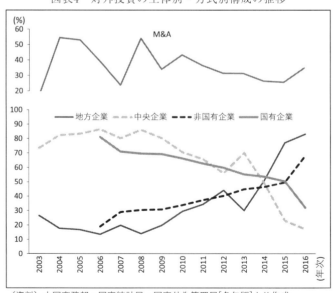

（資料）中国商務部・国家統計局・国家外為管理局[各年版]より作成。
（注）投資主体別統計は、金融を除く非金融類の直接投資である。

央地方別に見ると、ピーク時の2006年に投資額全体の86.4％を占めていた中央企業は、低下傾向を辿り、2016年には17％まで低下している。一方、かつては対外投資の脇役だった、非国有企業、地方企業は、2016年には、それぞれ68％、83％を占め、中国の対外投資における主力の地位を獲得することに成功している。

中国企業の対外投資は、当初工場建設、生産経営を中心としていたが、2000年以降海外企業の合併と買収（Mergers and Acquisitions: M&A）が増え、2004年には対外投資全体に占める割合が54.4％になった。2010年には、鉱山開発、製造、発送電、専門技術サービス、金融を中心に行われ、M&Aによる対外投資規模は297億ドルで対外投資全体の43.2％を占めた。2015 年にはM&Aによる直接投資は2010年の約1.3倍の372億8000万ドルに拡大したが、対外投資全体が拡大したため、M&Aの割合は25.6％に低下した。主要な対象分野は製造業、IT・コンピュータサービス・ソフトウェア、鉱山開発、文化・体育・娯楽などである（中国商務部・国家統計局・国家外貨管理局［2010］、［2015］）。M＆AにおいてはIT部門での躍進と資源・エネルギー分野での後退が大きな特徴となっている。2016年には、中国企業の直接投資M＆Aは862億ドルに達し、対外直接投資全体の34.8％を占めた。その背景として2016年に中国信達資産管理股フン公司（中国信達）が、88億8000万ドルで香港の南洋商業銀行の株式を100％取得するなど、中国の投資企業によるM＆Aが活発化したことが挙げられる（中国商務省［2017］p.25）。

2-4 対外直接投資のミクロ要因

中国政府は資本の海外進出支援戦略を掲げているが、対外投資の意思決定を行うのは各企業である。企業が対外投資を積極化する動機は何かを見てみよう。

海外市場の獲得

中国企業は、1980年代から国内市場の大きな購買力による販売価格の維持上

昇と安い人件費によるコスト節減で高い利益率を実現し、成長を遂げてきた。しかし、1990年代後半以降中国経済が従来の供給不足から有効需要不足へと転換し、国内市場が飽和状態に陥ったため、競争が熾烈化して、過当競争による企業の収益率が低下した。小売物価指数は1993年から1995年まで3年連続の2桁上昇（13.2％、21.7％、14.8％）から1998年の2.6％減へと下落した。しかし、この期間の実質賃金は上昇し続けていた。そのため、工業企業全体の収益率（工業生産費利益率）は1994年の5.2％から1998年の2.4％へと低下した。特に対外投資の主力となる国有企業の収益率は1994年の4.7％から1998年の1.6％へと顕著に悪化した[3]。1990年代後半における国内市場の競争激化を背景に、企業は成長を追求するため海外へ市場を求めなければならなかった。

戦略的資源の獲得

中国経済は、対外貿易と外資受け入れを通して、国際的な分業体制に組み込まれるようになった。しかし、貿易構造から、「メイド・イン・チャイナ」の輸出品の多くは、グローバル・バリュー・チェーン（Global Value Chain: GVC）における組み立て工程という最終ステージが中国で行われるだけという特徴が見られる（滕［2017］pp.169-171）。中国の国際分業の担い手である製造業企業は低付加価値の生産経営活動を行うため、従属的な立場を強いられている。GVCにおいて付加価値の高いステージへ進んでいくには、各企業が国境を越えて投資活動を行い、外国の優れた技術、経営ノウハウ、ブランド、販売ネットワークなどの戦略的資産を獲得することが必要であり、それを行うことで主導的な企業へ成長しようとするインセンティブが強く働いている。

中国の原材料・部品等の輸入額を生産工程別に見ると、加工品が1985年から1999年の14年間で158倍にも増加したのに対して、素材は21倍にしか増加しなかった。しかし、2000から2013年までの14年間で加工品はわずか6倍にしか増加していないのに対して、素材は18倍にも増加している。このことから中国に

---

[3] いずれのデータも中国国家統計局［各年版］『中国統計年鑑』による。

おける生産工程が単なる組み立てのみならず、素材を輸入して加工するプロセスにまで拡大しつつある様子が分かる（経済産業省［2016］）。つまり、中国の製造企業はGVCにおける付加価値の高いステージへ進んでいると言える。2004年に行われた中国の連想集団（レノボ）社によるアメリカIBMのPC部門の買収はその典型的な例である。中川（［2008］pp.86-94）によると、連想集団は、自国市場が急速に拡大する状況下で、PCのような技術のモジュール化と国際分業生産の進展という二面化度の大きいキャッチアップモデルを採って急成長を果たし、その規模と成長性を基盤として、技術集約性と国際性の高い企業に対してM&Aを行い、事後的にこのキャッチアップを埋め合わせたのである[4]。

貿易摩擦の回避

　貿易の急速な拡大に伴い、中国は各国との貿易摩擦が激化している。貿易摩擦の一つは廉価な中国製輸出品による貿易不均衡と対中AD調査を巡る問題である。中国製品についてAD発動はもちろんのこと、調査開始の段階でも、製造、輸出企業は調査当局への対応に追われ、莫大な時間、労力、費用が費やされることで通常の生産経営に大きな負担が生じている。この種の貿易摩擦を回避するために、企業は自ら対外直接投資という経営戦略を選択している。Nozaki・Shu（［2017］p.52, p.55）によると、中国からの対外直接投資には貿易開放度の高い国、例えばタイに投資し、そこから輸出を行おうとする行動が存在する。2007年から2014年までの240件のFDI（外国直接投資）案件のうち94件（39.2％）が中国の貿易摩擦に関連した品目を生産するプロジェクトであった。さらに、それら94件のプロジェクトのうち12件については、中国での貿易摩擦を回避するためにタイに投資したことが明らかにされた。

---

[4] 技術のモジュール化と国際分業生産の進展の二面化度とは、すなわち、技術のモジュール化が進み、また、国際分業生産によって他の工程が他社によって容易に担われうる状況下では、組み立てなどの低付加価値工程を担うのみで簡単に最終製品が製造されることを意味している（中川［2008］p.73）。

3 中国人の海外旅行

1949年の建国から1978年の改革開放まで、中国における国際旅行に関しては外国人の受け入れを中心に行われており、国民の海外旅行については、政府高官と党幹部の外国訪問や国策に基づいた海外研修、海外協力事業に伴う公務旅行しか認められておらず、国民の個人的な海外渡航は原則禁止されていた。しかし、1978年の改革開放後、対外開放の進展に伴い国民の海外旅行が段階的に解禁され、中国の国際旅行は、ようやくアウトバウンドへの幕開けを迎える[5]。

3-1 国際観光政策の転換
海外旅行の解禁

1978年、夏キャンプに招かれた香港の青少年を好奇と羨慕の眼差しで見つめていた中国本土の人々に、その5年後、厳しい制限の下にせよ、ようやくその青少年たちの故郷、当時イギリス統治下であった「資本主義社会」香港の様子を実際に垣間見るチャンスがやってきた。1983年に広東省住民の香港・マカオ旅行、親族訪問が認められ、同年11月には、中国本土で初めて、40人の海外団体旅行者が香港の地に足を踏み入れた。その後、海外旅行の解禁が進められていった。1997年には、海外旅行管理に関する法律を制定、実施し、国民の出国制限を緩和した。海外旅行に関する法律の制定は、団体旅行に限るとは言え、この頃から国民の海外旅行が法律的に市民権を得たことを意味している。また同年、67社の旅行業者が海外旅行業務を取り扱える旅行社として政府による指定を受けた。

1998年に韓国旅行、1999年にオーストラリア、ニュージーランド旅行、2000年に日本旅行が相次いで解禁された。2000年以降になると、海外旅行先の解禁はさらに拡大し、ピーク時の2004年には欧州の29カ国、アフリカ諸国への海外

---

[5] 本節は、滕［2010］を大幅に加筆、修正したものである。

旅行が解禁された。旅行先解禁の急速な拡大は国民の海外旅行への意欲を高めた。2004年に中国人出国者数は対前年比42.7％増となり、なかでも私的出国者数は55.2％増を記録している。

2007年10月には、中国とアメリカは中国国民のアメリカ観光解禁に関する合意文書に署名し、2008年6月17日には、北京、天津、上海などの13の省・直轄市住民を対象にアメリカへの団体旅行を解禁した。さらに2009年12月、中国政府はカナダ及びカナディアン・ロッキーを海外旅行目的地国家・地域に指定した。

2016年には、国民の海外旅行の解禁先は151カ国・地域にまで拡大しており、2017年1月時点で60カ国・地域において、中国旅券の所持者に対して、条件付きの査証（ビザ）免除または旅行先での査証申請（VOA: Visa on arrival）の措置が行われている。アメリカ、カナダ、シンガポール、韓国、日本、イスラエル、オーストラリアでは中国人を対象に、有効期間10年の数次査証（マルチビザ）を発行している（中国旅游研究院・携程旅行［2017］）。

2017年には国家旅游局が旅行分野の発展に関する3段階戦略を打ち出した。それは、2015年から2020年までの第1段階で粗放型旅行大国から集約型旅行大国へ、2021年から2030年までの第2段階で比較的高度な集約型旅行大国へ、2031～2040年の第3段階では高度集約型大国へ転換していくという中長期ビジョンである[6]。この野心的な戦略の下、国民の海外旅行は量も質も飛躍的に変化する可能性が高い。

大陸台湾間の「三通」政策と台湾旅行解禁

1949年に中国が大陸と台湾に分断してから、政治的、軍事的緊張によって台湾海峡両岸の往来は途絶していた。1979年に中国の大陸当局は、台湾に通信、通商、通航の直接開放（通称「三通」）を呼びかけたが、台湾は大陸の共産党政権による対台湾統一政策を恐れて、「三通」に応じなかった。

6　中国国家旅游局HP（http://www.cnta.gov.cn/xxfb/wxzl/201701/t20170120_812784.shtml, 2017年9月7日アクセス）

1992年に大陸と台湾は「一つの中国」であるという共通認識（「92共識」：92年コンセンサス）に合意した。この「一つの中国」が何を指すかについて、台湾側は曖昧にしたままの合意であったが、この「92年コンセンサス」は、その後の中国の大陸と台湾の関係を進める政治的基礎となっている。しかし、2000年に台湾の指導者選挙で民主進歩党（民進党）の陳水扁が選出されると、2008年までの在任中、「92年コンセンサス」を否定し、脱中国化を進めたため、大陸と台湾の政治関係と軍事関係は緊張した。

　大陸と台湾の政治・軍事的緊張のなか民間交流と経済活動は活発化した。2001年元旦には福建省の厦門（アモイ）と台湾の実効支配下にある金門島の間で客船が運航するという限定的な「三通」（通称「小三通」）が実施された。その後福建省の福州市と台湾の馬祖列島との間で定期船が運航されるようになった。2005年の春節（農歴元旦）には初めて大陸と台湾の直行チャーター便が就航した。また、2004年12月、2005年6月、2007年9月には、福建省住民を対象に台湾の金門、馬祖、澎湖への旅行が相次いで解禁された。

　他方、政治面では大陸側が攻勢を強めた。2005年には、対大陸柔軟政策を主張する野党、国民党の連戦主席が大陸へ招かれ、胡錦濤共産党総書記（国家主席）と1945年以来60年ぶりとなる国民党と共産党のトップ会談（国共会談）が行われた。2008年には、台湾の指導者選挙において対大陸関係改善と「三通」の実現を公約に掲げた馬英九国民党主席が当選を果たした。

　このように大陸と台湾の民間交流の活発化、国民党の政権復帰により、「三通」や台湾旅行解禁への機運が熟する。2008年に入ると大陸と台湾の関係改善はとんとん拍子で進んでいく。6月11日に大陸を訪問した台湾海峡交流基金会（「台湾海基会」と略す）の江丙坤理事長が大陸側の窓口交渉機関である海峡両岸関係協会（「大陸海協会」と略す）の陳雲林会長や国務院台湾事務弁公室の王毅主任と初会談を行い、週末の直行チャーター便運航と大陸住民の台湾旅行解禁に合意した。6月13日には、中国の大陸と台湾が「中国の大陸住民による台湾観光に関する海峡両岸間協定」に合意して、7月18日から正式に大陸か

ら台湾への団体旅行が解禁された。さらに11月3日には、台北を訪問した大陸海協会の陳雲林会長が台湾海基会の江丙坤理事長と、6月会談以来の2回目の会談を行い、台湾海峡両岸の「三通」に正式に合意し、12月15日には大陸と台湾の間で長年の宿願であった「三通」が実現された。

　台湾訪問の解禁は、2008年7月18日に団体旅行から始まった。解禁の対象地域は、まず、福建、広東などの10省と北京、天津、上海の3直轄市が指定された（図表5）。2008年以降、対象地域は徐々に拡大され、2010年7月18日にはさらに内蒙古、西蔵（チベット）、新疆、寧夏の4自治区と甘粛、青海の2省が解禁の対象地域に加えられ、台湾への団体旅行は大陸のすべての地方において全面解禁となった。一方、私的個人旅行については、2008年の解禁当初、特定の目的（商用や学術交流など）のために台湾側から招聘する形で所定の手続が必

図表5　「中国の大陸住民による台湾観光に関する海峡両岸間協定」（2008年）以後の動向

台湾旅行解禁項目	内容
台湾訪問の大陸旅行者数制限（1日当たり）	団体旅行：2008年6月13日に3000人（海協会・海基会署名）、2010年に4000人（2011年1月1日発効）、2013年4月1日に5000人。 個人旅行：2011年6月22日に500人、その後6回にわたって改正され、2016年12月15日に6000人。
解禁の対象地域	団体旅行：7月18日に北京市、天津市、上海市、福建省、広東省などの13省・市、2010年にすべての地方へ全面解禁。 個人旅行：2011年6月22日に北京、上海、廈門の3都市（第1回指定）。その後2015年3月18日まで4回にわたって開放の対象都市を指定し、天津、重慶、広州、深圳、瀋陽、鄭州、武漢など合計47の都市まで拡大。
金門・澎湖・馬祖「小三通」訪問の開放都市	2012年8月28日に、これまでの開放対象都市の福建省の福州、廈門など計9の都市に、新たに浙江省の温州など3都市、広東省の梅州、汕頭など4都市、江西省の上饒、鷹潭などの11都市を加えて4省で合計20の都市。
台湾団体旅行取扱事業者	2010年7月の164社から2017年7月の431社へ増加。
事務所	2010年5月4日に、「台湾海峡両岸観光旅遊協会」（台旅会）北京事務所が設立、2012年に11月15日に上海分会が開設、2015年11月18日に福州事務室が開設。

（資料）台湾交通部観光局[2008]『「海峡両岸關於大陸居民赴台灣旅遊協議」執行成效』（台湾交通部HP）そのほかより整理、作成。

要であったが、2011年6月22日に北京、上海、廈門の三つの都市が第1回の私的個人旅行解禁都市に指定された。その後、4回にわたって解禁都市指定が行われ、2015年3月18日までに47の都市が解禁指定を受けた。

　大陸と台湾の関係改善や台湾旅行の解禁などにより、大陸の住民は、中国のこの最後の未知の地を見に行こうとして台湾訪問ブームが引き起こされた。2010年に163万700人（延べベース、以下同じ）であった台湾を訪問した大陸旅行者は、わずか5年後の2015年には418万4100人へと2.5倍以上に拡大した。しかし、2016年5月に発足した台湾の蔡英文（民進党）政権が「一つの中国」という原則を唱える「92共識」（92年コンセンサス）を認めなかったことから、大陸側が強く反発し、台湾訪問団体旅行に開放している一日当たり5000人の割り当て枠を3分の1減らし、個人旅行を認める開放都市も北京、上海、広州、廈門の4都市に制限する方針を打ち出すなど圧力をかけている。大陸と台湾の間で再び高まる緊張と台湾訪問への規制を背景に、2016年に台湾を訪問した大陸旅行者は前年比16％減の351万1700人に落ち込んでいる（台湾交通部観光局統計）。

国民の休日・休暇制度の改革

　一般に、休日・休暇と消費支出の関係について、自由時間が増加すると在宅時間や外出の機会が増加し消費支出も拡大する。観光を通じて内需拡大の経済成長を図るためには、労働時間の短縮と休暇取得の制度化が求められる。中国では1949年に法定祝日制度「全国年節及び記念日休暇方法」（政務院、現国務院）が制定、施行されたが、1999年（全国休日観光部門間協調会議弁公室、9月18日第1次改訂）、2007年（同12月14日第2次改訂）、2013年（同12月11日第3次改訂）と3回の改訂が行われてきた（図表6）。1999年の第1次改訂では、3連休3回の連休制度が導入された。従来の春節3日間、国際労働節（メーデー、5月1日）1日、国慶節（建国記念日、10月1日と2日）2日間の休日が、春節3日間、労働節3日間、国慶節3日間に改正された。こうした休日の改正は、実際の運用では政令により土日の振替休日をセットにすると7日間の大型連休とな

る。連休の大型化による内需の拡大を狙ったこの連休制度の改正は当然ながら、国民の海外旅行需要にも大きな影響を与えることになる。

図表6　中国の法定祝日制度の改定要点

	1949年制定 （1950年施行）	1999年改正 （2000年施行）	2007年改正 （2008年施行）	2013年改正 （2014年施行）
元旦	1月1日（1日休）	同左	同左	同左
春節 休日	農暦1日〜3日 3日間	同左 3日間（土日振替で7連休）	農暦大晦日〜2日 同左	農暦1日〜3日 同左
清明節	−	−	農暦清明の日（1日休）	同左
労働節 休日	5月1日 1日間	5月1日〜3日 3日間（土日振替で7連休）	5月1日（1日休） 1日間	同左
端午節	−	−	農暦端午の日（1日休）	同左
中秋節	−	−	農暦中秋の日（1日休）	同左
国慶節 休日	10月1日〜2日 2日間	10月1日〜3日 3日間（土日振替で7連休）	同左	同左

（資料）「中国政府網」（gov.cn）より整理、作成。

　大型連休における観光旅行は、交通、外食、商業などの旅行関連産業をはじめ国内の経済成長を促進させる反面、交通機関への圧力、ゴミ、排気ガス、騒音の集中排出、観光資源、自然資源の汚染、破壊などの環境問題や、大型連休のために週末振替出勤という最大7日間の「大型連勤」による過労の問題などをもたらした。休日の分散化や観光需要の平準化を図り、大型連休が一時期に集中することによる弊害を解消しようとして、政府は2007年の第2次改訂（2008年施行）で、5月の大型連休を廃止すると同時に、清明節（農暦清明の日）、端午節（農暦端午の日）、中秋節（農暦中秋の日）をそれぞれ1日ずつ国民の祝日として導入した[7]。

　他方、1995年1月に「中華人民共和国労働法」が施行された。同労働法では1

---

[7] 中国政府網（http://www.gov.cn/shuju/index.htm. 2017年9月3日アクセス）。

年以上連続して勤務した従業員には有給休暇取得の権利があると規定され、労働時間の短縮が図られた。しかし、従業員に対する有給休暇制度の具体的な基準がなかったため、有給休暇取得の実施は国内の中国企業と外国企業の間や、大企業と小規模企業、それに業種間や地方により、大きな格差が存在していた。

また、政府は、第2次法定祝日制度の改訂で2008年から5月の大型連休を廃止すると同時に、「従業員有給休暇条例」を導入した（1月1日施行）。これに続き9月18日に条例の実施細則である「企業従業員有給休暇実施方法」を公表した。同実施細則は、企業の従業員に対して勤務期間1年以上10年未満の場合5日間、同10年以上20年未満の場合10日間、同20年以上の場合15日間、の有給休暇を取得することができると規定している（第三条）。

休日・休暇制度の改正に伴う5月の大型連休の廃止について、当初国民と旅行観光行政内部に反対論が根強かった。政府のシンクタンクである国務院研究室が5月の大型連休廃止で特定の時期における帰省、海外旅行などの遠距離旅行に影響を与えることを理由にその大型連休の復活を主張している（国務院研究室［2009］p.81）。しかし、年間を通して見た場合その影響は必ずしも大きくない。法定祝日法改正（第2次改正）が行われた2008年の中国人出国者数を見ると、4584万4000人であり、依然として対前年比2桁の伸びを維持していた。また、休暇制度の改正により中華圏3地域（香港、マカオ、台湾）、及び東南アジア、日本、韓国などへの短距離の旅行需要が高まった。ヨーロッパ旅行、アメリカ旅行にしても、週末の休日と有給休暇を結びつけて活用することで遠距離の海外旅行も可能である。したがって、5月の大型連休廃止による観光需要への影響は限定的であり、むしろ国民の有給休暇取得率を向上させることが重要な課題となっている。

3-2 中国人海外旅行者の規模・構造変化・旅行シーズン
海外旅行の規模拡大

中国人の海外旅行は1983年に広東省を対象とした部分解禁が実施されたこと

第 7 章　世界へと向かう中国

を皮切りに始まった。初期の海外旅行では、渡航先が限られ、査証審査も厳しく、また、申請手続も繁雑であったが、対外開放の進展に伴い海外旅行への規制緩和が進んだ。1990年までにシンガポール、マレーシア、タイの3カ国への親族訪問旅行が解禁されて、その後、「新馬泰旅行」（シンガポール・マレーシア、タイを巡る観光ツアー）という新語が出たほど周辺国家への観光旅行ブームが起きた。

インバウンドを中心とした従来の国際旅行統計においても、1998年になってようやくアウトバウンドのデータが5年前（1993年）まで遡って整備されたうえで公表された。同統計によると、1993年の中国人（本土住民）の出国者数は584万4000人であった（図表7）。その後、渡航先解禁の対象国・地域が拡大するにつれて、本土住民の出国者数は、増加していき、大型連休制度が実施された1999年の翌年、2000年には前年比で13.4％伸びて1000万人の大台に乗った。さらに2017年には1億4300万人に達して、インバウンド（2017年1億3950万人）と逆転した。

表7　中国における入国者と出国者の推移

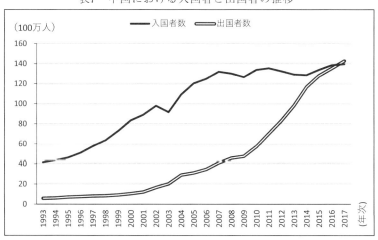

（資料）中国国家統計局[各年版]より作成。
（注）人数は延べベースである。

海外旅行者の構造変化

中国の海外旅行は、「公務・商用旅行」と「私的旅行」に大別できる。以前は海外旅行に対する厳しい制限と低い所得水準を背景に、国民の海外旅行は公務・商用旅行が中心であり、私的旅行はほとんどなかった。1980年代半ば以後、対外開放と海外旅行の解禁が進展するにつれて私的旅行者数が徐々に増加し、2000年には中国の海外旅行者全体の53.8%を占める563万人に達し、公務・商用旅行（484万1700人）と逆転した（図表8）。2017年には私的旅行者数は1億5800万人となり、国民の海外旅行者全体の95.2%を占めるようになっている。

図表8　出国者構成の推移

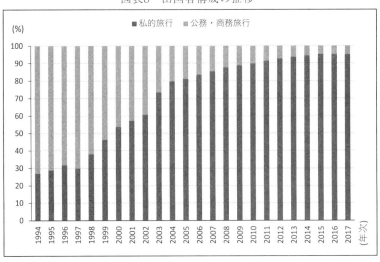

（資料）中国国家統計局[各年版]より作成。

私的旅行は、さらに「海外旅行」、「国境旅行」、「香港・マカオ旅行と台湾旅行」の三つに分けられる。私的旅行のうち「海外旅行」とは、個人が自費で団体旅行または個人旅行の方式で、政府の承認を得た、いわゆる解禁された海外旅行目的地の国家・地域へ旅行することを指す。「国境旅行」とは、中国

第7章　世界へと向かう中国

と国境を接する国との間で行われる旅行活動のことである。国境旅行では、旅行のエリアと期間などが中国と隣接する国の双方の政府の協議によって規定される。また、旅行代理店や税関なども政府に指定され、出入国の通関手続も通常より簡素化される。国境旅行は、主に黒龍江省、内モンゴル自治区、遼寧省、吉林省、新疆ウイグル自治区、雲南省、広西チワン族自治区等の国境沿いの地方と、ロシア極東地域、モンゴル、北朝鮮、カザフスタン、キルギスタン、タジキスタン、ミャンマー、ベトナムなど隣接する15カ国との間で展開されていた。しかし、2005年以後、越境賭博や国際犯罪などの問題が深刻化したことや2008年に開催する北京五輪の安全を確保することなどの理由で、中央政府は出入国の管理と規制を厳格化した。相手国も相応の措置を講じたため、国境旅行は萎縮している。

最後に、「香港・マカオ旅行と台湾旅行」であるが、それは中国本土の住民が指定旅行社を通して香港・マカオ、または台湾といった中華圏3地域へ旅行する活動を指す。1997年7月に香港、1999年12月にマカオの主権が相次いで中国に返還された。香港とマカオの主権返還を契機に、この二つの地域と本土の間の旅行はさらに盛んになった。しかし、主権返還後の香港とマカオでは、それぞれ「一国二制度」原則[8]に基づいて特別行政区が成立したため、中国本土から見た「辺境」性が依然存在している。香港とマカオでは人民元（CNY）ではなく、香港ドル（HKD）、パタカ（MOP）という通貨を使い、中国本土の住民が行くには「往来港澳通行証」という許可証、事前資格審査、通関などの出国、入国手続が必要である。一方、台湾はいわゆる「中華民国」によって実効支配されているため、台湾への旅行には、香港・マカオより繁雑な通関手続が必要であった[9]。旅行統計でも香港・マカオ、台湾からの旅行者が「香港・

---

[8] 香港、マカオは主権が中国に返還されるに伴い、本土とともに一つの中国に属する（一つの国）ことになるが、社会経済制度に関して、本土（社会主義）とは異なる資本主義が継続される（二つの制度）。
[9] 例えば、2015年まで、中国の大陸と台湾の往来は、パスポートの代わりに「台湾居民往来大陸通行証」、または「大陸居民往来台湾通行証」に加え、査証の代わりに「簽注（QianZhu）」（大陸側）または「入出境許可証」（台湾側）が必要であった。

マカオ同胞」、「台湾同胞」として「外国人」とともに「入国旅行者」（入境游客）というカテゴリに分類されている。2008年10月から2009年9月までの期間において、中国本土から香港・マカオへの旅行者数は3320万8700人、台湾への旅行者数は79万500人であり、この中華圏3地域への旅行者数は同期間の海外旅行者全体の73.1％を占めた。中国旅游研究院［2016］によると、2015年においても、この3地域への旅行者数は海外旅行者全体の7割以上を占めている。

旅行シーズン

中国の旅行シーズンとして、春節、国慶節、国際労働節が挙げられる。農暦（旧暦）の1日から7日までの大型連休となる春節は、中国で最も重要とされる祝日である。次いで10月1日の建国記念日から約1週間の大型連休となる国慶節がある。国際労働節は5月1日のメーデーから約1週間の大型連休であったが、2008年以降、休暇制度の改正とともに廃止された。ほかには、西暦の元旦をはさんだ年末年始や、学校の冬休み（1〜2月）と夏休み（7〜8月）などがある。そのなかでも年末に当たる12月は、会計年度末でもあるため、予算の駆け込み執行などで海外、国内への公務旅行や商用旅行が増える傾向が見られる。特に海外旅行が完全自由化されていない中国では、12月は無視することのできない海外旅行シーズンの一つとなっている。また、法定休暇、休日に対して、1995年に有給休暇制度が導入されたが、この有給休暇制度によって国民の労働時間が短縮されるとともに、国内・国外旅行需要も一定程度、分散されている。

近年、大型連休のなかでは、特に春節連休期間中の旅行が脚光を浴びている。春節連休期間は家族と過ごすという伝統があるため、連休期間中の旅行は帰省が中心であり、物見遊山的な旅行は10月1日の国慶節に伴う大型連休に比べて少ない傾向がある。しかし、近年、国内外を問わず春節連休期間中の旅行が増えている（図表9）。春節連休期間における旅行の増加要因は、2008年から5月の大型連休が廃止されたことにより、春節連休期間中の旅行需要が高まったためである。また、物見遊山的な旅行需要の増加は、同期間における旅行全体の増加要因でもあった。中国観光研究院・携程旅行によると、2018年の

春節(2月16日)の大型連休期間において中国人の海外旅行者は過去最高650万人に達すと予測した[10]。また、携程旅行が春節期間に一人当たりの旅費・ショッピング費用を1.5万元として試算すると、期間中の中国人海外旅行消費額は約1000億元に上ると見込んでいる[11]

図表9　中国の大型連休期間における国内観光客と収入の推移

(単位:万人、億元)

年次	春節		国慶節		メーデー	
	観光客数	観光収入	観光客数	観光収入	観光客数	観光収入
2000	2000	163	5980	230	4600	181
2001	4496	198	6397	249.8	737.6	288
2002	5158	228	8071	306	8710	331
2003	5497	257	8999	346	-	-
2004	6329	289	10100	397	10400	390
2005	6902	313	11100	463	12100	467
2006	7832	368	13300	559	14600	585
2007	9220	438	14600	642	17900	736
2008	8737	393	17800	796	-	-
2009	12500	646	22800	1000	-	-
...						
2017	34400	4233	70500	5836	-	-
2018	38600	4750	-	-	-	-

(資料)劉・程・龍[2009]、全国祝日弁公室[2010]、中国国家観光局の発表より整理、作成。
(注)人数は延ベースである。

[10] 中国網 CHINA.ORG.CN
(http://japanese.china.org.cn/business/txt/2018-02/05/content_50419836_2.htm. 2018年3月15日アクセス)。
[11] 中国網 CHINA.ORG.CN
(http://japanese.china.org.cn/business/txt/2018-02/14/content_50521623.htm. 2018年3月15日アクセス)。

3-3 海外旅行目的国・地域
アジア

中国のアウトバウンドは、インバウンドと同様に、最初は香港・マカオ旅行から始まり、2008年の台湾旅行解禁後、台湾への旅行者が急増した。2015年まで中国本土から香港・マカオと台湾の中華圏3地域への旅行者数は一貫して国民の海外旅行者全体の7割以上を占めていた。

米Jing Travelによれば、2016年に中国人が本土外へ旅行した国・地域は、香港とマカオが1位、2位を占めている（図表10）。次いで3位タイ、4位韓国、5位日本と続き、これら上位5カ国・地域から、中国人の海外旅行は依然としてアジア近隣の国・地域を中心としていることが分る[12]。中国人の海外旅行先が

図表10　中国住民（本土）の海外旅行に行った上位12の国・地域

（単位：万人）

順位	2008年		2016年	
	国・地域	旅行者数	国・地域	旅行者数
1	香港	1755.7	香港	3544.1
2	マカオ	1552.2	マカオ	1696.3
3	日本	155.7	タイ	778.6
4	ベトナム	145.9	韓国	697.5
5	韓国	137.4	日本	551.3
6	ロシア	79.0	台湾	308.8
7	アメリカ	77.6	アメリカ	261.2
8	シンガポール	71.3	シンガポール	245.8
9	タイ	62.3	ベトナム	222.9
10	マレーシア	62.3	フランス	183.3
11	オーストラリア	41.3	マレーシア	170.2
12	台湾	27.9	ドイツ	117.5

（資料）中国観光研究院[2009年]、JingTrave[2016]より整理。
（注）2016年のデータ（延べベース）は同年１０月まで集計したものである。

[12] https://jingdaily.com/chinese-travelers-top-destinations-in-2016/ （2017年9月14日アクセス）

アジアに集中しているのは、旅行距離と費用の面で優位性があるからである。また、香港、マカオ、台湾、シンガポールなどのような中国人集住地では言語、思考様式の面でコミュニケーションの問題が少ないという利点がある。

しかし、近年、香港での現地住民と本土旅行者のあつれき、社会混乱（2014年10月反政府運動の「雨傘革命」など）、台湾での分離独立志向の強い蔡英文政権の発足（2016年）など地政学的リスク要因のほか、香港、台湾がかつてほどまだ見ぬ「秘境」ではなくなり、「買物天国」、「グルメ天国」としての魅力も薄れているため、本土からの旅行者は減少している。中国海外旅游研究所（China Outbound Tourism Research Institute: COTRI）によると、2016年に香港、マカオ、台湾を訪ねた本土の海外旅行者数は、6670万人にとどまり、中国全体の約5割（48.8％）を割り込んだ（Forbes JAPAN, 2017年2月12日）。

上述の中華圏3地域以外では、2008年に7位だったタイが、人気度、消費額において2016年には1位となった（図表11）。世界の観光先進国とも言われるタイは、とくに中国人観光客を誘致するため様々な取り組みを行っている。そもそも東南アジア諸国の中でタイは中国と最も安定的で親密な関係を持っており、それが中国で1位を獲得した最大の要因であると考えられる。

図表11　中国人の人気な海外旅行先と消費額が大きな上位国・都市（2016年）

順位	人気度（国）	消費額（国）	消費額（都市）
1	タイ	タイ	ソウル（韓）
2	韓国	日本	バンコク（タイ）
3	日本	韓国	東京（日）
4	インドネシア	米国	大阪（日）
5	シンガポール	モルディブ	シンガポール（同）
6	米国	インドネシア	チェンマイ（タイ）
7	マレーシア	シンガポール	ロンドン（英）
8	モルディブ	オーストラリア	モスクワ（露）
9	ベトナム	イタリア	ニューヨーク（米）
10	フィリピン	マレーシア	ローマ（伊）

（資料）中国旅游研究院・シートリップ[2016]より整理、作成。

そのほかの国・地域

　香港、マカオから始まった中国人の海外旅行は、旅行先の国・地域の解禁が拡大するにつれて、次第に北米、ヨーロッパにまで及んでいく。中国人の北米旅行は、主にアメリカとカナダを旅行先としている。アメリカとカナダは旅行先として中国人に根強い人気があるが、北米旅行には、アジアに比べて費用面、時間、渡航地までの距離、コミュニケーションなどの面で多くのハードルが存在している。

　ヨーロッパは、多くの中国人が憧れるまだ見ぬ地であるが、渡航にはアメリカと同様のハードル（費用、距離、言語、ビザ拒否率など）がある。ヨーロッパ渡航ビザの取得は審査が厳しく、手続も繁雑であったため、中国人のヨーロッパ旅行は、団体旅行を中心とし、旅行者数はアジアに比べてまだ少ない。中国国家観光局によると、2006年のヨーロッパへの中国人旅行者は190万人で、国民の海外旅行者全体のわずか5％であった。海外旅行先の上位12カ国・地域を見てもランクインしているヨーロッパの国は2008年に6位に入ったロシアのみで、2016年には、10位のフランスと12位のドイツの2カ国しかなかった。しかし、中国の海外旅行市場にはヨーロッパ観光に対する潜在的なニーズが高い。中国観光研究院・華運国旅・携程旅行が公表した「2017年中国の欧州ツアートレンドリポート」によると、2016年における国民のヨーロッパ旅行者数は、多くの外部要因から影響を受けたものの、6.3％増加したことが明らかにされた。2017年第1四半期は前年同期比103％増で、なかでも東欧と北欧の伸び率が高い。中国人旅行者に最も人気のある欧州20カ国のトップ3は、イタリア、ドイツ、英国である。都市別ではローマ、ロンドン、フランクフルト、パリ、バルセロナが上位を占める。また、東欧のウイーン、プラハ、ワルシャワや、北欧のアムステルダム、ヘルシンキも中国人旅行者の新しい人気観光地となっているという[13]。

---

[13]　中国網CHINA.ORG.CN（http://japanese.china.org.cn/business/txt/2017-04/10/content_40593344.htm. 2017年9月14日アクセス）

4 世界進出の成果と課題

4-1 世界で高まる中国の存在感
対内投資と対外投資の逆転

2000年代に入ってから中国の対外投資は拡大し続けている。直近の第十二次五カ年計画期初年の2011年に746億5000万ドルであった対外投資額は、計画期終了年の2015年には1456億7000万ドルと2倍になり、その躍進は同期間における世界の対外投資全体に占める中国の割合を約5%から約10%へと伸ばし、中国は米国（3000億ドル）に次ぐ世界第2位の対外投資大国になった。また、対内投資（外国の対中投資）と比べて中国の対外投資は2003年にはその5%しかなかったが、2008年に60%を超え、2015年には117.6%と初めて対内投資を上回り、いわゆる「資本純輸出国」になった[14]。2016年には対外投資が1961億5000万ドルと、対内投資の1337億ドルと比べて146.7%となり両者の差がさらに開いている（前掲図表1）。

2016年末時点で2万4000社の中国企業が、世界190の国・地域で3万7000社の対外投資企業を設立し、海外資産残高は5兆ドルに達している（中国商務部［2017］p.12）。なかには、グローバル企業に成長した例も少なくない。例えば、FG500によると、2017年の世界上位5社にランクインした中国企業として、国家電網（2位）、中国石油化工集団（3位）、中国石油天然気集団（4位）がある。この3社は、いずれも中国の有力海外投資企業であり、最大手の資源・エネルギー企業でもある。

"IT'S TIME TO COPY CHINA"

中国企業は、戦略的資産を獲得するため積極的に対外投資を行い、提携や技術供与などを通して先進国の技術・ノウハウを吸収、消化、発展させ、さらに

---

[14] 外国の対中直接投資について、中国国家統計局では銀行・証券・保険などの金融分野を含まないのに対して、中国商務部では金融分野を含むという点で両者の公表値が異なることに留意する必要がある。

自主開発の成果と結合させて、独自の技術、ビジネスモデルを作り出している。例を挙げると、1990年代末から海外進出を始めた中国の家電メーカー、ハイアール社は、今世界最大の家電生産シェアを誇るグローバル企業に成長しただけではなく、白物家電をベースとして「IoT」技術を活用した新たなビジネスモデルなどを展開している。近年内外で最も話題になっているのは、アリババが11月11日（シングルデー）に実施しているオンラインセールである。同セールは、2009年から始まり、オンライン決済、物流インフラを整備し、世界最大のECショッピングデーとなっている。また、モバイク（Mobike：北京摩拝科学技術有限公司）は、2016年4月に、スマホを用いて簡単に自転車の解錠、施錠、自動決済ができる自転車シェアリングサービスを始め、現在、中国本土のほか、シンガポール、イギリス、イタリア、日本、タイ、マレーシア、アメリカ、韓国など180の都市で同サービスを提供している。中国発のビジネスモデルに対して、日本ではソフトバンク、ヤフーなどの各社合同で2015年から11月11日を「いい買物の日」と制定し、アメリカの「LimeBike」も2017年1月から自転車シェアリングサービスを開始するなど、追随する動きが見られる。英国版Wiredの2016年4月号の表紙に踊った"IT'S TIME TO COPY CHINA（中国をコピーすべき時代が来た）"にはまだ疑問符が付くが、そうした時代の到来を予感させられていることは間違いない。

アウトバウンドとインバウンドの比肩

1993年には中国（本土）のアウトバウンドの規模は、584万4000万人で、インバウンド（本土外の入国4152万7000人）の14.1％に過ぎなかったが、2016年には1億3513万人で、インバウンド（1億3844万人）の97.6％に達し、ほぼ肩を並べた。海外旅行の消費額についても、2016年に中国は世界最高額の2611億ドル（約28兆4900億円）で、2位の米国（1236億ドル）の2倍以上である（UNWTO）。2016年に鴻鵠逸游社が主催した「80日間の世界一周クルーズ」では一人当たり消費額が138万元（著者注:約2261万円、1元＝16.3819円）を記録した。（中国旅游研究院・携程旅行［2017］）。この消費額は「飛鳥」の世

第 7 章　世界へと向かう中国

界一周クルーズの最高クラスの旅行代金（例えば2018年102日ロイヤルスイート早期全額支払割引、2231万円）に匹敵するほど高額であったことから大きな話題を呼んだ。

　中国が世界に海外旅行者を送り出すことは、国内の消費需要を一部流出させ、旅行収支を悪化させることを意味する（第3章1節）。しかし、世界一の海外旅行者数と最高額の海外での消費は、宿泊、飲食、交通、娯楽サービス、買物等の幅広い分野での消費支出を通じて、旅行先の国・地域の旅行収支を改善させ、関連産業や経済に大きな影響を及ぼし、世界全体の経済厚生にプラス効果をもたらしている。国連世界観光機関（World Tourism Organization: UNWTO）によると、2015年の国際旅行をけん引したのは中国と米国、英国である。中国は、2004年以降2桁成長を続けており、タイや日本などのアジア周辺国に大きな経済効果をもたらしている[15]。例えば、タイ国政府観光局（TAT）によると、中国人のタイ旅行における消費予算のなかで買物が41％を占めており、タイ旅行の中国人観光客の消費は、同国の小売業に大きな経済効果をもたらしている（Bangkok Post, 2017/7/26）。日本の場合は、国土交通省観光庁によると、2015年における観光消費（訪日と国内）の直接経済効果（25兆5000億円）のうち、訪日外国人の消費額は約13％を占める3兆3050億円である。近年、訪日外国人の消費額全体から見た、訪日中国人の消費額の占める割合が非常に高まっており、2015年と2016年の2年連続で4割増になっている[16]。さらにこの訪日消費がもたらした波及効果を考えると、中国人の訪日旅行が日本経済に与える影響の大きさがわかる（観光庁［2017a］pp.6-7, p.287, p.320）。

---

[15] UNWTO［2016］
　（file:///C:/Users/TENG%20JIAN/AppData/Local/Microsoft/Windows/INetCache/IE/P6FJZ20B/unwto_barom16_03_may_excerpt_.pdf. 2017年11月22日アクセス）。
[16] 2013年19.5％、2014年27.5％、2015年40.8％、2016年39.4％（国土交通省観光庁［各年版］）。

4-2 対外経済でも強まる共産党・国の影響力
対外投資企業における党、政府の影響

1992年に社会主義市場経済の下で現代企業制度としての株式会社制が導入されたが、国有企業の場合は、従業員（職工）代表大会、労働者組合（工会）とともに、共産党中央の企業組織（支部）が存在し、その役割は、企業に対して政治的指導を行い、党と政府の方針の執行状況を監督することにあった。電力、鉄道、交通運輸、資源・エネルギー、不動産、金融証券業界など寡占の市場構造下に置かれる国有企業は、党・政府の基盤経済を支えると同時に、政治的・行政的な指示を受けている。一方、民間企業においても共産党の影響力が浸透している。民間企業における党組織の存在は江沢民時代から公然化している。江沢民（共産党総書記、当時）は、私営企業者（資本家）の入党を公式に容認し、党の民間経済セクターへの影響力拡大を図った。その後、私営企業において党員が増え、党の存在を受け入れる環境が形成されていき、習近平指導部になると、「共産党組織を全面的に展開するプロジェクト」の下で、私営企業、さらに外資系企業にまで党の組織（支部）を置くなど非国有経済セクターにおける党の組織確立を進めている。民間企業では国有企業ほど党の組織が経営に介入する権限はないが、党の方針に逆らう余地はない。中国石油天然気集団、中国海洋石油総公司のような独占型の国有企業や、安邦保険集団、大連万達集団のような民間企業では、国有私有を問わず政治とビジネスが強固に結びついている。これらの企業は見事なほど中国企業による対外投資の先兵役を担っており、主力でもあるがゆえに、政府、共産党の方針に強く影響されている。

党・政府による介入のリスク

外国にとって中国による対外投資のリスクとは、経済的リスク、政治的リスク、そして中国共産党があらゆる局面に介入してくるリスクであると指摘しているのが、英ロンドン・スクール・オブ・エコノミクス（London School of Economics and Political Science: LSE）のユ・ジエ（Yu Jie）である。中国の

政治システムからすると、この三つのリスクは、必然的に互いに複雑に絡んでいるため、中国の企業は、必ずしも経済的合理性だけを追求するわけではないという（James［2017］）。

　そもそも中国企業の海外進出を積極化させたのは国策「走出去」の後押しである。そのため、中国の対外投資企業については国有企業にせよ、民間企業にせよ、共産党・政府が裏で操っているのではないかと外国政府は懸念している。そのため、中国企業の対外投資行動は、往々にして党・政府の方針、政策とみなされ、警戒、拒否されるケースが後を絶たない。例えば、米国において、2005年に前出の中国海洋石油総公司（中海油）がユノカル石油（Unocal）の買収に対して最高額である総額185億ドル（約1兆6650万円）を示したにもかかわらず、米政界から「米国内の安全保障にとって脅威だ」と強い反発を受けて非認可となった。また、民営大手の華為技術（ファーウェイ）社は中国の共産党、人民解放軍、諜報機関との特殊な関係についての疑惑を理由に、米国企業への投資（例えば2010年に3Leaf、モトローラなど）を拒否された。最近の例として、New York Timesによると、2016年12月にアメリカは、国家安全保障上のリスクを理由として、中国の投資会社福建芯片投資基金（Fujian Grand Chip Investment Fund:FGC）によるドイツ半導体装置メーカーの買収を阻止した[17]。中国の海外投資が阻止、非認可されたのはアメリカだけではなく、ドイツ、イギリス、オーストラリアなどの例もある。

中国人観光客の外交カード化

　中国人観光客は常に「外交カード化」のリスクを抱える存在でもある。例えば、3節で見た通り、2008年から対大陸関係改善を追求する台湾の馬英九政権下で中国の大陸住民による台湾訪問が段階的に解禁されるにつれて、台湾訪問ブームが起こったが、2016年に「92年コンセンサス」を不承認とする蔡英文（民進党）政権が発足すると、大陸当局の規制で大陸住民による台湾訪問は低

---

[17] https://www.nytimes.com/2016/12/02/business/dealbook/china-aixtron-obama-cfius.html
（2017年10月1日アクセス）

迷している。また、2010年9月7日の尖閣諸島での中国漁船衝突事件発生後、中国各地の観光当局から現地旅行会社に出された訪日ツアーの自粛要請で、訪日中国人は大きく減少した。最近の例としては、2017年に在韓米軍に最新鋭地上配備型迎撃システムの配備を認めたことで、中国が韓国旅行の差し止めを通達するなどの制裁措置を発動した。この影響で2017年に韓国を訪れた中国人観光客は48.3％減少し417万人にとどまった（韓国観光公社、2018年1月22日）。

むすび

　中国の世界進出は、対外拡張、世界覇権を狙うものだと国際的に懸念されている。例えば、中国が主導して2015年12月に設立した国際金融機関、アジアインフラ投資銀行（Asian Infrastructure Investment Bank, AIIB）には、日本やアメリカは参加していない。理由として挙げられているのは、公正なガバナンスの確立（特に、加盟国を代表する理事会がきちんと個別案件の審査・承認を行うか）、債務の持続可能性、環境・社会に対する影響への配慮である[18]。実際、AIIBはその活動の目的と範囲の面でIMF国際通貨基金、世界銀行、アジア開発銀行など日米の影響下にある国際金融機関の競争相手として主権争いを激化させる可能性を否めない。また、2017年9月に北京で開かれた「一帯一路」国際会議にインドは代表団を派遣しなかったが、その背景として、同国際会議直前の6月に中国によるブータンとの国境付近での道路建設を巡る中印の対立が関係している。そもそもインドは「一帯一路」構想によって中国がパキスタンなどと関係を強化することを警戒しているという事情もある。

　中国の世界進出は始まったばかりである。2016年時点で中国の海外投資は国内の固定資本形成の4％（固定資本形成49456億ドル、対外投資1830億ドル）、

---

[18] 財務省HP（http://www.mof.go.jp/about_mof/councils/customs_foreign_exchange/sub-foreign_exchange/proceedings/material/gai20150407/03.pdf. 2018年1月31日アクセス）

中国人の海外旅行者数は、国民旅行者全体の3％（2016年旅行者45億7513万人、出国者1億3500万人）に過ぎない。世界から歓迎されるチャイナマネー、チャイニーズツーリストになるために上述の課題を含めて多くの問題点を改善しなければならない。

参考文献

青木健［2001］「日本のセーフガード発動の政治経済学」、『ITI季報』（国際貿易投資研究所）、No.45。
青木健［2005］「急増する製品「逆輸入」とその含意」、『季刊　国際貿易と投資』（国際貿易投資研究所）、No.59。
青木まき［2015］「メコン広域開発協力をめぐる国際関係の重層的展開」『アジア経済』、第56巻第2号。
赤間弘・御船純・野呂国央［2002］「中国の為替制度について」、『日本銀行調査月報』（日本銀行）、2002年5月号。
天児慧［2004］「日中外交比較から見た日中関係―正常化30年後を中心に―」、毛里和子・張薀嶺編『日中関係をどう構築するか』、岩波書店。
石田正美［2010］「越境交通協定（CBTA）と貿易円滑化」、『メコン地域　国境経済を見る』、日本貿易振興機構アジア（ジェトロ）経済研究所。
岩城茂幸［2005］「対中国　ODA(政府開発援助)見直し論議」、『調査と情報‐ISSUE BRIEF』、第468号。
大石恵［2000］「日中戦争期におけるアメリカの対華支援（1）―　経済的動機を中心に―」、『京都大学經濟論叢』、166（4）。
大橋英夫［2016］「「国家資本主義」をめぐる米中経済関係」、日本国際問題研究所『国際秩序動揺期における米中の動勢と米中関係　米中関係と米中をめぐる国際関係』（日本国際問題研究所HP）。
岡田実［2008］『日中関係とODA』、日本僑報社。
外務省［2017］「政府開発援助（ODA）国別データ集2016」（外務省HP）。
外務省［2000］「対中ODAの効果調査」（外務省国際協力政府開発援助ODA HP）。
軽部恵子［2005］「冷戦後の米中関係と中国の人権問題－米国連邦議会の視点から－」、『桃山法学』（桃山学院大学総合研究所）、第6号。
関志雄［2017］「米中通商摩擦の行方―　チャイナバッシングは限定的か　―」（経済産業研究所HP）。
経済産業省［各年版］『不公正貿易報告書』（経済産業省HP）。
経済産業省［2007］『通商白書　生産性向上と成長に向けた通商戦略―東アジア経済のダイナミズムとサービス産業のグローバル展開』、時事画報社。
経済産業省［2016］『平成28年版通商白書』（経済産業省HP）。
河野英仁［2010］「中国特許権侵害訴訟の傾向と分析」、『Patent』（日本弁理士会）、Vol.63, No.4。
国土交通省観光庁［2017a］「旅行・観光産業の経済効果に関する調査研究」（国土交通省観光庁HP）。
国土交通省観光庁［各年版］「訪日外国人消費動向調査」（国土交通省観光庁HP）。
財務省［各年版］「財務省貿易統計」（財務省HP）。
佐野淳也［2011］「米中間の「戦略的」経済対話の意義」、『RIM環太平洋ビジネス情

報』（日本総研）、Vol.11, No.40。
臧世俊［2005］『日中の貿易構造と経済関係』、日本評論社。
柴生田敦夫［2009］「日本企業の対中投資」、RIETI Policy Discussion Paper Series 09-P-004。
中国商務部［2010］「中国の対外投資動向」、みずほ総合研究所編『中国企業の対外投資戦略～走出去戦略の概要と投資先としてのアジアおよび日本の位置付け～』（みずほ総合研究所HP）。
陳友駿［2008］「アメリカの対中国反ダンピング措置　鉄鋼業の事例」、『アジア研究』、第54巻3号。
滕鑑［2010］「中国の海外旅行需要とその拡大要因について―訪日旅行に関連して―」、『岡山大学経済学会雑誌』、第42巻第3号。
滕鑑［2014］「近年における日本の対中投資影響要因－「脱中国」の虚実などについて」、『岡山大学経済学会雑誌』、第46巻第1号。
滕鑑・王英霞［2015］「日米企業の対中投資行動の比較研究」、『岡山大学産業経営研究会研究報告書』、第50集。
滕鑑・房文慧［2015］「日本の対中比較優位性―貿易統計などから見た日中関係」、『経済統計研究』(経済産業協会)、第43号Ⅱ巻。
滕鑑［2016］「貿易投資に見る日本と中国の経済関係」、田口雅弘・金美徳編『東アジアの経済協力と共通利益』、ふくろう出版。
滕鑑［2017］『中国の体制移行と経済発展』、御茶の水書房。
滕鑑［2018］「中国の計画経済時代における対外経済の展開 ― 閉鎖経済下の自力更生、貿易、国際援助、インバウンドについて―」、『岡山大学経済学会雑誌』、第49巻第2号。
特許庁［2017］「2017年度模倣被害実態調査報告書」（特許庁HP）。
中川涼司［2008］「華為技術（ファーウェイ）と聯想集団（レノボ）－多国籍化における2つのプロセス－」、丸山知雄・中川涼司編著『中国発・多国籍企業』、同友館。
日本関税協会［各年版］『外国貿易概況』（日本関税協会HP）。
日本貿易振興機構（ジェトロ）［1996］「第2回アジア主要都市・地域の 投資関連コスト比較」（ジェトロHP）。
日本貿易振興機構（ジェトロ）［各年版a］「対中直接投資動向」（ジェトロHP）。
日本貿易振興機構（ジェトロ）［2016b］「2015年の韓中貿易・直接投資動向」（ジェトロHP）。
日本貿易振興機構（ジェトロ）アジア経済研究所［2013］「華東地域における模倣品実態調査」（ジェトロHP）。
日本貿易振興機構（ジェトロ）海外調査部国際経済課　［各年度版a］「日本企業の海外事業展開に関するアンケート調査－JETRO海外ビジネス調査－」（ジェトロHP）。
日本貿易振興機構（ジェトロ）海外調査部中国北アジア課［2017b］「2017年度アジア・

オセアニア進出日系企業実態調査」（ジェトロHP）。
日本貿易振興機構（ジェトロ）海外調査部中国北アジア課［2018c］「2017年上半期の対中直接投資動向」（2月）（ジェトロHP）。
日本貿易振興機構（ジェトロ）海外調査部編［2017］『2017年版　ジェトロ世界貿易投資報告』（ジェトロHP）。
日本貿易振興機構（ジェトロ）大連事務所［2016］「延辺朝鮮族自治州概況」。
橋田坦［1994］「中国の対外経済開放と外資および技術導入:その歴史的背景とインパクト」、『東北大学大学院国際文化研究科論集』、No.2。
畢世鴻［2008］「中国雲南省とラオス、ミャンマー、ベトナム国境地域の経済活動」、石田正美編『メコン地域開発研究−動き出す国境経済圏』、日本貿易振興機構（ジェトロ）アジア経済研究所。
畢世鴻［2010］『中国とミャンマーの国境貿易に関する研究』、日本貿易振興機構（ジェトロ）アジア経済研究所 V. R. F. Series, No.457
増田耕太郎［2017］「中国企業の対米直接投資の急増と米国の国家安全保障　米国民に歓迎される投資を増やせるのか」、『季刊　国際貿易と投資』（国際貿易投資研究所）、No.108。
馬成三［1992］『発展する中国の対外開放：現状と課題』、日本貿易振興機構（ジェトロ）アジア経済研究所。
毛沢東［1949a］「中国共産党第七期中央委員会第二回総会での報告（1949年3月5日）」、『毛沢東選集』、第4巻、外文出版社（1968年、初版を電子化、日本語版）。
毛沢東［1949b］「人民民主主義独裁について（1949年6月30日）」、『毛沢東選集』、第4巻、外文出版社（1968年、初版を電子化、日本語版）。
八塚正晃［2014］「文革後期の中国における対外開放政策の胎動」、『アジア研究』、第60号第1巻。
山下睦男［1981］「中国の独立自主・自力更生政策と日中貿易」、『第一経大論集』、第11巻第1号。
渡辺紫乃［2013］「対外援助の概念と援助理念―その歴史的背景」、下村恭民・大橋英夫・日本国際問題研究所編『中国の対外援助』、日本経済評論社。

（ピンイン＝ローマ字表記順）
白雲眞・羅文静［2016］「党政部門与中国対外援助」、白雲真・羅文静・江涛編『中国対外援助的支柱与戦略』、時事出版社。
薄一波［1991］『若干重大決策与事件的回顧（上）』、中共中央党校出版社。
段娟・陳東林［2015］「"文革"時期的第三次産業的発展和社会経済」、陳東林編『1966〜1976年　中国国民経済概況』、四川人民出版社。
郭羽誕［1999］「新中国外貿発展史」、叢樹海・張桁主編『新中国経済発展史』、上海財経大学出版社。
賀聖達・王学鴻等編［2003］『中国−東盟自由貿易区建設与雲南面向東南亜開放』、雲南

人民出版社。
黄枝連［2008］「試論"C>2+2+1：珠江口－粤港澳発展湾区"－全球化区域協作時代的一個"東亜発展範式"」、袁易明主編『中国経済特区研究』、No.1、中国科学文献出版社。
菊如［1955］「我国国内商業的発展情況及其在建設中所起的作用」、『経済資料匯集』、第1号、蘇星・楊秋宝編［2000］『新中国経済史資料選編』、中共中央党校出版社。
林良光・叶正佳・韓華［2001］『当代中国与南亜国家関係』、社会科学文献出版社。
林毅夫［2010］「中国経済特区具有重要的現実与理論意義」、袁易明主編『中国経済特区研究』、No.3、中国科学文献出版社。
盧光盛［2009］「次国家政府在区域合作中的地位与作用－以雲南、広西為例」、劉稚主編『GMS大眉公河次区域経済走廊建設研究』、雲南大学出版社。
馬洪・孫尚清主編［1993］『現代中国経済大事典』、中国経済出版社。
毛沢東［1945a］「必須学会作経済工作（1945年1月10日）」、中国共産党中央委員会毛沢東選集出版委員会編集（1951年）『毛沢東選集』、第3巻、外文出版社（1968年初版を電子化「経済活動に習熟しなければならない」）。
毛沢東［1945b］「抗日戦争後的時局和我們的方針（1945年8月13日）」、中国共産党中央委員会毛沢東選集出版委員会編集（1951年）『毛沢東選集』、第4巻、外文出版社（1968年初版を電子化「抗日戦争後の時局と我々の方針」）。
毛沢東［1958］「独立自主地搞建設」（1958年6月17日）、中国共産党中央委員会文献研究室編［1999］『毛沢東文集』、第7巻、人民出版社。
彭敏編［1989］『当代中国的基本建設（上）』、中国社会科学出版社。
蘇東斌・鐘若愚［2010］「中国経済特区論綱」、袁易明主編『中国経済特区研究』、No.3、中国科学文献出版社。
譚剛［2008］「深港金融合作：理念、定位和路径」、袁易明主編『中国経済特区研究』、No.1、中国科学文献出版社。
汪海波［1994］『新中国工業経済史（1949-1957）』、経済管理出版社。
魏雪梅［2013］『冷戦後中米対非洲援助比較研究』、中国社会科学出版社。
席宣・金春明［1996］『「文化大革命」簡史』、中共党史出版社（鐙屋一・岸田五郎・岸田登美子・平岩一雄・伏見茂訳[1998]『「文化大革命」簡史』、中央公論社）。
夏梁・趙凌雲［2012］「"以市場換技術"方針的歴史演変」、中華人民共和国歴史網（http://www.hprc.org.cn/gsyj/jjs/jjyxs/201205/t20120515_189465.html）
沿辺州統計局編［各年版］『延辺統計年鑑』、吉林人民出版社（或中国国際図書出版社）。
叢樹海・張桁編［1999］『新中国経済発展史1949-1988（上）』、上海財経大学出版社。
曾智華［2010］「中国両大増長引擎：経済特区和産業集群」、袁易明主編『中国経済特区研究』、No.1、中国科学文献出版社。
張鵬［2016］「教研機構与中国対外援助」、白雲真・羅文静・江涛編『中国対外援助的支柱与戦略』、時事出版社。
張郁慧［2012］『中国対外援助研究（1950－2010）』、九州出版社。

張雲雷［2016］「中国対非洲的援助」、白雲真・羅文静・江涛編『中国対外援助的支柱与戦略』、時事出版社。
中共中央文献編集委員会［1993］　『鄧小平文選』、第3巻、人民出版社。
中国国家統計局［1960］「我国的対外貿易」、蘇星・楊秋宝編［2000］『新中国経済史資料選編』、中共中央党校出版社。
中国国家統計局［各年版］『中国統計年鑑』、中国統計出版社。
中国国務院報道弁公室［2011］『中国的対外援助』、外文出版社（「2011版中国の対外援助白書」、中国網Japanese.CHINA.ORG.CN）
中国国務院研究室［2009］『新時期中国旅游業発展戦略研究報告』、中国旅游出版社。
中国旅游研究院［各年版］『中国出境旅游発展年度報告』、中国旅游出版社。
中国旅游研究院・携程旅行［2017］「2016中国出境旅游者大数据」、中国旅游研究院HP。
中国商務部［各年版a］『中国対外投資合作発展報告』（中国商務部HP）。
中国商務部［2007］『2007年中国外商投資報告』（中国商務部HP）。
中国商務部［2017］『関於中美経貿関係的研究報告』（中国商務部HP）。
中国商務部・国家統計局・国家外貨管理局[各年版]『中国対外直接投資統計公報』、中国統計出版社（或中国商務部HP）。
中国商務部国際貿易経済合作研究院・国有資産監督管理委員会研究中心・連合国開発計画署駐中国代表事務所［2017］「中国企業海外可持続発展報告　助力"一带一路"地区実現2030年可持続発展議程」（中国商務部HP）。
中国外交部・中共中央文献研究室［1990］『周恩来外交文選』、中央文献出版社。
鐘堅編［2009］『中国経済特区発展報告（2009）』、社会科学文献出版社。

Brautigam, Deborah.［2009］. *The Dragon's Gift: The Real Story of China in Africa*, Oxford: Oxford University Press.
Johnson, Robert C.［2014］. "Five Facts about Value-Added Exports and Implications for Macroeconomics and Trade Research." *Journal of Economic Perspectives* 28 (2).
James, Kynge.［2017］. "Beijing's Chicanery Leaves Western Business Guessing." (https://www.ft.com/topics/themes/China_Business?page=12).
Leontief, Wassily.［1953］. "Domestic Production and Foreign Trade: The American Capital Position Re-Examined." *Proceedings of the American Philosophical Society* 97 (4).
Newman, Jesse, Jacob Bunge and Benjamin Parkin.［2018］. "For U.S. Farmers, China Tariffs' Timing Is Brutal." *Wall Street Journal* (http://jp.wsj.com/articles/ SB11603097433702364731104584124274224735560)
Nozaki Kenji, Shu Jingwei.［2017］. "FDI Directed to Thailand by Chinese Enterprises for Circumlocutory Export." *Journal of Asian Development* Vol.3, No.2.

Ohashi Hideo. [2015]. "China's External Economic Policy in Shifting Development Pattern." *Public Policy Review* Vol.11, No.1.
Organization for Economic Co-operation and Development: OECD. [2009]. "A progress report on the jurisdictions surveyed by OECD global forum in implementing the internationally agreed tax standard: Progress made as at 2nd April 2009." 2009.4.
(http://www.oecd.org/dataoecd/38/14/42497950.pdf)
ProLogis. [2008]. "China's Special Economic Zones and National Industrial Parks—Door Openers to Economic Reform." *ProLogis Research Bulletin*.
State Statistical Bureau of the People's Republic of China・Institute of Economic Research, Hitotsubashi University (SSBC, Hitotsubashi University). [1997] *The Historical National Accounts of the People's Republic of China, 1952-1995*. Institute of Economic Research, Hitotsubashi University.
The American Chamber of Commerce in Shanghai (AmCham Shanghai). [2013-2017]. *CHINA BUSINESS REPORT* (https://www.amcham-shanghai.org/ en/ taxonomy/ter- m/1163).
Tong Tony W. and Li Jing. [2008]. "Real options and MNE strategies in Asia Pacific." *Asia Pacific Journal of Management* 25 (1).
UNITED NATIONS CONFERENCE ON TRADE AND DEVELOPMENT (UNCTAD). [2017]. *World Investment Report* 2017 (http://unctad.org/en/pages/Publication Webflyer. aspx?publicationid=1782).
Vernon, Raymond. [1966]. "International Investment and International Trade in the Product Cycle." *The Quarterly Journal of Economics* Vol. 80.
Wang Jin. [2013]. "The economic impact of special economic zones: Evidence from Chinese municipalities." *Journal of Development Economics* 101, 133-147.
World Band. [1993]. *China Foreign Reform: Meeting the Challenge of the 1990s*. Washington D.C.
World Bank Group. [2008]. "Special Economic Zone: Special economic zone: performance, lessons learned, and implication for zone development." *FIAS* (The Multi-Donor Investment Climate Advisory Service).
World Economic Forum. [2018]. *The Global Competitiveness Report 2017-2018* (https://www.weforum.org/reports/the-global-competitiveness-report-2017-2018)
Yeung Yueman, J. Lee, and G. Kee. [2009]. "China's Special Economic Zones at 30." *Eurasian Geography and Economics 50* (2).
Young, Arthllr Nichols. [1965]. *China's Wartime Finance and Economy*, Harvard University Press.

索引

ア行

アフリカの年 24
アルバニア決議案 25
アンチ・ダンピング税(ＡＤ税) 163
一五六プロジェクト 20,21
一国二制度 48,85,88,231
一帯一路 v,vii,210,213,216,242
一条線 3
延安時代 3,6
沿海地域経済発展戦略 46,50
沿江開放 52,54,62,66,68,91
円借款 108,109,110
沿辺開放 52,60,61,65,66,91

カ行

開発輸入(逆輸入) 133
92共識(92年コンセンサス) 224,226
九評 7
境外加工 76
グローバル・バリュー・チェーン(GVC) 154,167,220
経済回廊 57,65
広州交易会 9,15,60
購買力平価 iv,198
国際競争力指数(GCI) 199
国際収支表 69,70,71
ココム(COCOM) 5
五小工業 8
国境旅行 230,231
コメコン(COMECON) 8

サ行

最恵国待遇(対中最恵国待遇、最恵国待遇原則) 41,144,162
三角貿易 127
産業内貿易 105
産業内貿易指数(IIT) 125

三資企業 77
三通(「三通」政策、小三通) 223,224,225
三来一補 74,76
G2(体制、体制論) 147,148,173
四三方案 10,14,18,34,35,36,67
市場経済国 62,101,140,163,164,167
市場集中度 88
資本純輸出国 237
自由貿易協定(FTA) 92
上海協力機構(SCO) 92,209
新型大国関係 147,148,149
新馬泰旅行 229
スロー・トレード 95
セーフガード(SG) 132
政府開発援助(ODA) 108
政熱経熱 106
政冷経温 106
政冷経熱 106,109,112
尖閣事件(尖閣問題) 102,113,201
全方位・多元的開放 33,45,52,53,64,66,67
戦略的互恵関係 109,112
相殺関税(ＣＶＤ) 132
走出去(ゾウチュチイ Go Global) 212,241
ソ連一辺倒 5,28,141

タ行

第一次米中共同声明(上海コミュニケ) 142
対外援助八原則 24,25
対共産圏禁輸リスト(ココム・リスト) 5
大寨村 9
大生産運動 3
対中国特別禁輸リスト(チンコム・リスト) 5
第二次米中共同声明 143
大メコン地域経済協力プログラム(GMS) 56

- 251 -

大陸海協会	224,225
帯料加工	76
台湾海基会	224,225
台湾海峡危機	162
台湾関係法	143
タックスヘイブン地	90,91,215
タンザン鉄道	24
知的財産権	42,43,44,101,102,134,137,146,165,171,195,196
チャイナツーリズム	205
チャイニーズツーリスト	205
中華圏3地域	27,47,49, 228,231,232,234,235
中国脅威論	iii,iv,v,vi,vii
中国製造2025	171
中ソ論争	6
長江流域経済圏	52,54,55,60,62,66
朝鮮戦争	4,22,29,72,139,141,143,150
チンコム(CHINCOM)	5
珍宝島事件(ダマンスキー島事件)	7
唐山地震	1
独占禁止法(独禁法)	135,136,198
独占的貿易管理体制	11,12
図們江地域開発計画(TRADP)	58

ナ行

南北回廊	58
ニクソンショック	142
二重レート(制)	40,67,75,91
日華平和条約	106
農業学大寨	8

ハ行

パワーシフト	iv
非市場経済国	140,163,211
ピンポン外交	142
風慶輪事件	9,35,36
不承認政策	105,106,113
二つのギャップ	10,14,16

二つの拳	3,141
米中戦略・経済対話(S&ED)	145,146,147
平和共存路線	6
貿易依存度	1,14,28,96
貿易企業認可権	38
貿易戦争(米中貿易戦争)	169,170,171,174
貿易特化係数(NER)	83,122

マ行

モバイク(Mobike)	238

ヤ行

融資による原油購入(Loan for Oil(Gas))	92
ユーラシア・ランドブリッジ	53,59,60,61,62
洋躍進(政策)	36,37,50,114
四人組	35
四大国際見本市	60

ラ行

両岸三地	27,29
両頭在外	46,51,74,208

<著者略歴>

滕　鑑（TENG JIAN）
　　岡山大学大学院社会文化科学研究科教授

専門
　　経済統計学、中国経済論。

主著
『中国の体制移行と経済発展』、御茶の水書房、2017年。
『中日経済の相互依存　接続中日国際産業連関表の作成と応用』、御茶の水書房、2009年。
『中国経済の産業連関』、渓水社、2001年。
"An Input-Output Analysis of the Economic Dependence between Japanese Enterprises and Non-Japanese Enterprises in China and Japan", JOURNAL OF APPLIED INPUT-OUTPUT ANALYSIS, Vol.13 & 14, pp.33～60, with W. Fang, 2008.

 岡山大学版教科書　中国の対外開放と経済の国際化

2018年9月30日	初版第1刷発行	
2019年7月30日	初版第2刷発行	
著　者	滕　鑑	
発行者	槇野　博史	
発行所	岡山大学出版会	
	〒700-8530　岡山県岡山市北区津島中3-1-1	
	TEL 086-251-7306　FAX 086-251-7314	
	http://www.lib.okayama-u.ac.jp/up/	
製作会社	株式会社三浦印刷所	
印刷・製本	友野印刷株式会社	

© 2018　Teng Jian　Printed in Japan　ISBN 978-4-904228-61-6
落丁本・乱丁本はお取り替えいたします。
本書を無断で複写・複製することは著作権法上の例外を除き禁じられています。